AF545449

DAS KLERIKALE KARTELL

Warum die Trennung von Kirche und Staat überfällig ist

Helmut Ortner

DAS KLERIKALE KARTELL

Warum die Trennung von Kirche und Staat überfällig ist

Mit einem Nachwort von Ingrid Matthäus-Maier

nomen

1. Auflage 2024

www.nomen-verlag.de

Covergestaltung: Stefanie Kuttig, München
Satz + Layout: Blazek Grafik, Frankfurt am Main
Gesetzt aus der Adobe Caslon Pro
Druck und Bindung: CPI Clausen & Bosse, Leck
Printed in Germany

ISBN 978-3-939816-95-9

»Sonst war die Religion, ich gesteh´s,
die Stütze des Staates,
aber jetzt ist der Staat Stütze der Religion«

Ludwig Feuerbach

Editorischer Hinweis

Das klerikale Kartell schließt sich thematisch an frühere Bücher des Autors an, unter anderem Politik ohne Gott (gemeinsam herausgegeben mit Stefana Sabin), Zu Klampen Verlag, Springe 2014, sowie EXIT – Warum wir weniger Religion brauchen, Nomen Verlag, Frankfurt am Main 2020.

Die in diesem Buch versammelten Aufsätze, Essays und Kommentare erschienen zwischen 2020 und 2023 in verschiedenen Tageszeitungen, Magazinen und Online-Formaten. Mit wenigen Korrekturen werden sie in der Originalfassung publiziert. Einigen Beiträgen wurden aktuelle Entwicklungen in einem Nachtrag angefügt. Erscheinungsdatum und Veröffentlichungsort der Texte finden sich im Anhang des Buches.

INHALT

PROLOG

DER GLAUBE, DIE KIRCHE UND DER STAAT

EPILOG

NACHWORT

ANHANG

Der Begriff **KARTELL** gilt in der Wirtschaft als Bezeichnung für Absprachen zwischen zwei oder mehr Wettbewerbern zur Abstimmung ihres Verhaltens auf einem Markt.
Weltliche Macht und organisierter Glaube stellten in der Geschichte über Jahrtausende eine Einheit dar – zur beiderseitigen Legitimation. Daran hat sich im Kern bis heute wenig geändert: Religion und Staat bilden noch immer ein Netzwerk – zum beiderseitigen Vorteil.
Noch immer beanspruchen die Kirchen Mitsprache bei zahlreichen Gesetzesvorhaben, möchten sich als »moralische Instanz« wahrgenommen wissen und darüber mitreden, was erlaubt ist und was nicht. Noch immer üben sie Kontrolle über staatlich subventionierte Einrichtungen wie Schulen, Universitäten und Bildungsstätten aus, noch immer genießen sie staatliche Sonderrechte und Privilegien – kurzum: sie mischen mit im politisch-weltlichen Machtapparat. Die permanente Verpartnerung von Staat und Gott aber ist verfassungswidrig.
Wir leben in keinem Gottesstaat, sondern in einem Verfassungsstaat. **DAS KLERIKALE KARTELL** untergräbt unsere Demokratie.

PROLOG

Götterglaube und Seelenheil

Die Apfelgeschichte aus dem Paradies, die Leihmutter Maria und der liebe Herrgott. Vorberkungen über Religion, Götter und Kleriker. Und warum es höchste Zeit ist, die **unheilige Komplizenschaft** von Staat und Kirche zu beenden.

Gleich vorweg: Ich bin gottlos glücklich! Schon als Siebzehnjähriger habe ich den Hort der »heiligen Kirche« auf schnellstem Weg verlassen. Zu viel kam da zusammen: die absurde Apfelgeschichte aus dem Paradies, die kruden Erzählungen von Gottes Leihmutter Maria, vom Heiligen Geist und einem doppelten Schöpfer, der aus Jesus und seinem Vater bestand; allerlei abstruse Auferstehungs- und Wundergeschichten, dazu die ständige Sündendrohung samt (freilich nicht mehr funktionierender) Erzeugung und Nutzbarmachung des schlechten Gewissens. Und dass der Vatikan tatsächlich noch immer Bücher auf den Index setzte, die die braven Schäfchen nicht lesen sollten, auch das ärgerte mich. Selbst Karl May fand sich auf dem Index. Karl May, der Antichrist?[1]

*

Zwei schmale Taschenbücher begleiteten mich bei der Flucht aus »meiner« Kirche: Joachim Kahls längst vergessenes Bändchen *Das Elend des Christentums* und, vor allem, Bertrand Russells Textsammlung *Warum ich kein Christ bin*, beide 1968 bei Rowohlt erschienen.[2] Russell, britischer Philosoph, Mathematiker und Literaturnobelpreisträger, widerlegt darin geistreich und unterhaltsam religiösen Irrglauben, dazu liefert er Thesen, die mich damals zum Grübeln brachten. Russell hat den Text, der ursprünglich 1927 als Vortrag vor der National Secular Society gehalten wurde, erstmals 1957 zusammen mit etlichen anderen seiner religionskritischen Schriften herausgebracht. Seither ist er in immer neuen Auflagen und Ausgaben zu einem Klassiker der modernen Religionskritik avanciert. Russell beschreibt die Geschichte des Christentums als eine Abfolge von flächendeckender körperlicher und seelischer Grausamkeit, von gnadenloser Machtpolitik und Unterdrückung. »Es ergibt die seltsame Tatsache, dass die Grausamkeit umso größer und die allgemeine Lage umso schlimmer waren, je stärker die Religion und je fester der dogmatische Glaube war.« Dass es beinahe 100 Jahre nach Russells Befund kein Ende damit hat, zeigen die jüngsten Aufdeckungen weltweit verübter Missbrauchsverbrechen von Priestern an Schutzbefohlenen. Eine Kontinuität des Grauens: die Kirche ein religiöses Schreckenshaus, in dem grässliche Dinge passiert sind und passieren.

Für Russell ist die christliche Gottesidee mit ihren Moralgeboten und Erlösungsversprechen »eine Lehre der Grausamkeit«, verwurzelt in altorientalischer Despotie und eines freien, selbstbestimmten Menschen unwürdig. Am Beispiel der katholischen Sexualmoral zeigt er uns die Fortschrittsfeindlichkeit der katholischen Kirche und ihr Verhindern von Lebensglück. Vollends mit seinem Rationalismus unvereinbar ist die Angst als Fundament der Religion. Wissen statt Glauben, das ist Russells Credo. Statt auf metaphysischen Wahrheitsanspruch setzt er auf rationale Wirklichkeitswahrnehmung.

Die Lektüre von Russells Religionskritik wurde zu meinem atheistischen Erweckungserlebnis. Nicht zuletzt: Ich ärgerte mich darüber, dass die katholische Kirche immer verlässlich Seit' an Seit' mit Tyrannen und Diktatoren zu finden war. Kurzum: Ich wollte mein Leben nicht mehr unter der Schirmherrschaft von Jesus und seiner Kirche leben. Ich verabschiedete mich aus »meiner« Kirche.

Über den Glauben wurde und wird immer gestritten. Wenn es um unser aller Anfang geht, um den Beginn des Lebens, und um unser Ende, dann kommt der religiöse Glaube ins Spiel – unausrottbar wie

Christopher Hitchens[3] konstatiert, zumindest so lange, »wie wir unsere Angst vor dem Tod, vor der Dunkelheit, vor dem Unbekannten« nicht überwunden haben. Oft wird ja vermutet, Religion existiere allein, um das Diesseits und die Angst vor dem Tod zu überwinden. Gott sei eine Projektion. Der liebe Herrgott als Wegbegleiter, Hoffnungsträger und Sinnstifter. Eine schöne Vorstellung, vor allem für jene, die nicht gerne allein unterwegs sind. Wer Gott neben sich wünscht, der sollte dazu bereit sein, den eigenen Verstand auszuknipsen. Da ist zum Beispiel die ungelöste Grundfrage, warum es so viel Grausamkeit und Ungerechtigkeit, Barbarei und Elend auf der Welt gibt, wenn doch alles von einem liebenden und allmächtigen Gott geschaffen wurde. Selbst die intensiv Religiösen tun sich hier mit einer plausiblen Antwort schwer. Sie sind gezwungen, sich tatsächlich dümmer zu stellen, als ihr lieber Herrgott sie geschaffen hat.

*

Religionen erzählen von Mythen, Legenden, Fabeln und Märchen. Es sind Erzählungen über Götter, Geister, Propheten und Heilige. Sie haben meistens eines gemeinsam: Sie sind überwiegend unhaltbar, kaum belegbar und widersprechen allen Regeln der Logik. Das jenseitige Seelenheil wird beschworen, obwohl es allein um diesseitige Besitzstände geht, die sich mit religiöser Etikettierung noch eindrucksvoller darstellen lassen. Gott als universeller, sinnstiftender Platzhalter.

Glaube ist das unbedingte Anerkennen von Informationen und Erzählungen, für die es keinerlei Belege gibt. Gewissermaßen ist das die Voraussetzung, denn wären diese belegbar, müssten sie ja nicht geglaubt werden. Das Glaubensuniversum ist deshalb so nebelig und unendlich, weil Belege nicht vorhanden sind. Glauben statt Wissen, das ist die konstitutive Voraussetzung aller Religionen.

Und so wird und darf kein Gläubiger in Betracht ziehen, dass vielleicht nicht Gott den Menschen, sondern der Mensch Gott erschaffen hat. Es gibt heute Orte auf dieser Welt, dort wird – wer so frevelhaft, gotteslästerlich, blasphemisch denkt – mit dem Tod bestraft.

*

Zwischen Glauben, Esoterik und Aberglaube besteht ohnehin kein prinzipieller Unterschied. Gemeinsam ist allen, dass sie »dazu dienen, die profane Welt des Alltags phantasievoll zu erweitern«.[4] Ja, der Glaube kann dem Menschen Trost, Halt, Erleichterung und Orientierung geben, ihm sagen, wo's langgeht in Richtung Himmelreich, wo ein Leben nach dem Leben auf ihn wartet. Fernab von metaphysischen Spekulationen, was das Leben sei und wozu es zu leben sich lohne, nährt die Religion die Hoffnung auf reiche Belohnung für allerlei irdischen Verzicht und Verdruss. Die Sehnsucht nach den Götterboten, dem Garten Eden und anderen himmlischen Wohlfühloasen, sie wird verlässlich und unablässig geweckt. Gott ist immer bei dir. Den Glauben zu leben ist wie ein Märchen. Er schafft Sehnsüchte, um sie zu stillen.[5] Seelenheil forever.

*

»Die Geschichte kann bezeugen, wie viel Unmengen Blut die drei Monotheismen im Laufe der Jahrhunderte im Namen Gottes fließen ließen: Kriege, Gemetzel, Völkermord, Kreuzzüge, Inquisition bis hin zum weltweiten Terrorismus der Gegenwart«, schreibt Michel Onfray[6] und zitiert den portugiesischen Jesuiten Christóvão Ferreira, der 1636 in einem dünnen, aber explosiven und radikalen Buch mit dem Titel *La supercherie dévoilée* (dt. Die Täuschung wurde aufgedeckt) seinem Glauben abschwört. Auf nicht mal 30 Seiten schreibt der abtrünnige Priester:

> *»Gott hat die Welt nicht erschaffen. Die Welt wurde überhaupt nie erschaffen. Es gibt weder eine Hölle noch ein Paradies. Tote Kinder sind frei von Erbsünde, die es ohnehin gar nicht gibt. Das Christentum ist eine Erfindung, und die zehn Gebote ein nicht einzuhaltender Blödsinn. Der Papst eine unmoralische, gefährliche Person. Bezahlte Messen, Ablass, Exkommunikation, verbotene Speisen, die Jungfräulichkeit Marias. Die Heiligen Drei Könige – alles Belanglosigkeiten. Die Auferstehung, ein lächerliches, dummes Märchen und ein skandalöser Betrug. Die Sakramente und die Beichte, ebenfalls Humbug. Die Eucharistie, nichts anderes als eine Metapher und das jüngste Gericht, eine unfassbare Wahnvorstellung. …«*[7]

Kann man schwereres Geschütz auffahren? Beinahe 100 Jahre später wird ein katholischer Priester in Frankreich ebenfalls ein radikal antireligiöses Manifest schreiben – mit ähnlicher Wucht. Wolfgang Sofsky erinnert an die Geschichte des abtrünnigen französischen Landpredigers Jean Meslier, der einst – vor bald 300 Jahren – den örtlichen Grundherrn von der Segnung mit Weihwasser ausschloss, weil dieser die hungernden Bauern statt zur Ernte zum Bau seines Schlosses befohlen hatte. Daraufhin wurde er zum Erzbischof von Reims zitiert, wo man ihm nicht nur die klerikalen Leviten las, sondern ihn gleich für einen Monat festhielt. In der Abgeschiedenheit seiner Zelle schrieb er eine über 1.000 Seiten umfassende Religions- und Kirchenkritik – das erste *Testament* des radikalen Atheismus: »Die Existenz Gottes, eine menschliche Erfindung! Die Religion: Priesterbetrug, Volksverdummung! Das Paradies: ein leeres Versprechen! Die Hölle: ein Hirngespinst zur Einschüchterung! Könige, Adelige, Kleriker: Schmarotzer! Was tun? Aufruhr, Revolution!«[8]

Jean Mesliers zornige Aufzeichnungen kursierten erst nach seinem Tod 1729, als Voltaire sie 1761 in gemäßigter Version erneut publizierte. Es dauerte weitere 100 Jahre, ehe Mesliers *Mémoire contra la religion* in Amsterdam vollständig veröffentlicht wurde. Lesen wir kurz hinein in seine radikale Götter- und Religionsbeschimpfung:

> »*Wißt also, meine lieben Freunde, wißt, daß all dies, was in der Welt als Gottesdienst und Andacht feilgeboten und praktiziert wird, nichts als Irrtum, Täuschung, Einbildung und Betrug ist: alle Gesetze, alle Vorschriften, die im Namen und mit der Autorität Gottes oder der Götter erlassen werden, sind in Wahrheit nichts als menschliche Erfindungen, nicht weniger als alle diese schöne Schauspiele der Festlichkeiten und Meßopfer oder Gottesdienste und alle diese anderen abergläubigen Verrichtungen, die von Religion und Frömmigkeit den Gönnern zu Ehren vorgeschrieben sind.*
>
> *Alle diese Dinge, sage ich Euch, sind nur menschliche Erfindungen, von schlauen und durchtriebenen Politikern erfunden, dann von*

lügnerischen Verführern und Betrügern gepflegt und vermehrt, schließlich von den Unwissenden blind übernommen und dann endlich aufrechterhalten und gutgeheißen durch die Gesetze der Fürsten und der Großen dieser Erde, die sich solcher menschlicher Erfindungen bedient haben, um das Volk dadurch leichter im Zaum zu halten und mit ihm zu machen, was sie wollten. …

Und was ich hier im allgemeinen über die Hohlheit und Falschheit der Religionen der Welt sage, trifft nicht nur auf die heidnischen und fremden Religionen zu, die Ihr bereits als falsch betrachtet, sondern es betrifft gleichfalls Eure christliche Religion, da sie in der Tat nicht weniger eitel und nicht weniger falsch ist, als irgendeine andere, und ich würde sagen, daß sie in einem Sinne noch unnützer und falscher ist als jede andere, weil es vielleicht überhaupt keine andere gibt, die in ihren Grundsätzen und ihren wichtigsten Lehren so lächerlich und so absurd ist wie die, noch der Natur und dem gesunden Menschenverstand so zuwider. …«[9]

*

Religionsgeschichte ist eine Wahn- und Gewaltgeschichte: der christliche Verweis auf einen von Paulus gefärbten Jesus, der vorgeblich kommt, um das Schwert zu bringen, das als Rechtfertigungsgrund gilt für Kreuzzüge, die Inquisition, die Religionskriege, die Bartholomäusnacht, die Hinrichtungen auf dem Scheiterhaufen bis hinein ins 20. Jahrhundert – da kommt vieles zusammen. Eine Kontinuität des Wahns, der Gewalt, der Barbarei.

Religionen durchdringen Gesellschaften als Konstruktion der Wirklichkeit. Und es ist für den Einzelnen keine leichte Sache, sich von der Wirklichkeit des gläubigen Kollektivs zu verabschieden, darauf weist Niko Alm hin und zitiert Michail Bakunin, dessen politischer Weltinterpretation man nicht unbedingt vorbehaltlos zustimmen möchte. Hier soll er dennoch zu Wort kommen:

»Nun, die Religion ist ein gemeinsamer Wahnsinn, der umso mächtiger ist, weil es ein überlieferter Wahnsinn ist, dessen Ursprung sich in

das entfernteste Altertum verliert. Als allgemeiner Wahnsinn drang sie in alle öffentlichen und privaten Einzelheiten des sozialen Daseins eines Volkes ein, verkörperte sich in der Gesellschaft, wurde sozusagen deren Seele und gemeinsamer Gedanke. Jeder Mensch ist von Geburt an von ihr umringt, nimmt sie mit der Muttermilch in sich auf, nimmt sie auf mit allem, was er hört und sieht. Er wurde damit so sehr genährt, vergiftet und in seinem ganzen Wesen durchdrungen, dass er später, wie mächtig auch sein natürlicher Verstand sein mag, unerhörte Anstrengungen machen muss, sich von ihr zu befreien, und nie gelingt ihm dies vollständig.«[10]

*

»Unerbittlich jagen die Agenten des rechten Glaubens die Häretiker, Abtrünnigen, Ketzer. Sie werden der Folter unterworfen, zu Geständnissen gezwungen oder aber sogleich geköpft oder verbrannt. Viele Jahrhunderte des organisierten Christentums und Islams sind geprägt von brutaler Rechtgläubigkeit«, konstatiert Wolfgang Sofsky.[11]

Der Aufklärer und Historiker Karlheinz Deschner hat diese 2.000 Jahre währende *Kriminalgeschichte des Christentums* umfassend und profund dokumentiert.[12] Da will Mohammeds Gefolgschaft nicht nachstehen. Auf fast allen Seiten des Korans finden sich Aufforderungen, die Ungläubigen (und Andersgläubigen) samt deren Kultur und Zivilisation zu zerstören – im Namen eines barmherzigen Allahs.[13] Und der jüdische Wahn vom auserwählten Volk? Dito.

Moses, Paulus, Mohammed – ihre Biographien sind schauderhafte Belege für den rasenden religiösen Irrsinn. Für Gewalt, Missachtung, Bosheit, Hinterlist, Niedertracht, Perversion und Verbrechen – eifernd und gnadenlos im Namen ihres Gottes.[14]

*

Wir dürfen festhalten: Die Geschichte der Religionen ist eine Serie von flächendeckender körperlicher und seelischer Grausamkeit, von gnadenloser Machtpolitik und Unterdrückung. Und dass es kein Ende damit hat, belegen exemplarisch die jüngsten Aufdeckungen weltweit verübten Missbrauchs von Priestern an Schutzbefohlenen. Doch nicht nur die Fassade bröckelt. Die Grundmauern ihrer Autorität sind unübersehbar in Schieflage, vor allem in der katholischen Kirche hierzulande. Wie Thomas Assheuer feststellt, »betreibt sie gerade mit gefalteten Händen ihre Selbstabschaffung, angeführt von Kardinal Woelki, dem Ministranten des Untergangs. Es scheint so sicher wie das Amen in der Kirche: nach all den Schandtaten, nach Tausenden missbrauchter Kinder, wird der scheinheilige sakrale Komplex keine moralische Autorität mehr beanspruchen können. ...«[15]

*

Angesichts der Blindheit gegen die eigene Vorgeschichte und die heutigen monströsen Gräuel, die weltweit im Namen irgendwelcher Götter begangen werden, reklamieren alle Religionen und deren Vertreter noch immer anmaßend einen Alleinvertretungsanspruch ethischen Handelns, eine höhere, gottgesalbte Moral. Ungebrochen werkeln und metzeln sich die Religionen weiter durch die Weltgeschichte. Priester, Rabbiner und Imame, das eifernde Bodenpersonal Gottes, führt diese Elends- und Wahngeschichte fort. Wir müssen nicht allzu weit in der Geschichte zurückgehen (dazu bräuchte es eine mehrbändige Enzyklopädie) – nein, nur in die 1980er Jahre, als das multiethnische und multireligiöse Jugoslawien unter einer Hasslawine begraben wurde und mörderische Banden aus religiösen Eiferern und faschistoiden Vaterlandskämpfern sich gegenseitig massakrierten: »Säuberungen«, Vergewaltigungen und Massenmord im Namen des jeweiligen Gottes. Millionen verloren und gaben dabei ihr Leben, fielen dem Religionswahn und den »ewigen Wahrheiten« zum Opfer. Der religiöse Wahn- und Irrsinn ist grenzenlos.

Im Oktober 2023 trieb er Hamas-Mörder unter dem Schlachtruf »Allahu Akbar, Gott ist groß!« dazu, im Blutrausch Massentötungen an jüdischen Zivilisten zu begehen, Menschen als Geiseln zu verschleppen und Kinder zu massakrieren. Das alles wurde auch noch gefilmt und ins Internet gestellt. Es gab Menschen, die diese entfesselte Bestialität und Mordlust als »gerechten Widerstand« beklatschten und in Straßenkorsos feierten. Und welchen Vergehens hatten die jungen Konzertbesucher im Bataclan in Paris sich schuldig gemacht, als sie 2015 ebenfalls von islamistischen Gotteskämpfern exekutiert wurden? Religiöser Wahn schreckt vor keiner Barbarei zurück, nicht vor Jahrhunderten, nicht heute. »Immer mithilfe der Folgsamen, all jener, die lieber nicht denken und lieber nicht fühlen. Aber geflissentlich Ja sagen und das Holz für die Scheiterhaufen holen.«[16]

*

Doch die Glaubens-Advokaten geben sich nicht mit ihren Versprechungen und Verheißungen zufrieden, sie versuchen, sich in das Leben ihrer Kritiker, der Nichtgläubigen und Andersgläubigen einzumischen. Diese Einmischung wird dann besonders anmaßend und giftig, wenn sich der Staat zum Komplizen macht. Mittel und Wege sind variabel, die Absicht konstant: Religionen propagieren die Glückseligkeit im Jenseits, wollen aber die Macht im Diesseits. Dabei kann die klerikale Oligarchie mit vielfältiger Unterstützung und Kooperationsbereitschaft irdischer Machtverwalter rechnen: eine gewinnbringende Komplizenschaft.

*

Auf den folgenden Seiten geht es um die allgegenwärtige Allianz von Staat und Kirche in unserem Land. Es geht um vielfältige und vielfache anachronistische Verpartnerung, um religiöse Privilegien und Vorteilsnahmen in unserem eigentlich doch säkular verfassten Gemeinwesen. Konkret und exemplarisch: um die skandalöse Nichtverfolgung klerikaler Missbrauchstäter, um fragwürdige Sonderrechte und Subventionen, die unser Staat den Kirchen gewährt, um den zweifelhaften Einfluss der Gotteslobbyisten in Politik und Medien, um die arrogante Selbstgefälligkeit einer klerikalen Oligarchie – und es geht um die irritierende Langmut gläubiger Mitglieder, die trotz allem auf den schalen Schein ihrer Kirche nicht verzichten möchten.

*

Deutschland ist kein Kirchenstaat. Jedenfalls in der Theorie. Wir leben in einem säkularen Verfassungsstaat. Es herrscht Glaubensfreiheit. Gläubige, Andersgläubige und Ungläubige müssen miteinander auskommen. Jeder Bürger darf seinen Gott, auch mehrere Götter haben. Jeder darf glauben, was er will, beten, zu wem er will. Jeder darf sich seinen Sehnsüchten und Paradiesträumen hingeben, wodurch er sein immerwährendes Seelenheil zu erlangen erhofft. Das private Illusionsglück steht unter staatlichem Schutz – solange es Privatsache bleibt. »In einer freien Gesellschaft gibt es keine Eintracht der Glaubensbekenntnisse. Die Glaubensfreiheit des einen endet, wo jene des anderen beginnt. Das ist das Prinzip der Religionsfreiheit.«[17]

Der Staat selbst aber muss in Glaubensdingen – gewissermaßen zum Schutz der Menschen und ihrer Freiheit – neutral sein. Er muss gottlos sein. Doch genau daran hapert es. Obwohl die Kirchen hierzulande seit Jahrzehnten rapide Mitglieder verlieren und inzwischen weniger als die Hälfte der Bevölkerung einer der beiden christlichen Großkirchen angehört, bestehen sie auf jahrhundertealten Privilegien. Und der Staat gewährt sie ihnen – in Form von Sonderrechten, zweifelhaften Subventionen und steuerlichen Vergünstigungen. Diese Komplizenschaft zwischen Staat und Kirche ist nicht mehr zeitgemäß. Das klerikale Kartell muss ein Ende haben. Die Errungenschaften der Aufklärung müssen verteidigt werden, damit Gott nicht in die Politik zurückkehrt.[18]

*

Ob Menschen, gerade geboren, durch das Entfernen der Vorhaut traktiert werden, andere sich auf den beschwerlichen Weg nach Lourdes machen, wieder andere in die richtige Himmelsrichtung beten oder eine Hostie zu sich nehmen, um »errettet« zu werden – es darf – und sollte – nur für den Einzelnen bedeutungsvoll sein. Die Welt dreht sich weiter – auch ohne Himmelsgötter, welche auch immer sich für die Gegenwart zuständig fühlen. Nur noch 48 Prozent der Deutschen waren 2022 Mitglied einer der beiden christlichen Großkirchen, der Bevölkerungsanteil der Konfessionsfreien ist dagegen auf 44 Prozent gestiegen.[19] Deutliches Anzeichen dafür, dass das klerikale Monopol erodiert. Höchste Zeit also, die »unheilige Allianz« von Staat und Kirche zu beenden. Das klerikale Kartell hat ausgedient. Es verstößt gegen unsere Verfassung. Es gefährdet unsere Demokratie.[20]

*

Dieses Buch vereint Essays, Kommentare und Lesestücke zur Kritik der Religion, zur Komplizenschaft von Kirche und Staat, erweitert um aktuelle Nachträge. Die Texte beschreiben exemplarisch die klerikale Doppelbödigkeit und andauernden Verletzungen des Verfassungsgebots staatlicher Neutralität und was dagegen zu tun ist. Darüber hinaus werfen sie einen Blick auf kirchliche Kuriositäten, die überdeutlich zeigen, wie weit die Kirche vom aufgeklärten Geist des 21. Jahrhunderts entfernt ist. Kurzum: journalistische Texte, die inhaltliche Redundanzen ebenso in Kauf nehmen wie den Vorwurf, in allzu polemischer, voreingenommener und böswilliger Absicht verfasst worden zu sein. Der Autor gesteht freimütig: viele Beiträge entstanden in einem langanhaltenden Anfall von rationalen Waschzwängen. Ganz nach Joachim Kahls Feststellung, »wer sich über das Christentum nicht empört, kennt es nicht«.[21]

*

Ich bin – wie gesagt – gottlos glücklich. Ich stimme Christoper Hitchens zu, wenn er sagt, »dass Religion die Welt vergiftet«.[22] Nach wie vor lehren Religionen das Fürchten, stehen als Quell von Intoleranz, Gewalt und körperlichem und seelischem Missbrauch einem menschenwürdigen Zusammenleben im Wege. Ihr Einfluss auf Politik und Gesellschaft ist hierzulande stark und unheilvoll und der Glaube an die Leistungen der Religion für die Gesellschaft und den Staat – das ist trotz massenhafter Kirchenaustritte zu konstatieren – noch immer mehrheitsfähig. So bleiben die Vorteile religiöser Sonderrechte weiterhin unangetastet und die religiösen Problemzonen werden toleriert.

Noch einmal: Glauben kann jeder, was er will, doch wenn dieser Glaube zu Religionsgesetzen führt, die für andere nachteilig sind, dann müssen diese für nichtig erklärt werden. Das ist Gegenstand der folgenden Seiten.

*

Nein, es geht nicht darum, die Kirchen aus dem gesellschaftlichen Leben zu verbannen. Religionsfreiheit und Kirchenexistenz sind Teil unseres demokratischen Gemeinwesens. Ziel ist allein, die verfassungswidrige Verknüpfung mit dem Staat endlich zu beseitigen, mit der die

Kirchen sich Sondervorteile vor anderen Gruppen in der pluralistischen Konkurrenz um gesellschaftlichen und politischen Einfluss verschaffen. Aber die mantrahaft vorgetragenen Beschwörungen der »Verantwortung der Kirche in unserem Land« sollten wir nicht mehr hinnehmen. Es geht der klerikalen Oligarchie allein darum, den Status quo, also ihre Privilegien und Sondervorteile, zu verteidigen. Diese »unheilige Allianz«[23] (Schüller) muss ein Ende haben.

*

Welche Rolle soll Religion heute spielen? Keine öffentliche – wenn es nach mir ginge. Schon gar keine Sonderrolle, weil dazu unsere Welt in jeder Hinsicht zu klein geworden ist. Religion durchwirkt noch immer unsere Gesetze. Auch Gott selbst wird in unserer Verfassung noch immer direkt angerufen und aufgerufen: »Im Bewusstsein seiner Verantwortung vor Gott und den Menschen, und von dem Willen beseelt, als gleichberechtigtes Glied in einem vereinten Europa dem Frieden der Welt zu dienen, hat sich das deutsche Volk kraft seiner verfassungsgebenden Gewalt dieses Grundgesetz gegeben.« So lautet die Präambel des Grundgesetzes der Bundesrepublik Deutschland.

Doch es gibt keinen Verfassungsgott – auch nicht in einem verdeckten Schrein unseres Grundgesetzes. Gott mag für einige Menschen ein sinnhaftes Zukunftsversprechen sein, für andere eine attraktive Möglichkeit, die Gegenwart zu bewältigen. Doch die Deutungshoheit über metaphysische Wahrheitsfragen gehört nicht unbedingt in den Aufgabenkatalog des Staates. Glaube und Religion sind Privatsache, staatlich geschützt. Darauf sollten wir uns einigen. Und was mich betrifft, halte ich es mit Blaise Pascal, der an Leute wie mich dachte, als er einem Brieffreund schrieb: »Ich bin so geschaffen, dass ich nicht glauben kann.«[24]

Erst der Bürger, dann der Gläubige

Deutschland ist ein **Verfassungsstaat** und kein Gottesstaat. Alle Bürger dürfen ihren Gott, auch ihre Götter haben – der Staat aber muss in einer modernen, säkularen Grundrechtsdemokratie gottlos sein.

Unser Land darf weiterhin auf göttlichen Beistand hoffen. Im Dezember 2021 verwendeten im Berliner Reichstag neun der 16 Minister und Ministerinnen den freiwilligen religiösen Zusatz »So wahr mir Gott helfe«. Auch Kanzler Olaf Scholz verzichtete als zweiter Amtsinhaber nach Gerhard Schröder bei seiner Vereidigung zum Bundeskanzler auf den Gottesbezug in der Eidesformel. Und: Anders als Ex-Kanzler Schröder ist Scholz nach seinem Austritt aus der evangelischen Kirche der erste konfessionslose Regierungschef in Deutschland. Mit oder ohne Gottesschwur: Gott mischt kräftig mit in der deutschen Politik. In den Parlamenten, den Parteien, den Institutionen. Dabei wird so getan, als hätte er ein ganz natürliches Anrecht darauf, als gehörte er zur politischen Grundausstattung, zum politischen Personal der Bundesrepublik, zur deutschen Demokratie. Dass unsere heutige Demokratie unbestritten auf einem Menschenbild gründet, das viel mit dem Christentum zu tun hat, will niemand infrage stellen. Aber die Geschichte zeigt, dass die christlichen Kirchen nicht unbedingt Trägerinnen der Demokratie waren – und sind. Was heute Staat und Staatsbürger ausmacht, ist gegen die christlichen Kirchen erkämpft worden. Das wollen wir festhalten.

Hierzulande herrscht Glaubensfreiheit. Ob jemand Christ oder Muslim, Buddhist oder Jude ist, darf keine Rolle dabei spielen, ob er als Bürger dieses Landes willkommen ist. Das Ideal eines Staatsbürgers sieht so aus: Er sollte die abendländische Trennungsgeschichte von Staat und Kirche akzeptieren, die Werte der Aufklärung respektieren und die Gesetze dieses Staates achten. Das reicht. Wer Beamter, Staatsanwalt oder Richter werden möchte, schwört auf die Verfassung, nicht auf die Bibel oder den Koran.

Deutschland, darauf hat der Rechtsphilosoph und Staatsrechtler Horst Dreier hingewiesen, ist ein Verfassungs- und kein Gottesstaat, und das ist die Voraussetzung für Religionsfreiheit. Alle Bürger dürfen ihren Gott, auch ihre Götter haben – der Staat aber muss in einer modernen, säkularen Grundrechtsdemokratie gottlos sein.[1] Wenn Verfassungsrechtler vom »säkularen Staat« sprechen, dann meinen sie keineswegs einen areligiösen, laizistischen Staat (wie etwa in Frankreich), sondern einen Staat, der Religions- und Weltanschauungsfreiheit garantiert und religiös-weltanschauliche Neutralität praktiziert. Entscheidend sind nicht religiöse Präferenzen, sondern Verfassungstreue. Die Zeiten, als die beiden großen christlichen Konfessionen über Jahrzehnte das gesellschaftliche, politische Leben hierzulande beherrschten und Religion aufgrund der kulturellen Harmonie eine integrierende und stabilisierende Größe war, gehören der Vergangenheit an. Die großen Konfessionen verlieren stetig an Mitgliedern – und an Vertrauen. Im Jahr 2022 kehrten danach 522.821 Menschen ihrer Kirche den Rücken. 2021 – im bisherigen Rekordjahr – waren es 359.000 Personen, die aus der katholischen Kirche austraten. Auch die von der Evangelischen Kirche in Deutschland (EKD) veröffentlichten Mitgliederzahlen belegen, dass mit 380.000 die Zahl der Ausgetretenen rund ein Drittel höher ist als im Vorjahreszeitraum. Damit sind erstmals die Mitglieder der beiden großen Kirchen in Deutschland in der Minderheit.[2]

Deutschland ist ein pluralistisches, multiethnisches, multireligiöses Land. Gläubige, Andersgläubige und Ungläubige müssen miteinander auskommen. In unserem Grundgesetz heißt es: »Es besteht keine Staatskirche.« Dieser entscheidende Satz in Artikel 137 Absatz 1 der Weimarer Reichsverfassung ist in unser Grundgesetz durch Artikel 140 übernommen worden. Er ist die Grundlage für das Verhältnis von Kirche und Staat in Deutschland. Das Bundesverfassungsgericht hat diesen Artikel dahingehend präzisiert, dass das Grundgesetz »dem Staat als Heimstatt aller Bürger ohne Ansehen der Person weltanschaulich-religiöse Neutralität auferlegt. Es verwehrt die Einführung staatskirchlicher Rechtsformen und untersagt auch die Privilegierung bestimmter Bekenntnisse.«[3]

Dennoch: Die beiden großen Kirchen genießen nach wie vor eine Vielzahl von Privilegien, die eklatant gegen das staatliche Neutralitätsgebot verstoßen. Die Trennung von Kirche und Staat findet nicht statt: nicht in der Gesetzgebung, nicht in der Fiskalpolitik, nicht in der Medienpolitik, schon gar nicht in den Hochämtern und Niederungen der Politik.

Aktuelles Beispiel? In Berlin, dem letzten noch konkordatfreien Bundesland, steht ein neuer Staatsvertrag mit dem »Heiligen Stuhl« kurz vor seinem Abschluss. Dazu der Hinweis: Die Idee von Staatsverträgen zwischen Kirchen und Nationalstaaten oder einzelnen Gliederungen davon stammt noch aus einer Zeit, in der Kirche und Staat gemeinhin als eine Einheit betrachtet wurden. Kaiser und König galten als »Herrscher von Gottes Gnaden«. Solche historischen Überbleibsel haben auch heute noch Gültigkeit und erlauben es den Kirchen, weltliche Gesetze – wie etwa das Arbeits- und Streikrecht – in ihren Einrichtungen nicht vollumfänglich umzusetzen. Religiöse Gemeinschaften berufen sich hier gerne auf »kirchliches Selbstbestimmungsrecht«. Allerlei Privilegien wie zum Beispiel bei Vermögensangelegenheiten sind häufig noch einmal gesondert festgehalten.

Auch im pädagogischen und schulischen Bereich garantiert der Berliner Staatsvertrag der katholischen Kirche zahlreiche Privilegien und sichert ihren Einfluss, etwa durch vertraglich festgehaltene Erziehungsziele wie: »Die Jugend ist in der Ehrfurcht vor Gott und im Geiste der christlichen Nächstenliebe zu erziehen.« Ein an der staatlichen

Humboldt-Universität geplantes Zentralinstitut für Katholische Theologie ist ebenfalls Gegenstand des ersten katholischen Staatsvertrags des Landes. Dort sollen das »Studienangebot, die organisatorische Verankerung des Instituts an der Universität sowie die Berufung von Professorinnen und Professoren« fortan unter Federführung der christlichen Organisation stattfinden. Das Verfassungsgebot der Trennung von Kirche und Staat, wird also auch hier von der rot-grünen Landesregierung ignoriert.

Keine Frage: Das staatliche Neutralitätsgebot wird massiv und beständig missachtet. Ob Subventionen für Kirchentage, Finanzierung theologischer Fakultäten an staatlichen Universitäten, Kirchenredaktionen in Landesrundfunkanstalten bis hin zum wöchentlichen »Wort zum Sonntag« – eines der ältesten Fernsehformate des deutschen Fernsehens. Jeden Samstagabend, meist nach den Tagesthemen und vor dem Spätfilm, gibt es für die christlich-abendländische TV-Nation vier Minuten geistige Durchlüftung. Mal darf ein evangelischer Pfarrer über die Wohltaten Luthers referieren, mal ein katholischer Kollege die Jungfrau Maria loben. Rabbiner, Imame, Buddhisten, Atheisten haben kein Rederecht. Der ehemalige EKD-Ratsvorsitzende Nikolaus Schneider hielt die Sendung für eine »wohltuende Unterbrechung im Getriebe des Alltags« und einen »niedrigschwelligen Berührungspunkt mit dem Evangelium«.[4] Sie gleicht eher einem vierminütigen religiösen Frontalunterricht. Das alles ist in unseren Rundfunkgesetzen geregelt. Diese verpflichten die Sender dazu, Gottesdienste, Morgenandachten und allerlei andere Kirchenbotschaften auszustrahlen. Die Öffentlich-Rechtlichen produzieren und finanzieren diese Sendungen selbst – will heißen: mit Geldern aus GEZ-Gebühren, die alle bezahlen, auch Konfessionslose und Ungläubige.

Noch einmal: Deutschland ist ein säkularer Verfassungsstaat. Ob eine religiöse Gemeinschaft oder ein Einzelner dennoch Sonderrechte beanspruchen kann, darüber herrscht mitunter Unstimmigkeit. Ist eine rituelle Genitalbeschneidung bei Jungen ein akzeptables religiöses Ritual oder eine schmerzhafte Körperverletzung?

So hatte das Landgericht Köln im Mai 2012 über einen operativen Notfall zu urteilen, bei dem es nach einer Beschneidung aufgrund von Nachblutungen zu Komplikationen gekommen war. Die Richter hatten entschieden: »Die operative Entfernung der Penisvorhaut des minderjährigen Patienten hatte ohne medizinische Notwendigkeit stattgefunden.« Und weil die Amputation eines gesunden Körperteils zwingend der Aufklärung und schriftlichen Einwilligung des Patienten bedarf, der in diesem Fall nicht einwilligungsfähig war, warf die Staatsanwaltschaft dem »Beschneider« vor, »eine andere Person mittels eines gefährlichen Werkzeugs körperlich misshandelt und an der Gesundheit geschädigt zu haben«. Das Gericht folgte der Anklage und entschied: Die rituelle Beschneidung erfüllt den Tatbestand einer Körperverletzung.[5]

Ein Sturm der Entrüstung brach los – im Epizentrum die brisante Frage: Was wird in Deutschland höher bewertet – das Recht männlicher Kinder, die religiöse Eltern haben, auf körperliche Unversehrtheit oder das Recht religiöser Eltern, ihre Rituale auf ihre Söhne zu übertragen, auch wenn dies einen schmerzhaften Eingriff zur Folge hat? Kindeswohl contra Religionsfreiheit? Diese sahen die religiösen Eltern mit dem Kölner Urteilsspruch in Gefahr und sie bekamen lautstarke Unterstützung von Seiten ihrer offiziellen Religionsfunktionäre – ob Zentralrat der Juden, muslimische Gemeinden, deutsche Bischöfe. … Sie alle werteten das Urteil als eklatanten Angriff auf die Ausübung ihres Glaubens. Jüdische Glaubensfunktionäre behaupteten, die ganze Welt akzeptiere die Beschneidungspraxis, nur die Deutschen nicht. Wer sich für das Kindeswohl einsetzte, galt schnell als Antisemit. Auch wenn es hier nicht um ein generelles Beschneidungsverbot, sondern um ein Verbot der Zwangsbeschneidung Minderjähriger ging – in der Gottescommunity rumorte es kräftig.

Der Deutsche Bundestag verabschiedete im Rekordtempo auf Initiative der Bundesregierung (und mit Mehrheit) ein »Gesetz über den Umfang der Personensorge und die Rechte des männlichen Kindes bei einer Beschneidung« und legalisierte damit rituelle Beschneidungen. Und so sind hierzulande nur Mädchen vor rituellen Genitalbeschneidungen geschützt, Jungen indes darf aus religiösen Gründen weiterhin straffrei die Vorhaut amputiert werden, auch wenn die Ausführenden keine Ärzte sind, sondern von Religionsgemeinschaften dazu intern ausgebildet wurden. Zwar heißt es in der Kinderrechtskonvention der Vereinten Nationen, die 1992 auch in Deutschland in Kraft trat, im Artikel 19, »die Staaten treffen alle Maßnahmen, um Kinder vor jeglicher Form von Gewaltanwendung, Schadenszufügung oder Misshandlung zu schützen« – die schmerzhaften Beschneidungen scheinen hiervon aber ausgenommen zu sein.

Tatsache ist: Was Religion ist und wie sie praktiziert wird, liegt nach Auffassung des Bundestags (und auch des Bundesverfassungsgerichts) teilweise noch immer in der Definitionshoheit der Religionsgemeinschaften selbst. Man kann dieses expansive Verständnis von Religionsfreiheit – das einerseits die Standards unseres liberalen Verfassungssystems in Anspruch nimmt, andererseits auf Sonderrechte pocht – als Ausdruck einer konstanten Missachtung des staatlichen Neutralitätsbegriffs sehen.

Die Frage drängt sich auf: Wie säkular soll, ja muss die Justiz selbst sein? Wie viele religiöse Symbole verträgt die dritte Gewalt in einer multireligiösen Gesellschaft? Das Bundesverfassungsgericht hat im Zusammenhang mit dem Urteil zum Kopftuchverbot für Lehrerinnen 2003 angemahnt, die »Pflicht des Staates zu weltanschaulich-religiöser Neutralität« strenger zu handhaben, um Konflikte zwischen Religionen zu vermeiden. Für Richterinnen oder Staatsanwältinnen ist die Rechtslage hier eindeutig: Landesgesetze wie das Berliner »Weltanschauungssymbolgesetz« schreiben vor, keine »sichtbaren religiösen oder weltanschaulichen Symbole zu tragen«. In Hessen ist Musliminnen während der Referendarzeit das Tragen von Kopftüchern innerhalb von Dienstgebäuden untersagt, bei Schöffinnen mit Kopftuch zeigt sich die Justiz mal tolerant, mal ablehnend. Die Justiz reagiert eher hilf- und orientierungslos. Zwei Wege sind möglich: Einübung von Toleranz, etwa wenn im Gerichtssaal ein jüdischer Angeklagter mit Kippa vor einer muslimischen Schöffin mit Kopftuch steht – unter einem christlichen Kreuz. Oder aber, wie im laizistischen Frankreich, das Verbot jeglicher religiöser Symbolik im Gerichtssaal – selbstredend auch des obligaten Kruzifixes an der Wand.

Niederländische Polizistinnen und Polizisten dürfen seit Juli 2023 beim Dienst in der Öffentlichkeit keinerlei religiöse Symbole tragen. Das entschied das dortige Justizministerium. Während Kritiker die Verordnung als diskriminierend verurteilen, sieht die Justizministerin darin ein Signal für die weltanschauliche Neutralität der Polizei. Das Verbot umfasst unter anderem das christliche Kruzifix, die Kippa jüdischer Männer und das Kopftuch bei muslimischen Frauen. Es gilt für Polizeiangehörige, die ihren Dienst in der Öffentlichkeit versehen.[6]

Oder: Wie säkular sollen unsere Schulen sein? Religionsunterricht gibt es flächendeckend in staatlichen Schulen, zunehmend auch muslimischen, unterrichtet von eignes dazu ausgebildeten muslimischen Religionspädagogen. In den Kultusministerien sieht man darin ein zeitgemäßes Spiegelbild unserer multireligiösen Gesellschaft.[7] Zu fordern wäre Religionskunde statt Religionsunterricht. Hier könnte vermittelt werden, was es mit den Religionen auf sich hat, woher sie kommen, wie sie entstanden sind, wie sie unsere Gesellschaft, unseren Alltag geprägt haben und noch immer prägen. Es ist zu befürchten, dass es hierzulande vorerst beim bekenntnisorientierten Religionsunterricht bleibt, ordentlich separiert nach Konfessionen.

Ob im Gerichtssaal oder im Klassenzimmer: Es geht nicht um die »Austreibung« Gottes aus der Welt. Glaubens- und Religionsfreiheit ist Menschenrecht. Im Gegenteil: Demokratische Staaten garantieren religiösen Gruppen, Gemeinschaften oder Kirchen, dass sie frei agieren können, soweit sie nicht die Freiheiten anderer gefährden oder die Gesetze verletzen. Aber wir hätten keinerlei Einwände, wenn das Neutralitätsgebot endlich Anwendung fände und der Einfluss der Religionen – hierzulande vor allem der der beiden großen christlichen Konfessionen – entscheidend eingeschränkt und zurückgedrängt würde, inklusive aller Privilegien und Ressourcen, Subventionen und Ordnungsfelder. Und der Gottesbezug in der Präambel unseres Grundgesetzes? Auch der darf gerne gestrichen werden. Unser Grundgesetz sollte gottlos sein.

Es geht darum, einen konsequent weltanschaulich neutralen Staat einzufordern, so wie ihn die Verfassung vorsieht. Dies betrifft nicht nur die beiden großen Kirchen, sondern auch ein riesiges Geflecht von Religionsgemeinschaften, die den Kirchen nacheifern und ebenso staatliche Fördermittel, Steuergeschenke und eigene Gesetze anstreben. Die politischen Entscheidungsträger und Verantwortlichen wollen – so scheint es – auch ihnen diese Privilegien zusprechen, weil sie wissen: Die verfassungsrechtlichen und teils aberwitzigen Privilegien der Kirchen lassen sich nur dann noch gegen die Säkularisierung durchdrücken, wenn anderen religiösen Gemeinschaften die gleichen Privilegien gewährt werden. Und so bemühen die Kirchen sich auffällig oft darum, für die Muslime in Deutschland einen ähnlichen Status zu erreichen, um dann Arm in Arm Reformen zu verhindern.[8] Da laut Grundgesetz alle gleichbehandelt werden, manövriert sich der Staat hier in ein religionspolitisches Dilemma. »Wird neben der Kirchensteuer dann auch eine Moscheesteuer erhoben – die dann unter staatlicher Verwaltung organisiert und eingezogen wird? … Dürfen Kirchenglocken nur dann weiterhin die Öffentlichkeit beschallen, wenn am Freitag auch der Muezzin zum Gebet rufen darf?«, heißt es in einer Stellungnahme des Zentralrats der Konfessionsfreien, eines im September 2021 gegründeten Zusammenschlusses säkularer Organisationen in Deutschland, der sich vorgenommen hat, für die Umsetzung der säkularen Werte in unserer Verfassung zu kämpfen, als Teil des »unvollendeten Projekts der Aufklärung«.[9]

Der Zentralrat der Konfessionsfreien verweist in seiner »säkularen Agenda« auf aktuelle Umfrageergebnisse (2022): 88 Prozent finden, dass jede Frau selbst darüber entscheiden können muss, ob sie eine Schwangerschaft fortsetzt. 74 Prozent sind für die Abschaffung der Kirchensteuer. 64 Prozent sind gegen Kruzifixe in Behörden. 75 Prozent sind für die Straffreiheit der Suizidhilfe. Schließlich sprechen sich 72 Prozent für die Einführung eines gemeinsamen Ethikunterrichts aus.[10]

Die säkulare Agenda fordert mehr: ein Gesetz zur Suizidhilfe, eine Kommission zur reproduktiven Selbstbestimmung, die darüber befinden soll, ob und wie der Schwangerschaftsabbruch entkriminalisiert werden kann. Auch die Ablösung der altrechtlichen Staatsleistungen (immerhin rund 600 Millionen Euro im Jahr 2023) wird als überfällig kritisiert und soll endlich mit den Kirchen verhandelt werden. Schließlich: es soll ein Ende haben mit dem kirchlichen Arbeitsrecht. Kurzum: Es gibt viel zu tun.

Noch einmal: Es geht dabei nicht um die Austreibung Gottes aus der Welt – persönlicher Glaube und individuelle Spiritualität sind in einer modernen Demokratie Grundrechte eines jeden Menschen. Es geht um die Austreibung Gottes aus der Politik. Wir leben in einem säkularen Verfassungsstaat. Alle Bürger dürfen ihren Gott, auch ihre Götter haben, der Staat aber ist in einer modernen Grundrechtsdemokratie gottlos. Als Sinnstiftungsangebot für den Privatgebrauch kann der Glaube Gläubige im Sinne des Wortes glückselig machen. Er kann für Menschen etwas Wunderbares sein – als Privatsache. Für unser Gemeinwesen aber gilt: Erst die Bürger, dann die Gläubigen!

Nachtrag

Nach den Rekordzahlen an Kirchenaustritten in den beiden Jahren 2021 und 2022 prognostiziert die Forschungsgruppe Weltanschauungen in Deutschland (fowid) auf der Basis der Austrittzahlen der ersten drei Quartale für das Jahr 2023, dass die Anzahl der Austritte wahrscheinlich in der Größenordnung von 2021 liegen wird. Das wären ca. 640.000 Kirchenmitglieder. [11]

Herr Steinmeier, der Garten Eden und der Kirchentag

Ob bei der Eröffnung der Bundesgartenschau oder auf dem Kirchentag: Der deutsche Bundespräsident spricht gerne als bibelfester Christ, obschon er – gewissermaßen als lebendes Verfassungsorgan – zur religiösen **Neutralität** verpflichtet ist.

Viele behaupten, dass die Kirche eine Glaubensangelegenheit sei. Vielleicht trifft das zu, was die Aspekte der Sünde, des Verzichts, der Schuld und der Sühne betrifft. Die Angst ist ein Motiv, das die Kirche seit jeher vehement vertritt, um absolute Gefügigkeit der »Gläubigen« zu erlangen. Das große Versprechen der klerikalen Angstmacher ist die Erlösung, die Aussicht auf immerwährende »jenseitige« Glückseligkeit. Ein zeitloses und lukratives Geschäftsmodell.

Dann wollen wir doch hier kurz den Blick schweifen lassen: diesmal nicht so sehr auf das große Ganze, das Überirdische, das Heilige; auf das, was Menschen nun einmal gerne glauben wollen – das Licht des Glaubens, das für den Frommen alles so hell, gut und warm macht und sich in Fest- und Feiertagsreden aller Art zeitlos als Stimmungs- und Sinnstiftungsaufheller verlässlich eignet.

Vor allem Angehörige der politischen Klasse berufen sich gerne öffentlich auf ihren Gott. Das hört sich gut an, wirkt seriös und demütig. Politikjob und Gottesverkündung gleichen sich: Beide verkaufen ein Versprechen. Die einen tun das mit einem 2.000 Jahre alten Programm, die anderen mit zeitgeistig kompatiblen Partei-Slogans. Als Grundsatzprogramm wird von beiden gerne die Bergpredigt gezückt, sie ist die

Mutter aller Sonntagsreden. Phrasen und Pathos verschmelzen hier zu einem perfekten Glaubensnebel. Auch ein rhetorischer Ausflug in den Garten Eden erfreut sich bei Politikerauftritten großer Beliebtheit. Wie viel Heuchelei im öffentlichen Glaubensbekenntnis steckt, das wollen wir hier gerne ignorieren.

Hören wir stattdessen einmal kurz rein und lassen wir – gewissermaßen als »Soundcheck« – unseren Bundespräsidenten zu Wort kommen. Bei seiner Eröffnungsrede zur Bundesgartenschau im April 2023 in Mannheim hat er die Zuhörerschaft heilsfroh daran erinnert, dass einst im Garten Eden alles seinen Anfang nahm. Denn: »Wenn wir der Bibel folgen, dann wurde der Mensch geschaffen, dann wurden die Menschen in die schönen Gärten gesetzt, die Gott persönlich, wie es heißt, im Garten Eden angelegt hatte«, verlautbarte er in schönster Schöpfungsprosa. »Der Mensch sollte den Garten bearbeiten und hüten«, denn – und hier wagte der weise Präsident mit schneeweißem Haupthaar eine originelle ethnologische Pointe – »wenn Sie so wollen, wurde der Mensch vor aller Zeiten Anfang eigentlich als Gärtner geschaffen«.[1]

Nicht ganz gendergerecht, übersah er dabei – aus alter Tradition – die solide Rolle der Gärtnerin. Jedenfalls beschwor der gottesfürchtige Präsident die im tiefen Erdreich schlummernde Symbolik des Mannheimer Blumen-Bio-Events als »ein Fest der Farben, eine Feier der Buntheit und der Verschiedenheit, eine Darstellung der Schönheit. Es ist schön und es ist eine Freude, sich inmitten der Farben der Schöpfung zu bewegen. … « Spricht hier ein bibelfester Kreationist oder ein sozialdemokratischer Bundespräsident, der doch eigentlich – gewissermaßen als lebendes Verfassungsorgan – zur religiösen Neutralität verpflichtet ist?

Der Christenmensch Steinmeier kennt sich aus. 2019 sollte er auf dem Evangelischen Kirchentag in Dortmund als Kirchentagspräsident gar dem klerikalen Event vorstehen. Nur seine Wahl zum Bundespräsidenten verhinderte die Präsenzrolle. Als Mitglied der Kirchentagsleitung hatte er sich schon zuvor für die finanzielle Grundausstattung des Glaubensevents eingesetzt. Zwar übte er diese Tätigkeit ehrenamtlich aus, allerdings wurde dadurch ein hochoffizielles Signal an die öffentlichen Finanzierungsstellen (Bund, Land und Kommune) gesendet, die mit schöner Regelmäßigkeit die Bezuschussung der Kirchentage beschließen. Das ist Lobbyismus in Reinform, finanziert mit öffentlichen Steuergeldern. Man stelle sich mal vor, der Wirtschaftsminister wäre gleichzeitig der Vorsitzende des Bundesverbands Deutscher Industrie und die BDI-Veranstaltungen wären zur Hälfte mit Steuergeldern finanziert – eine undenkbare Konstellation. Wenn es aber um Kirchenlobbyismus geht, erleben wir eine breite und offene Verflechtung mit dem Staat – finanziell und personell.

Alle Jahre wieder findet hierzulande ein Kirchentag statt, immer im Wechsel, mal ein katholischer, mal ein evangelischer – und immer in einer anderen Stadt. Das Ganze hat Eventcharakter, es gibt Musik, Tanz, gemeinsames Gebet und jede Menge Vorträge über Gott und die Welt. Ein straff organisiertes Himmelsfestival mit Zeltlagerflair. Vom 7. Juni bis 11. Juni 2023 traf sich das Gottesvolk in Nürnberg zum 38. Evangelischen Kirchentag.

Der Freistaat Bayern unterstützte mit 5,5 Millionen Euro die Kirchenveranstaltung großzügig. Bei der symbolischen Scheckübergabe im Heimatministerium in Nürnberg sagte Ministerpräsident Söder, es sei eine Freude, dass der Kirchentag zum zweiten Mal, nach 1979, in Nürnberg stattfinde. »Evangelisch is coming home, sozusagen …«, so der CSU-Mann im Marketingjargon. Weitere drei Millionen Euro gab es aus dem städtischen Haushalt der Frankenmetropole, die darüber hinaus den Kirchentag auch mit Sachleistungen, wie dem Bereitstellen von Veranstaltungsorten, in Höhe von etwa einer Million Euro unterstützte. Dass die Stadt Nürnberg mit einem Schuldenstand von 1,9 Milliarden Euro aktuelle Schuldenkönigin in Bayern ist, soll hier kurz angemerkt werden. Die Veranstalter, an der Spitze Ex-CDU-Innenminister Thomas de Maizière, der als Präsident des Kirchentags fungierte, waren hoch erfreut. Der Mann, einst zuständig für Sicherheit und Ordnung, jetzt für Glaube und Hoffnung, bedankte sich für den staatlichen und städtischen Geldsegen – denn dies, so de Maizière, sei nicht selbstverständlich in Zeiten, in denen die Bedeutung der Kirche abnehme.

In der Tat: Seit dem Frühjahr 2022 sind erstmals weniger als die Hälfte der Menschen in Deutschland Mitglied in der katholischen oder evangelischen Kirche. In der Kirchentagsstadt Nürnberg haben beide Kirchen zusammen nur noch einen Anteil von rund 42 Prozent an der Bevölkerung. »Die Konfessionsfreien stellen erstmals in der Geschichte der Stadt die Mehrheit«, stellt David Farago, Aktionskünstler und im Zivilberuf Schreinermeister, nüchtern fest. Und weil es ihn als Verfassungspatrioten ungemein stört, dass es um die Trennung von Kirche und Staat hierzulande nicht gut bestellt ist, ärgert er sich auch über jede staatliche Subvention von Kirchentagen. Bei der Stadt Nürnberg hatte er eine Ausstellungsfläche beantragt, um seine kirchenkritische – aufklärend lästerlichen – Plastiken und Installationen samt einer »Kirchenaustrittsberatungsstelle« auf der Kirchentagsmeile zu präsentieren.[2]

Nach seiner Auffassung handelte es sich beim Nürnberger Kirchentag um eine innerkirchliche Veranstaltung, die vom Verein 38. Deutscher Evangelischer Kirchentag Nürnberg 2023 e. V. organisiert und durchführt wurde. Es sei aber »nicht die Aufgabe der öffentlichen Hand beziehungsweise der Steuerzahler, eine religiöse Großveranstaltung zu finanzieren«, so Farago. Er und seine Aktionsgruppe »11. Gebot: Du sollst Deinen Kirchentag selbst bezahlen« wollten darauf hinweisen und zur Debatte, zum produktiven Streit animieren und ermuntern. Ganz nach dem Motto: »Streit ist der Sauerstoff für unsere Demokratie«.

Dem Landesbischof Heinrich Bedford-Strohm hatte Farago einen offenen Brief geschrieben und ihn um Unterstützung gebeten. Ist die Kirchentagsdramaturgie nicht auch eine Einladung für Andersgläubige und Ungläubige, nicht auch eine große gesellschaftliche Dialogbühne, fragte er den evangelischen Oberhirten. Doch der ließ den Aktivisten kurz und schnöde abblitzen. O-Ton: »Leider kann ich Ihr Anliegen und die Umsetzbarkeit für Stadt und Kirchentag im Detail nicht nachvollziehen. Der Kirchentag ist eine von unserer Landeskirche unabhängige Veranstaltung und ich selber bin an keiner Stelle als Entscheidungsträger eingebunden.« Eine dreiste Selbstverleugnung – und eine geübte Schwindelei.

Der Trick: Die Kirche tritt bei Kirchentagen nicht als Veranstalter auf. Die Organisation wird vom Verein zur Förderung des Deutschen Evangelischen Kirchentages e. V. übernommen. Für jeden Kirchentag wird jeweils ein weiterer eigener Verein gegründet, der die öffentlichen Gelder erhält und verwaltet – und später wieder aufgelöst wird. Das hat viele Vorteile. Ein besonderer: Die Kirchentagveranstalter brauchen keine Abrechnungen vorzulegen. Religionsgemeinschaften sind in Deutschland nicht rechenschaftspflichtig und Landesrechnungshöfe dürfen sie nicht überprüfen. So bleibt intransparent, wofür das staatlich bezuschusste Geld eigentlich ausgegeben wird. Transparenz sieht anders aus.

Nicht zum ersten Mal gibt es darüber Diskussionen. In Düsseldorf hatte sich die Initiative Düsseldorfer Aufklärungsdienst (DA!) vorgenommen, mit einem Bürgerbegehren gegen einen Beschluss des dortigen Stadtrats vom Juni 2022 vorzugehen. Der Rat der Stadt hatte beschlossen, den 40. Evangelischen Kirchentag 2027 mit mindestens 5,8 Millionen Euro zu unterstützen. Die Initiative, die für eine aufgeklärte und humanistisch orientierte Gesellschaft eintritt, wollte nicht den Kirchentag als solchen verhindern. Sie wandte sich aber gegen die Finanzierung aus öffentlichen Mitteln. »Von uns aus können die Kirchen ständig ihre Kirchentage abhalten, sie sollen sie nur selbst bezahlen«, so eine Sprecherin. In einem ersten Schritt braucht es 15.000 Unterschriften von Bürgern, die auch bei der Kommunalwahl wahlberechtigt sind. Wird dieses Quorum erreicht, besteht die Möglichkeit, den Beschluss mit einem sogenannten Bürgerentscheid zu stoppen.

Die kirchlichen Veranstalter konterten: »Kirchentage sind gesellschaftlich relevante und nachhaltig wirksame Großveranstaltungen.« Gefördert würden sie, weil sie mit ihren Zielen, gesellschaftliche Dialogräume, interkulturellen Austausch und Partizipation zu ermöglichen, einem breiten öffentlichen Interesse dienten. Und sie wiesen darauf hin, dass sie nicht nur ihre Kirchenmitglieder ansprechen, sondern die Gelegenheit für einen gesamtgesellschaftlichen Diskurs über ethische und politische aktuelle Fragen bieten würden. Das geplante Event sei somit ein »Katalysator für bürgerschaftliches Engagement«.

Wenn man freilich, wie zuletzt beim Katholikentag 2022 in Stuttgart, nur noch 27.000 Teilnehmerinnen und Teilnehmer erreicht, von denen viele ehren- oder hauptamtliche Helfer waren, nimmt der Rechtfertigungsdruck weiter zu. Und das in einer Zeit, in der die Kirchen sich ohnehin in einer Krise befinden und sowohl die Kirchensteuer als auch die immer noch gezahlten Staatsleistungen von mittlerweile 600 Millionen Euro pro Jahr umstritten sind. Über zehn Millionen Euro hatte das Stuttgarter Kirchenevent gekostet, 4,35 Millionen Euro davon – und damit etwa 40 Prozent der Gesamtkosten – kamen aus öffentlichen Geldern. Mit 241 Euro pro Besucher erhielt der Stuttgarter Katholikentag eine absurd hohe Förderung. Von der Kirchenlobby war den öffentlichen Geldgebern die Finanzierung zuvor mit dem üblichen Argument schmackhaft gemacht worden: dem der gesamtgesellschaftlichen Relevanz.

Nürnberg, Düsseldorf, Stuttgart oder wo auch immer – nein, wir wollen das gesellschaftliche Engagement vieler religiöser Kirchentagsbesucher nicht infrage stellen. Allerdings engagieren sich – darauf weisen die Düsseldorfer Aufklärungsaktivisten hin – auch religionsfreie, andersgläubige und ungläubige Menschen in unserem Land. Sie erhalten keine auch nur annährend vergleichbare finanzielle Unterstützung. Politikerinnen und Politiker in Deutschland sollten endlich umdenken. Die absurd hohen Fördersummen sind mit einem weltanschaulich neutralen Staat nicht zu vereinbaren! In unserer Verfassung steht eindeutig: »Es besteht keine Staatskirche.« Doch das wird hartnäckig und dauerhaft ignoriert.

Es ist das gute Recht gläubiger Menschen, Kirchentage und sonstige klerikale Spektakel durchzuführen. Wir leben in einer Demokratie. Aber der Staat sollte nirgendwo als Finanzier auftreten, allenfalls als Gast. Politprominenz lässt sich – »als Christenmensch« – parteiübergreifend gerne auf Kirchentagen sehen. Kaum ein Podium oder ein Diskussionsforum findet ohne sie statt. Auch für die temporäre Präsidentschaft stehen ehemalige und amtierende Politikerinnen und Politiker bereitwillig »ehrenamtlich« zur Verfügung. Die Grünenpolitikerin Katrin Göring-Eckardt, heute Bundestagsvizepräsidentin, war von 2009 bis 2013 Präses der Synode der Evangelischen Kirche in Deutschland, parallel auch Präsidentin des Deutschen Evangelischen Kirchentags 2011. Als Privatperson mag sie in der Kirche »Trost und Heimat« finden – als Parlamentsrepräsentantin aber steht ihr Doppelengagement exemplarisch für eine kritikwürdige Komplizenschaft von Kirche und Staat.

Zurück nach Nürnberg: Das Ordnungsamt der Stadt Nürnberg hatte dann doch für den widerborstigen Aktionskünstler Farago noch ein paar Quadratmeter auf der Kirchentagsmeile gefunden. Immerhin. Und Landesbischof Bedford-Strohm war wie gewohnt als Prediger und klerikaler Hansdampf in allen Gassen als Gottesdienstgestalter und Forumsteilnehmer beim Kirchentag omnipräsent. Es war wie immer: Fans bewunderten seine Ausdauer, Kritiker monierten seine Eitelkeit.

Und klar: Auch Bundespräsident Frank-Walter Steinmeier kam zum Eröffnungsgottesdienst auf dem Hauptmarkt in Nürnberg. Er beglückte die Zuhörerschaft mit sanfter Schöpfungsprosa. Auch Politprominenz ließ sich wie gewohnt parteiübergreifend sehen. Kaum ein Podium oder ein Diskussionsforum fand ohne »die Politik« statt. Ministerpräsident Söder nutzte die Kirchentagshauptbühne für seinen anstehenden Wahlkampf. Thema: »Bibelarbeit – Was jetzt am Tage ist / Mose 50,15-21«. Gleich nach der Frühmesse am Freitagmorgen um 9:30 Uhr im Messezentrum, Halle 4A. CSU und Kreuz – in Nürnberg kam zusammen, was zusammengehört. Das Motto des Nürnberger Kirchentags lautete »Jetzt ist die Zeit«. Ja, möchte man mit einstimmen, es ist an der Zeit für die Beendigung von Millionensubventionen für Kirchentage und sonstige Gottes-Events.

Kommende Kirchentage sind bereits terminiert. 2024: Erfurt, 2025: Hannover, 2026: Würzburg, 2027: Düsseldorf. Ob katholisch oder evangelisch: Vielleicht sollte das Motto der Aktionskünstler allen vorangestellt werden. Das 11. Gebot: »Du sollst Deinen Kirchentag selbst bezahlen.«

Nachtrag

Nürnbergs Oberbürgermeister Marcus König (CSU) nannte das evangelische Glaubensfestival in seiner Stadt frohlockend ein »Sommermärchen des Glaubens«. Doch die Gesamtbilanz ist ernüchternd. Obwohl die vorab ausgegebenen Gästezahlen in den letzten Jahren regelmäßig unterschritten wurden, hatten die Veranstalter im Vorfeld wieder einmal erfolgreich mit der Aussicht auf 150.000 Besucher argumentiert – eine Zahl, die später auf 100.000 abgesenkt wurde – und sich damit die stolze Fördersumme von insgesamt zehn Millionen Euro aus öffentlichen Mitteln gesichert.

Nun stellte sich heraus: Zwar befanden sich laut Kirchentag etwa 130.000 Menschen während des kostenlosen »Abends der Begegnung« in der Nürnberger Innenstadt – an dem parallel unter anderem auch das allseits beliebte Fränkische Bierfest stattfand. Die Gesamtzahl des zahlenden Kirchenvolks belief sich jedoch gerade einmal auf 70.000. Ein Besucherschwund von über 40 Prozent gegenüber dem letzten Evangelischen Kirchentag 2019 in Dortmund. Da half wenig, dass die gesamte Polit- und sonstige Unterhaltungsprominenz vor Ort war.[3] Der »bekennende Christ« Steinmeier sprach nicht nur im Rahmen des Eröffnungsgottesdienstes, er leitete auch noch eine Gruppe, die sich der »Bibelarbeit« widmete. Auf den Social-Media-Seiten des Kirchentags hieß es dazu: »In einem bemerkenswerten Schritt vereinte der Bundespräsident Politik und Spiritualität.« Eine unheilige Symbiose.

Auch der CDU-Parteivorsitzende Friedrich Merz zeigte sich erleuchtet und beseelt und verkündete in seinem Beitrag beinahe metaphorisch: »Gottes Reich ist bereits hier.«[4] – Gott in Nürnberg. Halleluja!

*

Wenige Wochen nach Beendigung des Kirchentags erreichte den Künstler David Farago ein Gebührenbescheid der Stadt Nürnberg wegen »Sondernutzung«. Für die Standfläche von 60 Quadratmetern an insgesamt fünf Tagen wurden 391,60 Euro in Rechnung gestellt. Alles muss schließlich seine Ordnung haben. Dagegen reichte Farago Widerspruch ein, »im Sinne der Verhältnismäßigkeit und Rechtsstaatlichkeit« auf die Gebühren zu verzichten. Die Stadt Nürnberg lehnte ab und antwortete stattdessen mit einer »letzten Zahlungserinnerung« samt »Ankündigung auf Vollstreckung«. Das beeindruckte den Aktionskünstler wenig. Er legte seinerseits erneut Widerspruch ein. Im November 2023 schließlich, fünf Monate nach dem ersten Bescheid, fand die Nürnberger Gebührenposse doch noch ein rechtsstaatliches Ende. Die Stadt verzichtete auf die Zahlung. Letzter Satz: »Für Sie ist weiter nichts mehr veranlasst.«

Flucht aus der Kirche

Die Empörung über den sexuellen Missbrauch schutzbefohlener Kinder ist nur das bislang letzte Kapitel in der Geschichte der Gewalt durch religiöses Personal. Aber mit Folgen: Immer mehr Mitglieder verlassen das klerikale Schreckensgebäude. Die **Kirchenaustritte** sind auf Rekordniveau.

Es sind schwierige Zeiten für die Kirchen. Immer mehr Menschen lösen sich von ihrer Kirchen-Mitgliedschaft, das belegen Zahlen, die im Juni 2023 veröffentlicht wurden: Demnach kehrten 522.821 Menschen der katholischen Kirche 2022 den Rücken. Im bisherigen Rekordjahr 2021 waren rund 359.000 Personen aus der katholischen Kirche ausgetreten. Nun – ein neuer Rekord.[1]

Bereits im Januar 2023 hatte eine Umfrage der *Deutschen Presse-Agentur* (dpa) bei den Kirchenaustrittsstellen größerer deutscher Städte nahegelegt, dass 2022 in Hinblick auf Kirchenaustritte ein neues Rekordjahr werden würde – sowohl bei der katholischen als auch bei der evangelischen Kirche. Auch die im Dezember 2022 veröffentlichten Ergebnisse des Religionsmonitors der Bertelsmann Stiftung ließen für die Kirchen wenig Gutes hoffen: Jedes vierte Kirchenmitglied dachte laut der Studie über einen Austritt nach, jedes fünfte bekundete eine feste Austrittsabsicht.[2] 20.937.590 Personen waren hierzulande der Statistik der Deutschen Bischofskonferenz zufolge 2022 Mitglied der katholischen Kirche. Bezogen auf die Gesamtbevölkerung von rund 84,4 Millionen Menschen im Jahr 2022 entspricht das einem Anteil von 24,8 Prozent Katholiken an der Gesamtbevölkerung.

Demnach ist nicht mal mehr ein Viertel der Bevölkerung Deutschlands katholisch. Noch gravierender ist eine weitere Zahl der katholischen Kirchenstatistik: Von den 20,9 Millionen Katholiken besuchten nur rund 1,19 Millionen und damit 5,7 Prozent der Mitglieder den Gottesdienst.[3]

Die Zahlen repräsentieren nach Worten des Limburger Bischofs Georg Bätzing, der auch Vorsitzender der Deutschen Bischofskonferenz ist, die »tiefgreifende Krise« der katholischen Kirche in Deutschland. Er sei »zutiefst erschüttert« über die extrem hohe Zahl der Austritte. Sein Kollege, der Mainzer Bischof Peter Kohlgraf indes beschwor weiterhin die Kirche als »Hort der Sinnstiftung« und gibt die Hoffnung nicht auf, dass »trotz vieler Fehler in unserer Kirche die Strahlkraft des gelebten Christseins in den vielen Gemeinden weiterhin wirke«. Doch in den Niederungen des Kirchenalltags fehlt es an Strahlkraft. Der Vertrauensverlust ist enorm.

»Die katholische Kirche stirbt einen quälenden Tod vor den Augen der gesellschaftlichen Öffentlichkeit«, kommentiert der Kirchenrechtler Thomas Schuller den aktuellen Mitgliederschwund.[4] Besser kann man die klerikale Realität nicht zusammenfassen. Allerdings muss deutlich gesagt werden, dass die katholische Kirche ihren derzeit qualvollen Tod selbst verschuldet hat.

»Immer wieder neue Aufdeckungen im Missbrauchsskandal und vor allem im Umgang der Kirche mit Missbrauchsopfern und -tätern, der Verdacht von Lügen und Meineiden bei hochrangigen Kirchenfunktionären, das Kleinhalten und Vertrösten von Reformbewegungen der letzten Getreuen, die die Kirche überhaupt noch hat – das alles führt nicht zu einer Identifikation mit der katholischen Kirche.«[5]

Auch die Evangelische Kirche in Deutschland (EKD) verzeichnet sinkende Mitgliederzahlen. Die Anzahl der Kirchenaustritte wurde für das Jahr 2022 auf rund 350.000 geschätzt. Laut der Statistiken zu den Amtshandlungen in der evangelischen Kirche gehen die Taufen und Konfirmationen in Deutschland entsprechend zurück. 19,2 Millionen Menschen sind noch in der evangelischen Kirche.[6]

Ob Katholik oder Protestant – Tatsache ist, die meisten Kirchenmitglieder sind schon lange keine überzeugten Anhänger ihrer Kirche mehr, allenfalls sogenannte Taufscheinchristen. Die Bindekraft bröckelt. Gläubige Schäfchen verlassen massenhaft die Herde. Gott ohne Kirche, das ist für immer mehr Menschen eine Option, zumindest für diejenigen, die im 21. Jahrhundert überhaupt noch das Bedürfnis haben, an eine Gottheit zu glauben.

Ein Indikator für überzeugte Anhängerschaft ist, wie viele der nominellen Religionsmitglieder ihren Glauben tatsächlich öffentlich leben, etwa »regelmäßig«, zumindest einmal im Monat, an einem Gottesdienst teilnehmen. Die Forschungsgruppe Weltanschauungen in Deutschland (fowid) hat auf ihrem Portal dazu einige Ergebnisse veröffentlicht. Danach sind nur noch 6,2 Prozent der Bevölkerung (und aller Religionen) als »praktizierende Gläubige« zu betrachten. Damit setzt sich ein langfristiger Trend fort: 2016 nannte eine Studie zur »Kirchgangshäufigkeit in Deutschland 1980-2016« einen Anteil der Gläubigen mit »regelmäßigem Gottesdienstbesuch« von zwölf Prozent, 2019 betrug er nur noch 7,9 Prozent, und nun hat er sich abermals um weitere 1,6 Prozentpunkte verringert. Die Forschungsgruppe bringt dieses Ergebnis folgendermaßen auf den Punkt: »Von 100 Bundesbürgern nehmen inzwischen 94 nicht mehr an Gottesdiensten teil, nur 6 von ihnen besuchen regelmäßig eine Kirche, Synagoge oder Moschee. Kaum eine andere statistische Kennzahl zeigt so deutlich, wie weit die Erosion des Glaubens bereits vorangeschritten ist.«[7]

Heribert Prantl, streitbarer Autor und kluger Kolumnist der *Süddeutschen Zeitung*, hält trotzig dagegen. Für ihn ist der Glaube an Gott kein Auslaufmodell und Religion nicht überholt. Pauschale Kirchenkritik, Hohn und Häme – kurzum, der ganze blasphemische Sound – sind für ihn »kein Ausdruck von Säkularisierung, sondern von Beschränktheit«.[8] Die massenhafte Mitgliederflucht und der flächendeckende kirchliche Erdrutsch seien ein »schrecklicher Verlust«, denn damit gehe auch »der Sinn für die transzendente Dimension des Lebens verloren«, so Prantl. Sein Appell: Die Kirchen brauchen so etwas wie ein religiöses »1,5 Grad-Ziel, ... sie brauchen eine Transformation, ... sie müssen sich selbst missionieren«.[9] Er rät ihnen zu einem temporären Ausflug in die innerweltliche säkulare Wirklichkeit, zu einer atheistischen Frischzellenkur als Wachrüttler und Aufrüttler, »als Chance, kirchliche Verirrungen« zu beenden. Säkularisierung als Chance auf Rückbesinnung darauf, »was Kirche und Glaube eigentlich ausmacht«. Vielleicht lerne sie dabei auch, so Prantl, »dass ihr Wesen und Bestand nicht von den Rechten und Sonderrechten abhängt, die ihr der Staat verliehen hat«.[10] Ob die Fluchtbewegung aus der Kirche durch eine sanfte säkulare Dosis zu stoppen ist, weiß wahrscheinlich nur der Heilige Geist. Immerhin bleibt für die institutionellen Gottesverwalter als schwacher Trost, dass trotz Mitgliederschwund die beiden großen Kirchen Steuereinnahmen in Rekordhöhe verzeichnen können. Bei der katholischen Kirche beliefen sich die Einnahmen aus der Kirchensteuer im Jahr 2022 auf 6,848 Milliarden Euro und erreichten damit einen neuen Allzeithochwert. Im Jahr zuvor waren es 6,732 Milliarden.

Auch die evangelische Kirche freut sich über Mehreinnahmen: mit 6,242 Milliarden lag man deutlich über dem Kirchensteueraufkommen von 2021, als man 5,995 Milliarden verbuchen konnte. Obschon die Mitgliederzahlen in den beiden großen Kirchen dramatisch zurückgehen, gibt es ein solides Plus auf der Einnahmen-Seite – dem »Modell Deutschland« sei Dank.

Und die Politik? Obwohl die aktuellen Statistiken ein Beleg dafür sind, dass nur noch ein Bruchteil der Bevölkerung überhaupt hinter den Kirchen und ihren Glaubenssätzen steht, scheint die Politik das zu ignorieren. Noch immer gibt es eine Fülle anachronistischer Gesetze und Subventionen, etwa von der horrenden öffentlichen Finanzierung von Kirchentagen oder der Ablösung der Staatsleistungen an die Kirchen über die Finanzierung theologischer Fakultäten an staatlichen Universitäten bis hin zu Kirchenredaktionen in Landesrundfunkanstalten. Daran wird sich auch in naher Zukunft nichts ändern. Zu stark ist der klerikale Lobbyismus, die Kirchenhörigkeit der Politik.

Seid umschlungen, Milliarden!

Weniger Mitglieder, mehr Kirchensteuereinnahmen
dank der bewährten **Finanzpartnerschaft** von Staat und Kirche.
Staatliche Subventionen und steuerliche Vergünstigungen
garantieren auch zukünftig solide Kircheneinnahmen.
Ein Blick in das klerikale Finanzimperium.

Ob Kirchensteuer, Staatsleistungen oder andere Formen der Kirchenfinanzierung: Niemand weiß hierzulande so gut über Einnahmen und Vermögen der Kirchen Bescheid wie Carsten Frerk. Der Berliner Politologe und Sozialforscher gilt als profunder Kenner der Materie. Seit Jahren beschäftigt er sich intensiv mit dem klerikalen Finanzimperium. Er forscht, publiziert und klärt auf – etwa über den Lobbyismus der Kirche und ihre Wirtschaftsmacht, ihre steuerlichen Privilegien und staatlichen Subventionen, ihre immer noch starke »irdische« Finanzvernetzung und vor allem: über die Scheu der Politik, sich mit der Kirche anzulegen. Für Carsten Frerk sind die Kirchen – allen voran die katholische – so etwas wie Wirtschaftsverbände mit religiösem Etikett.

Tatsache ist: Die deutsche katholische Kirche ist eine der reichsten der Welt, der Vatikan das Epizentrum eines milliardenstarken, weltweit agierenden Finanzimperiums. Ob Einnahmen aus der Klingelbeutelkollekte, ob Bistumsspenden, ob Erträge aus Immobiliengeschäften, Aktienfonds, ob aus Schatzbriefen oder Anlagen in Goldreserven: Die katholische Kirche verfügt – im »Wording« der Finanzprofis – über ein breites »Portfolio«. Der umfangreiche staatliche »Support« – oder soll man hier von Komplizenschaft sprechen? – ist zwar allgegenwärtig, dennoch kaum bekannt.

Seit 2005 leitet Frerk in Berlin die Forschungsgruppe Weltanschauungen in Deutschland (fowid), die zahlreiche Studien zur Finanzwirklichkeit der Kirchen veröffentlicht hat, die mitunter umfangreicher und fundierter als die der Kirchenfinanzexperten sind, in jedem Fall transparenter. Daneben hat Frerk mehrere Bücher veröffentlicht, etwa das *Violettbuch Kirchenfinanzen*, in dem er die fragwürdige Allianz zwischen Kirchen und Staat beschreibt, die – in der Einheit von »Thron und Altar« – vor 100 Jahren vielleicht noch zeitgemäß war, aber nicht mehr im heutigen Verfassungsstaat Deutschland. Der Grundsatz der Alimentierung des Klerus gegen seine Legitimation der Monarchie sei historisch überholt, so Frerk, dennoch sei der Staat nach wie vor der große, ja größte Geldgeber. Oder etwas drastischer: »Der Staat macht sich zum devoten Deppen.« Kurzum: Den einen – vor allem den klerikalen Finanzverwaltern und deren Politiklobbyisten – gilt Frerk als unbequemer Quälgeist, anderen als verlässlicher Experte, als notwendiger Aufklärer.

Tauchen wir also ein in die irdische Finanzwelt der »heiligen Kirche« und widmen wir uns gleich dem zentralen Thema Einnahmen. Immer wieder stehen ja vor allem diese im Mittelpunkt des Interesses – und dabei geht es auch immer um die Frage der Glaubwürdigkeit der Kirchen. Deren Gefährdung hängt nur auf den ersten Blick mit der Versuchung zusammen, sich als religiöse Institution allzu sehr auf Weltliches zu fixieren. Allgemein wird heute auch von der Kirche erwartet, dass ihr Handeln den üblichen rechtsstaatlichen und demokratischen Gepflogenheiten entspricht und demgemäß kontrolliert wird. Aber die Finanzexperten der Kirchen kennen sich aus in der kreativen Handhabung ihrer Finanzgeschäfte, vor allem die katholische Kirche.

Eine als »Cashflow« bewährte Einkommensquelle ist beispielsweise der Peterspfennig. Ihn spenden Gläubige in aller Welt zur Unterstützung der karitativen und apostolischen Arbeit des Papstes. In allen Gottesdiensten wird weltweit die Kollekte für Rom gehalten. Wie viel dabei in den vergangenen Jahren für den Papst zusammenkam, blieb lange Zeit ein Geheimnis. Der Vatikan schwieg, die Deutsche Bischofskonferenz gab nur ungefähre Auskünfte, und die meisten Bistümer veröffentlichten das Kollektenergebnis allenfalls im Amtsblatt. Recherchen der *Frankfurter Allgemeinen Zeitung* brachten es im Vorjahr ans Licht: Es sind insgesamt rund zehn Millionen Euro,[1] die Gottesdienstbesucher bei den Erträgen aus der Peterspfennigkollekte in die Klingelbeutel oder Körbchen warfen. Deutschland gehört mit 2,4 Millionen Euro zu den Hauptgeberländern. Die meisten deutschen Bistümer legen noch einmal die gleiche Summe dazu, ergänzt um weitere freiwillige Überweisungen nach Rom. So kommt eine ordentliche Summe zusammen. Die Bischöfe sollten »aufgrund des Bandes der Einheit und der Liebe« gemäß ihren Möglichkeiten dazu beitragen, dass der Vatikan seinen Dienst gegenüber der Weltkirche zu leisten vermag, heißt es im kirchlichen Gesetzbuch. Und die gläubigen Schäfchen leisten weltweit ihren Beitrag dazu. Ob Euro, Pfund, kroatische Kuna, Pesos oder Dollar – ob Münze oder Schein, alles wird gerne eingesammelt für das Heil der Kirche.

Wie hoch das Finanz-Polster isngesamt ist, weiß außerhalb der Vatikanmauern freilich keiner. Sicher ist: Es handelt sich um ein beträchtliches Vermögen. Der geschätzte Wert liegt bei mindestens vier Milliarden. Insider taxieren das Vermögen bis auf zwölf Milliarden. Andere vermuten, die Vermögenswerte übersteigen das Doppelte. Einblicke in die tatsächlichen Vermögensverhältnisse gewähren die Finanzprofis des Papstes so gut wie keine. Auch nicht über die Höhe des Peterspfennigs. Die Covid-19-Pandemie hatte dafür gesorgt, dass die Spendensammlung vom traditionellen Zeitpunkt um den 29. Juni – dem Gedenktag der Heiligen Petrus und Paulus – auf den 4. Oktober verschoben wurde. Bereits am Tag der Sammlung kamen kritische Stimmen auf, die vor allem fragten, wofür die Spenden genutzt werden. So war bekannt geworden, dass Millionen dieser jährlichen Spende 2019 in ein dubioses Immobiliengeschäft in London geflossen waren.

»Ihr könnt nicht Gott dienen und dem Mammon«, sagte einst Jesus Christus laut dem Lukas-Evangelium, Kapitel 16, Vers 13, zu seinen Jüngern. Doch die Zeiten haben sich geändert. Und so landen die Spenden frommer Gläubiger schon mal als Investment im fein-teuren

Londoner Immobilienmarkt. Gegen einen der Hauptakteure des Immobiliendeals, Kardinal Giovanni Angelo Becciu, Präfekt der Kongregation für die Selig- und Heiligsprechungsprozesse, ermittelt seitdem nicht nur die vatikanische Finanzaufsicht, sondern auch ein Ausschuss des Europarats für die Bewertung von Maßnahmen gegen Geldwäsche.[2]

Becciu soll 2014 und 2018 Investitionen in Londoner Luxuswohnungen in Höhe von insgesamt 250 Millionen Euro genehmigt haben. Das Geld stammte zum großen Teil aus dem Peterspfennig. Dabei wurden allein Provisionen und Fondsgebühren von bis zu 60 Millionen Euro gezahlt. In die Immobilie (60 Sloane Avenue) investierte der Vatikan über einen Luxemburger beziehungsweise in Malta registrierten Investmentfonds. Diese Kapitalanlagen hätten zu hohen Verlusten geführt. Der Papst kritisierte das Vorgehen seines Finanzpersonals, sah aber im Investitionsgeschäft grundsätzlich nichts Böses, schließlich könne man sein Geld nicht einfach »in die Schublade stecken«, sondern müsse es »gut verwalten, gut anlegen«. Unter dem Druck der Ermittlungen musste Giovanni Angelo Becciu Ende September zurücktreten. Herr, erbarme Dich seiner.

Wen wundert es, dass vor dem Hintergrund des aktuellen Finanzdesasters die Einnahmen aus dem Peterspfennig, trotz weltweiter Aufrufe und diverser Möglichkeiten der Einzahlung – von der Abgabe bei der Gemeinde in bar bis zur Onlineüberweisung –, immer geringer werden: 2019 waren es 25 Millionen Euro weniger im Vergleich zu 2018. Sorgen um seine Finanzen muss sich der Vatikan dennoch nicht machen: Allein das Nettoeigenkapital des Heiligen Stuhls beträgt nach Berechnungen von Finanzinsidern circa 1,4 Milliarden Euro. Doch nicht nur dem Vatikan geht es trotz mancher Fehlinvestitionen gut.

Auch hierzulande hat sich das wirtschaftliche Erfolgsmodell »katholische Kirche« über Jahrzehnte prächtig entwickelt, nicht zuletzt mit großzügiger Unterstützung des Staates. Die exklusive Geschäftspartnerschaft mit dem Staat nennt der Experte für Kirchenfinanzen, Carsten Frerk, »Membership Economy«.[3] In der traditionell gefestigten Interessengemeinschaft wird alles getan, um die Einnahmen der Kirchensteuer zu gewährleisten, was mithilfe des staatlichen Inkassos geschieht. Davon profitieren beide großen Kirchen hierzulande.[4]

Unsere Kirchensteuer: Einst wurde vom Reichsfinanzminister (im September 1933) angeordnet, dass auf der Lohnsteuerkarte ein Religionseintrag vorzunehmen sei. Das war zwar nach der Weimarer Reichsverfassung (Artikel 136, Absatz 3) verfassungswidrig. Dort heißt es: »Niemand ist verpflichtet, seine religiöse Überzeugung zu offenbaren. ...« Die Nationalsozialisten hat das jedoch nicht interessiert. 1949 wurde deren Regelung in das Grundgesetz übernommen – und so steht die Religionszugehörigkeit auf der Lohnsteuerkarte deutscher Kirchenmitglieder. Bis heute.

Alle Klagen dagegen sind bisher vom Bundesverfassungsgericht abgewiesen worden, da es nur ein marginaler Eingriff in die Grundrechte sei – zudem für das staatliche Inkasso notwendig. Ein finanzverfassungsrechtliches Unikum: der Staat als Inkasso-Unternehmen für eine nichtstaatliche Organisation. Auch wenn immer weniger bereit sind, die Kirchen mit dieser Abgabe zu alimentieren, und viele aus der Kirche austreten, sind die Einnahmen aus Kirchensteuern im letzten Jahr auf ein Rekordhoch gestiegen. Rund 6,8 Milliarden Euro an Kirchensteuern hat die katholische Kirche 2022 eingenommen. Diese Summe übertrifft sogar die bisherigen Rekordeinnahmen von 2019, die 6,76 Milliarden betrugen. Auch unter Berücksichtigung der hohen Inflationsrate von durchschnittlich 7,9 Prozent stehen der Kirche noch immer 4,7 Milliarden Euro Kaufkraft aus den Kirchensteuereinnahmen zur Verfügung. Zu diesem Ergebnis kam das Institut der deutschen Wirtschaft in einer Studie im April. Rekordeinnahmen verzeichnet auch die evangelische Kirche. 6,2 Milliarden Euro Kirchensteuer flossen im vergangenen Jahr in ihre Kassen.[5]

Nach Angaben der Deutschen Bischofskonferenz haben sich die gesamten Kirchensteuereinnahmen 2022 mit einem Plus von 1,7 Prozent zwar erhöht, blieben jedoch deutlich hinter der Entwicklung der Einkommenssteuer (3,5 Prozent Plus) zurück. Zudem sei die Entwicklung der Einkommenssteuer im Vorjahr durch Sondereffekte wie die Zahlung der Energiepreispauschale aus dem staatlichen Lohnsteueraufkommen beeinflusst worden. Andernfalls wäre die Zuwachsrate im staatlichen Bereich noch höher ausgefallen. Dennoch bleibe das wirtschaftliche Umfeld »schwierig«, urteilt die Bischofskonferenz.[6]

Bedingt durch Lohnerhöhungen und eine robuste Wirtschaftslage stiegen die gesamten Kirchensteuererträge also auf den Rekordwert von über 13 Milliarden. Weniger Mitglieder, mehr Steuereinnahmen – der bewährten Finanz-Partnership mit dem Staat sei Dank. Für das staatliche Inkasso dürfen die Finanzbehörden zwischen zwei und vier Prozent des Kirchensteueraufkommens einbehalten. Eine Win-win-Situation.

Fest steht: Nach wie vor ist die Kirchensteuer die bedeutendste Einnahmequelle der Kirche in Deutschland. Sie beträgt je nach Bundesland acht oder neun Prozent der Lohn- beziehungsweise Einkommensteuer. Nach einer Umfrage des Meinungsforschungsinstituts YouGov im Auftrag der Presseagentur *dpa* betrachten fast drei Viertel der Menschen in Deutschland (74 Prozent) das Einziehen der Kirchensteuer als nicht mehr zeitgemäß. 43 Prozent von ihnen gaben an, dass die Kirchensteuerzahlungen sie zum Austritt bewegen könnten. Nur der Missbrauchsskandal hat größeres Potenzial, die Gläubigen aus den Kirchen zu treiben: Immerhin 49 Prozent würden deshalb ihrer Glaubensgemeinschaft den Rücken kehren. Als weitere Gründe wurden schwindender Glaube (25 Prozent) und Reformstau (20 Prozent) genannt.[7]

Die Befragung ergab zudem, dass 61 Prozent der über 2.800 Befragten die karitativen Aufgaben der Kirchen in Kitas, Krankenhäusern und der Altenpflege als wichtig oder sehr wichtig einschätzten. Hier sitzen die Befragten einer Legende auf, die sich hartnäckig hält. Mit der kirchlichen Wohltätigkeit ist es nicht weit her. Die kirchliche Nächstenliebe speist sich nicht aus kirchlichem Geld, sondern fast ausschließlich aus staatlichen Zuwendungen. Caritas (katholisch) und Diakonie (evangelisch) werden zu über 98 Prozent aus öffentlichen Mitteln finanziert. Hinzu kommen Gebühren ihrer Kunden (Eltern, Pflegebedürftige, Kranke) sowie Spenden. Die beiden Organisationen der kirchlichen Sozialindustrie gehören weltweit zu den privaten Firmen mit den meisten

Mitarbeitern: fast 620.000 bei der Caritas und 528.000 bei der Diakonie (Stand: 2020). Ihr Umsatz beläuft sich auf rund 45 Milliarden pro Jahr.[8]

Die enorme Zahl der Kirchenaustritte im Zuge der fortschreitenden Säkularisierung der Gesellschaft wird in den kommenden Jahren für einen erheblichen Rückgang bei den Einnahmen aus der Kirchensteuer sorgen, auch wenn diese bis zuletzt wegen des Anstiegs der Löhne und Gehälter sogar zugenommen haben. Grund genug, dass Kirchen schon jetzt die Mär vom »sozialen Kahlschlag durch Kirchenaustritte«[9] verbreiten. Sie erklären, dass sie gezwungen sein werden, bei den »vielen« sozialen Aufgaben, die sie für die Gesellschaft übernehmen, künftig zu sparen: bei Kindergärten, Schulen, Altersheimen und anderen Einrichtungen, denen sie gerne ihren Stempel aufdrücken, ohne den allergrößten Teil der Kosten zu tragen. Die Kirchenverwalter beschwören den Niedergang der sozialen, karitativen Versorgung im Land, dabei fürchten sie im Grunde um Einnahmen und Einfluss. Eine fromme Lüge, die wenig mit der Wirklichkeit zu tun hat.

Die Forschungsgruppe Weltanschauungen in Deutschland weist in einem Bericht auf die steuerliche Absetzbarkeit der Kirchensteuer und die damit verbundenen Mindereinnahmen des Staates hin.[10] Bei dem genannten Kirchensteueraufkommen 2022 in Deutschland von 13,09 Milliarden Euro betrugen die dadurch entgangenen Einnahmen immerhin 4,06 Milliarden. Die Frage ist also, ob die Kirchen mehr oder weniger als 31 Prozent ihrer Einnahmen aus der Kirchensteuer (ihrer mit Abstand größten Einnahmequelle) für soziale Zwecke ausgeben oder nicht. Wenn es weniger ist, so der Datenanalyst Balázs Bárány, hat die Gesellschaft mit jedem Kirchenaustritt mehr Mittel für eben diese Zwecke zur Verfügung. Er hat sich mit den Ausgabenpositionen der beiden großen Kirchen eingehend beschäftigt, auch mit der Frage, ob diese nicht nur der Kirche selbst und ihren Mitgliedern, sondern auch säkularen Einrichtungen und konfessionsfreien oder andersgläubigen Menschen zugutekommen. Sein Fazit: Selbst bei wohlwollender Betrachtung konnte in keinem Bereich ein Anteil von mehr als 22 Prozent der Kirchensteuereinnahmen für die stets reklamierten »sozialen

Leistungen für die Allgemeinheit« errechnet werden. Die Ausgaben der Kirchen für diese Zwecke bleiben also überall deutlich unter dem Anteil, den der Staat an Mehreinnahmen hat, wenn Kirchensteuerzahlungen durch Austritte entfallen.[11]

Die Mär vom drohenden Kahlschlag des Sozialstaats entpuppt sich als fromme Lüge, die Kirchensteuer als Garant für die Aufrechterhaltung des sozialen Netzes als eigennützige Erzählung. Der Staat sieht dennoch wenig Grund zur Änderung. Im Gegenteil: Neben den Finanzbereichen »Kirchensteuer-Inkasso«, »Caritas« und »Diakonie« sowie den Dienstleistungen, die aus Steuergeldern finanziert und »supportet« werden, gibt es noch eine Vielzahl staatlicher Subventionen und steuerlicher Vergünstigungen (sie werden im Anhang dieses Buches umfassend dokumentiert). Ein besonders strittiger Punkt sind die sogenannten Staatsleistungen. Darum soll es auf den nächsten Seiten gehen.

Nachtrag

Inzwischen hat Papst Franziskus die oberste Vatikanbehörde entmachtet und die Verwaltung des Vermögens und der Immobilien an die vatikanische Güterverwaltung APSA übertragen. Wegen des umstrittenen Immobiliengeschäfts im noblen Londoner Stadtteil Chelsea laufen im Vatikan weitere Ermittlungen wegen Betrugs, Korruption und Geldwäsche.

Im Januar 2020 verurteilte – laut *Spiegel* vom 21. Januar 2020 – der vatikanische Gerichtshof den früheren Präsidenten der Kirchenbank IOR, Angelo Caloia, sowie dessen Anwalt wegen Geldwäsche und Unterschlagung zu jeweils acht Jahren und elf Monaten Haft. In dem Prozess, der seit Mai 2018 lief, ging es um dubiose Immobiliengeschäfte. Dabei sollen Millionenbeträge zur Seite geschafft worden sein. Wie der Vatikan mitteilte, ging es um 29 Immobilienverkäufe zu Beginn des Jahrtausends, die weit unter dem Marktwert getätigt worden seien. Im Verfahren war der Schaden des Kirchenstaats auf mehr als 50 Millionen Euro geschätzt worden. Hohe Beträge wurden schon auf Konten eingefroren und sollen eingezogen werden.[12]

Die Vatikanbank IOR (Istituto per le Opere di Religione – »Institut für die religiösen Werke«) ist immer wieder mit Skandalen in Verbindung gebracht worden. Seit 2013 setzt sie sich für mehr Transparenz ein. Sie hat ihren Sitz in einem mittelalterlichen Wehrturm namens Niccolò V. Die etwa 100 Mitarbeiter betreuen einige zehntausend Konten. Zuletzt lag die Bilanzsumme bei etwa drei Milliarden Euro, der erwirtschaftete Jahresgewinn der Bank bei 38 Millionen Euro.[13]

Der permanente Verfassungsbruch

Weil vor über 200 Jahren die Kirchen im Zuge der Säkularisierung enteignet wurden, werden sie von den Bundesländern bis heute mit über 600 Millionen Euro **Staatsleistungen** pro Jahr alimentiert. Dabei sollten diese Zahlungen doch schon seit mehr als 100 Jahren abgeschafft sein.

Wenn man Menschen – ganz gleich, ob gläubig oder ungläubig – die sogenannten Staatsleistungen zu erklären versucht, trifft man auf Kopfschütteln. Kaum jemand weiß davon. Es geht dabei nicht um staatliche Zahlungen, etwa für den Betrieb von Kindergärten, Krankenhäusern, Pflege- und Seniorenheimen, die ohnehin fast vollständig von den öffentlichen Haushalten (also von allen Steuerzahlen) an Caritas oder Diakonie geleistet werden. Nein, die Kirchen bekommen das Geld als – salopp formuliert – Ausgleichszahlungen aufgrund der Säkularisation Anfang des 19. Jahrhunderts. Zur Zeit der napoleonischen Kriege wurden die geistlichen Territorien und Kirchengüter des »Heiligen Römischen Reichs« säkularisiert, das heißt, sie wurden der Hoheit der größeren weltlichen Landesfürsten unterstellt. Eine der größten Besitzverschiebungen der deutschen Geschichte: Zehn Hochstifte, 40 Abteien, Hunderte von Klöstern, hunderttausende Quadratkilometer kirchliches Herrschaftsgebiet gingen an die Landesfürsten über. Die heutigen Staatsleistungen sind noch immer die Ausgleichszahlungen für diese staatliche Besitznahme.

Der Staat verpflichtete sich im Gegenzug dazu, die Kirchen für ihre Verluste zu entschädigen und etwa den Unterhalt der Pfarrer sicherzustellen. Sowohl die Weimarer Reichsverfassung (1919) als auch das Grundgesetz (1949) verlangen, dass diese Staatsleistungen beendet, das heißt abgelöst werden.

Vor allem die Sozialdemokraten hatten dies damals in die Verfassung schreiben lassen. Es ging ihnen um eine klare Trennung von Staat und Kirche, gerade auch in finanziellen Belangen. Durch dieses Engagement sind die sogenannten Religionsartikel in die Weimarer Verfassung gekommen, darunter vor allem der Artikel 137 Absatz 1 (»Es besteht keine Staatskirche«) sowie der maßgebliche Ablöseartikel 138 Absatz 1 (»Die auf Gesetz, Vertrag oder besonderen Rechtstiteln beruhenden Staatsleistungen an die Religionsgesellschaften werden durch Landesgesetzgebung abgelöst«).

Ein frommer Wunsch. Keine Regierung der letzten Jahrzehnte, gleich ob christdemokratisch, sozialdemokratisch oder rot-grün, sah hier Handlungsbedarf. Die eherne Komplizenschaft von Staat und Kirche überdauerte alle Regierungen. Ein fortwährender Verfassungsbruch. Die Privilegien und diversen staatlichen Zuwendungen an die beiden großen Kirchen galten als sakrosankt.[1]

Es liegt mehr als 50 Jahre zurück, dass die FDP mit einem Papier mit dem Titel »Freie Kirchen im freien Staat« die Kirchenoligarchie in Aufruhr versetzte. Es formulierte »Thesen zum Verhältnis von Kirche und Staat« und wurde 1973 auf dem Hamburger FDP-Parteitag verabschiedet. Ein Novum: Es war das erste Mal seit Bestehen der Bundesrepublik, dass das geltende Verhältnis von Kirche und Staat von einer Regierungspartei infrage gestellt wurde. Die FDP, kleiner Koalitionspartner von Bundeskanzler Willy Brandt, rüttelte an einem Tabu – und ein Chor der Empörten erhob sich. »Der Zeitgeist war noch kirchenfreundlich«, konstatiert Heribert Prantl.[2] Vor allem die C-Parteien protestierten lautstark. Sie sprachen von einem »Kulturkampf«, der das gefestigte Verhältnis von Kirche und Staat als ein »Ergebnis historisch-praktischer Vernunft« beschädige. Die Kanzlei der evangelischen Kirche warf den Freien Demokraten Unkenntnis »geschichtlicher, gesellschaftlicher, geistiger und rechtlicher Zusammenhänge« vor. Von einer »Kampagne gegen das Grundgesetz« war die Rede. Dabei war das Gegenteil richtig. Die FDP erinnerte mit ihrem Thesenpapier nur daran, was im Grundgesetz ihren Forderungen entsprach (und noch immer entspricht), dass die Staatsleistungen an die Kirchen, »die auf Gesetz, Vertrag oder besonderen Rechtstiteln« beruhen, abgelöst werden sollen. Dazu ist es bis heute nicht gekommen.

Auch in diesem Jahr können sich die beiden großen Kirchen über einen staatlichen Geldsegen freuen: Rund 602 Millionen Euro wurden 2022 von den Bundesländern überwiesen.[3] Davon entfallen etwa 59 Prozent auf die evangelische und 41 Prozent auf die katholische Kirche. Ein Bericht der Humanistischen Union verweist darauf, dass auch in diesem Jahr bei den Haushaltsberatungen »in keinem einzigen Bundesland die Abgeordneten die Staatsleistungen angesprochen, geschweige denn kritisch diskutiert haben«. Auch nicht in den Ländern, die – gemessen an ihrer Einwohnerzahl – extrem viel Geld für die beiden Kirchen vorsehen, wie zum Beispiel Sachsen-Anhalt (40 Millionen Euro), Rheinland-Pfalz (66 Millionen Euro), Thüringen (28 Millionen Euro) oder Baden-Württemberg (137 Millionen Euro). Seit dem Inkrafttreten des Grundgesetzes ergeben sich kumuliert Zahlungen der 14 Länder von über 20 Milliarden Euro.[4]

Hinzu kommen Zahlungen für ihre sozialen Aktivitäten in Krankenhäusern, Schulen, Kindergärten und Pflegeeinrichtungen (die sich die Kirchen freilich gerne auf ihre eigene Fahne schreiben, obschon sie bis zu 100 Prozent aus öffentlichen Haushalten erstattet werden) oder beim Denkmalschutz, auch hier werden die Kosten nahezu vollständig öffentlich finanziert. Darüber hinaus genießen die Kirchen umfangreiche Steuer- und Abgabenprivilegien. Und auf das solide Finanzpolster aus der gesetzlichen Kirchensteuer müssen sie auch zukünftig nicht verzichten. Allein im Jahr 2020 nahm die katholische Kirche rund 6,45 Milliarden Euro und die evangelische Kirche etwa 5,63 Milliarden Euro durch die Kirchensteuer ein.

Auch die jetzige Berliner Ampel schaltet nur zögerlich um: Der »Entwurf für ein Grundsätzegesetz zur Ablösung der Staatsleistungen«

wartet noch immer auf seine Umsetzung. Im März 2020 hatten Bündnis 90/Die Grünen, FDP und Die Linke einen gemeinsamen Entwurf in den Bundestag eingebracht. Er sieht vor, dass sich die Ablösezahlung am Bewertungsgesetz orientieren und auf das 18,6-Fache des jeweiligen Zahlungsbetrags aus dem Jahr 2020 belaufen sollte. Zusätzlich sind 20 Jahre lang die bisherigen Staatsleistungen weiterzuzahlen. Doch es sieht schon wieder schlecht aus. Zwar hat eine Arbeitsgruppe mit Fachvertretern von Bund, Ländern und Kirchen einige Male getagt, aber dann ließ die Ministerpräsidentenkonferenz einhellig verlautbaren, eine Ablösung sei nicht finanzierbar. Tatsache ist: Die Länder spielen auf Zeit. Sie wollen beim alten Auszahlungsmodus bleiben und die bisherigen Jahreszahlungen »vorläufig« weiterlaufen lassen. Die Politik schiebt – wieder einmal – die Angelegenheit auf die lange Bank. Oder deutlicher: auf den Sankt-Nimmerleins-Tag.

Dagegen erhob das Institut für Weltanschauungsrecht (ifw) gravierende Einwände. Es dürfe keinesfalls zu Ablösebeträgen kommen, wie sie der fraktionsübergreifende Entwurf vorsieht, der die Länder insgesamt mit etwa zehn Milliarden Euro belasten würde. Das Institut ermittelte stattdessen einen Ablösebetrag von gerade einmal 135 Millionen Euro. Der Betrag stellt die auf heutige Verhältnisse umgerechnete Summe der 1919 bezahlten Staatsleistungen der damaligen Länder an die beiden großen Kirchen dar, multipliziert mit dem entsprechenden Faktor aus dem deutschen Bewertungsgesetz. Nun ist der Gesetzgeber in der Pflicht, endlich für eine gesetzliche Regelung zu sorgen. Die Ampel-Regierung jedoch lässt nicht unbedingt besonderen Elan erkennen.[5]

Dabei hieß es schon im zitierten FDP-Papier: »Im Guten wie im Schlechten ist das Mittelalter vorbei und alle Versuche, mittelalterliche Vermögensverhältnisse in die Gegenwart zu retten, korrumpieren die Kirchen und gehen auf Kosten demokratischer Freiheit.« In Zeiten, in denen die Mitgliederzahlen der beiden großen Kirchen dramatisch zurückgehen (siehe dazu das Kapitel »Flucht aus der Kirche« in diesem Buch), finden solche Sätze heute breite Zustimmung. Der Mehrheit hierzulande sind die horrenden Zahlungen der Staatsleistungen kaum mehr zu vermitteln. Tatsache ist: Immer mehr Menschen entscheiden sich für ein Leben in Konfessionsfreiheit. Vor 50 Jahren waren es in Deutschland unter vier Prozent, heute sind es über 40 Prozent. Ihnen ist nicht länger zuzumuten, weiterhin die institutionelle Förderung exklusiv mit jährlichen Steigerungsraten aus allgemeinen Steuermitteln mitzufinanzieren.[6]

Der nach langer Diskussion endlich eingebrachte gemeinsame »Entwurf für ein Grundsätzegesetz zur Ablösung der Staatsleistungen«[7] sieht vor, dass die Bundesländer eine Ablösesumme von 10,23 Milliarden Euro zahlen. Die Ablöse kann durch Einmalzahlungen oder in Raten erfolgen. Für eine genaue Regelung müssten die einzelnen Bundesländer Verträge mit den Kirchen aushandeln. Die drei Fraktionen schlagen vor, dass diese Verträge innerhalb von fünf Jahren nach Inkrafttreten des Gesetzes geschlossen werden. Per Gesetz sollen jedoch zehn Milliarden Euro als zweckungebundene Einmalzahlung und Steuertransfers auf 20 Jahre für die Kirchen durchgesetzt werden – und das, obwohl die Bundesländer seit 1949 bereits insgesamt über 19 Milliarden Euro Staatsleistungen gezahlt haben Die fowid-Verfasser forderten die Abgeordneten auf, diesen Griff in die Staatskasse abzuwenden: »Die Abgeordneten sollten bei ihrer Entscheidung Wortlaut und Sinn der Verfassungsvorgaben, historische Fakten, fiskalische Interessen und letztlich die Belastung der nächsten Generation der Steuerzahler berücksichtigen.«[8]

Anfang November 2022 nun wurde – wieder einmal – über den Gesetzesentwurf zur Ablösung der Staatsleistungen an die Kirchen in der ersten Lesung im Bundestag diskutiert. Und wie gehabt: Die Regierungsparteien machten klar, dass sie den Gesetzesentwurf in dieser Form nicht mittragen würden. Der SPD-Abgeordnete Lars Castellucci verteidigte die Staatsleistungen, indem er der Kirche seinen Dank ausdrückte, etwa für »Singen im Chor«, aber auch »für jede Stunde Besuchsdienst« und »für ein Schiff, das auf dem Meer Leben rettet«. Weniger prosaisch, dafür umso alarmistischer twitterte die grüne Bundestagsfraktion: »Wir wollen keinen Kahlschlag bei Kirchen, kirchlichen Krankenhäusern, Schulen und Sozialeinrichtungen, denn sie sind ein wichtiger Teil der sozialen Infrastruktur dieses Landes.« Das Wort vom angeblich drohenden sozialen »Kahlschlag« hatte zuvor der grüne Religionsbeauftragte Konstantin von Notz bereits in die Debatte eingeführt, oder richtiger, von den Kirchenvertretern und Kirchenlobbyisten übernommen.

Parlamentskollege Hermann Gröhe (CDU) monierte pflichtgemäß, die Beendigung der Staatsleistungen wäre »die Bewältigung früherer Enteignung durch eine neuerliche Enteignung« und »geradezu absurd«. Dagegen plädierte – als eine der wenigen parlamentarischen Gegenstimmen – Christine Buchholz (Die Linke) für eine rasche Ablösung. Der vorliegende Gesetzesentwurf sei wichtig, denn »es wäre zutiefst ungerecht, wenn die Kirchen bis in alle Ewigkeit Gelder vom Staat erhielten für Ereignisse, die mehr als 200 Jahre zurückliegen«. Ein Finanzdezernent der evangelischen Kirche ließ verlauten, der Weg zu einer möglichen Einigung sei zwar nicht versperrt, aber sicher »lang und schwierig«. Die katholischen Bischöfe sahen durchaus »hilfreiche Anknüpfungspunkte« in dem Entwurf.

Der Sozialwissenschaftler Carsten Frerk hat in einer erhellenden Tour d'Horizon durch die Thematik deutlich gemacht, dass die vorgelegten Entwürfe weder verfassungsgemäß sind noch eine Ablösung politisch und rechtlich korrekt umsetzen können. Er weist darauf hin, dass die Positionen in der Diskussion über die Ablösung der Staatsleistungen, wie überall in der Politik, vor allem interessengeleitet sind. »Auf der einen Seite die Position der liberalen Demokraten, denen die Trennung von Staat und Kirche ein Anliegen ist, auf der anderen Seite die Position der Kirchen, die den ›Status quo‹ – mit allen finanziellen Vorteilen – so lange wie möglich erhalten möchten.«[9] Je länger die Kirchen sich einer gesetzlichen Regelung verweigerten, desto höher stiegen die geforderten Summen an. Im Laufe der Jahrzehnte, so Frerk, seien seit 1919 einige »Bausteine« zusammengefügt worden, die den Standpunkt kirchlicher Interessen untermauern (sollen), wie »Bestandsgarantie«, »Pachtersatzleistungen«, »rechtsbegründendes Herkommen«, »freundschaftliches

Einvernehmen«, »Parität«, »Böckenförde-Diktum« und anderes mehr. »Diese ›Bausteine‹ haben eines gemeinsam: Sie sind nicht sachgerecht, um nicht zu sagen, vorsätzlich erfunden beziehungsweise erst weit nach 1919 formuliert worden und gehören nicht zum Verfassungsauftrag der Ablösung.«[10]

Die milliardenschweren Ausgleichszahlungen – eine endlose Geschichte. Dass unsere Verfassung vorsieht, dass die Staatsleistungen abzulösen sind, wird von der Politik ignoriert. Es fehlt der politische Wille. Eine fragwürdige Komplizenschaft von Staat und Kirche. Eine demokratische Groteske. Noch einmal 100 Jahre? Die Ampel-Regierung sollte dem permanenten Verfassungsbruch ein Ende setzen.[11]

Klerikale Vertuschung

Noch immer verhindern Bischöfe, dass die **Missbrauchsverbrechen** von staatlicher Seite untersucht und aufgeklärt werden. Kein klerikaler Missbrauchstäter sitzt in Haft, kein Bischof steht vor Gericht, kein Kardinal wird zur Rechenschaft gezogen. Stattdessen plant die katholische Kirche, den Opfern eine »tatorientierte Grundpauschale« zahlen. Im Namen des Herrn …

Ende September 2023: Wie jedes Jahr treffen sich die deutschen Bischöfe zu ihrer herbstlichen Vollversammlung, diesmal in Wiesbaden. Es soll – wieder einmal – auch darum gehen, Ausmaß und Ursachen der sexualisierten Gewalt gegen Kinder und Jugendliche aufzuarbeiten. Eine wissenschaftliche Studie soll dazu präsentiert werden, die man fünf Jahre zuvor in Auftrag gegeben hat. Doch kurz vor Beginn schiebt sich – wieder einmal – die Vergangenheit vor die Gegenwart. Diesmal geht es um Vorkommnisse, die intern schon lange bekannt waren, über die aber in gewohnter Manier Stillschweigen vereinbart worden war. Dem 1991 gestorbenen Essener Bischof Franz Hengsbach wird sexualisierte Gewalt gegen eine 16-Jährige vorgeworfen. Außerdem wird er eines weiteren Übergriffs auf eine Frau beschuldigt.

Der Vorsitzende der Deutschen Bischofskonferenz, Georg Bätzing, spricht von einer »neuen Qualität« im Missbrauchsskandal der katholischen Kirche. Das – so wörtlich – »verbrecherische Verhalten« des Geistlichen müsse umfassend aufgeklärt werden.[1] Hengsbach wird als erstem deutschen Kardinal sexualisierte Gewalt in mehreren Fällen in den 1950er und 1960er Jahren vorgeworfen. Unter anderem sollen er und sein Bruder 1954 eine damals 16-Jährige missbraucht haben. Nicht nur die Kirchenoligarchie gibt sich – wieder einmal – betroffen. Vor dem Dom in Essen wird umgehend eine Skulptur, die ihn darstellt, abgebaut. Auch ein Schild mit den Lebensdaten Hengsbachs wird entfernt. Anstelle der Skulptur soll eine Gedenkstätte für Missbrauchsbetroffene entstehen.

Bätzing verspricht – wieder einmal –, alles müsse nun auf den Tisch. Daran werde auch – wieder einmal – ein unabhängiger Expertenrat mitwirken. Alles wie gehabt: die routinierte Dramaturgie klerikaler Vertuschung.

Fünf Jahre zuvor, zur Herbstvollversammlung in Fulda 2018, hatten die Bischöfe schon einmal eine Untersuchung über sexuellen Missbrauch an Minderjährigen in der katholischen Kirche präsentiert. Kardinal Reinhard Marx, damals Vorsitzender der Bischofskonferenz, war überzeugt: »Das ist ein wichtiger Tag für die katholische Kirche in Deutschland.« Die Forschenden hatten 38.000 Personalakten von Klerikern überprüft, von 1946 bis 2014. Sie identifizierten 3.677 Kinder und Jugendliche, die von sexualisierter Gewalt betroffen waren, und 1.670 potenzielle Täter – Priester, Diakone, Ordensangehörige. Marx bat damals die Betroffenen »für alles Versagen und für allen Schmerz« um Entschuldigung: »Und ich tue es auch ganz persönlich.« Ein Blick in den Abgrund – vor allem, weil es sich bei diesem Befund nur um die »Spitze des Eisbergs« handelte, so die Forscher damals.[2]

Nun, im Herbst 2023, wurde das Bild erneut bemüht. Diesmal von dem Psychiater Harald Dreßing, verantwortlich für die Koordination der Untersuchungen, die von verschiedenen Instituten durchgeführt wurden. Er forderte eine »Wahrheitskommission«, denn »ehrliche Aufarbeitung« müsse »in unabhängige Hände« gegeben werden, um das »Dunkelfeld« auszuleuchten. Doch davon sei die katholische Kirche immer noch weit entfernt. Sein Fazit: »Wir sind nach wie vor immer noch bei der Spitze des Eisbergs.« Ein Sprecher des Betroffenenbeirats bei der Deutschen Bischofskonferenz indes fand, es sei »eine ganze Menge passiert« in den vergangenen fünf Jahren. An einem Punkt freilich müsse die Bischofskonferenz nachgebessert werden: »bei der Frage der Anerkennung des Leids«.[3]

Ein Blick in die Schmerzensgeldtabellen zeigt: das können zwischen 5.000 und 50.000 Euro sein. In einem Schadenersatzprozess wurde im Juni 2023 der Kölner Erzbischof zu einer Zahlung von 300.000 Euro an einen Betroffenen verurteilt und damit die Kirche unter Zugzwang gesetzt. Es war das erste Mal, dass ein deutsches Gericht einem Opfer sexualisierter Gewalt in der Kirche einen Anspruch auf Schmerzensgeld zubilligte. Geklagt hatte der ehemalige Messdiener Georg Menne, der einem inzwischen gestorbenen Priester vorwirft, ihn in den 1970er Jahren mehrere hundert Mal missbraucht zu haben.

Sowohl Menne als auch das Erzbistum hatten bereits in der Woche zuvor öffentlich erklärt, keine Rechtsmittel gegen das Gerichtsurteil einlegen zu wollen. Menne machte für seine Entscheidung, so der *Kölner Stadt-Anzeiger*, gesundheitliche Motive geltend. Es sei ihm in dem ganzen Verfahren nicht in erster Linie um Geld gegangen, sagte der 64-Jährige. »Mir war es wichtig, dass es zu einem Urteil kam. Ich bin aufgestanden und habe der Kirche Grenzen aufgezeigt.«[4]

Daraufhin empfahl der Betroffenenbeirat der Bischöflichen Fachgruppe zu sexuellem Missbrauch den Bischöfen, das gesamte Prozedere zur »Anerkennung des erlittenen Leids« nochmals grundlegend zu überdenken. Hierzu sollte eine weitere Kommission, diesmal die Unabhängige Kommission für Anerkennungsleistungen (UKA), Betroffenen auf Antrag eine »tatorientierte Grundpauschale« je nach Schwere des plausibel gemachten Übergriffs zusprechen. Diese könne von 40.000 Euro bei »Übergriffigkeit und Grenzverletzungen« mit langfristigen Folgen auf 175.000 Euro bei Missbrauch und auf bis zu 250.000 Euro bei schwerem Missbrauch steigen.[5]

»Tatorientierte Grundpauschale« – ein finanztechnokratisches Wortmonster aus dem klerikalen Kosmos für Missbrauch. Man möchte sich nicht vorstellen, wie innerhalb der »unabhängigen Kommission« über Übergriffigkeiten und Grenzverletzungen, sexuelle Gewalt und sexuellen Missbrauch geredet und entschieden wird, vor allem, wenn es um die Höhe von Wiedergutmachungszahlungen geht, die über die »tatorientierten Grundpauschalen« hinausgehen – im Namen des Herrn. …

Und die evangelische Kirche? Sie verweist auf eine Musterordnung aus dem Jahr 2021, die das Ziel verfolge, die Anerkennungsverfahren in allen 20 evangelischen Landeskirchen vergleichbar zu gestalten. In dieser Musterordnung gebe es ausdrücklich keine Beweislast für die Betroffenen. Und: Betroffene, denen in der Vergangenheit eine Pauschalleistung zugestanden worden sei, könnten jetzt eine höhere individuelle Wiedergutmachung erhalten. Die Höhe der Anerkennungsleistungen sei einheitlich in einem grundsätzlichen Rahmen zwischen 5.000 und 50.000 Euro festgelegt worden, anders als in der katholischen Kirche, wo in Einzelfällen auch Zahlungen über 50.000 Euro erfolgen.

Die Missbrauchsbeauftragte der Bundesregierung, Kerstin Claus (ja, auch wenn nur wenige Staatsanwälte ermitteln, gibt es doch eine Vielzahl von »Beauftragten«) hatte das kritisiert. Es gebe Landeskirchen, monierte sie, die bei den pauschalen Auszahlungsbeträgen für Betroffene in Höhe von 5.000 Euro geblieben seien. Beiden Kirchen warf sie ein institutionelles Versagen bei der Aufarbeitung von Missbrauchsfällen vor. Die Frage sei immer: »Will es eine Institution wirklich wissen, will sie Taten wirklich aufklären und in die Aufarbeitung gehen?« Handlungsbedarf sieht sie vor allem bei den Rechten von Betroffenen. Diese sollten grundsätzlich Akteneinsicht erhalten. Die Kirchen müssten sich »mehr in die Karten schauen lassen«, wenn es um Aufarbeitung von Missbrauchsverbrechen geht.

In die Karten schauen lassen? Ganz so, als gelte hier das Prinzip der Freiwilligkeit. Etwa wie in Freiburg, wo im Frühjahr 2023 ein juristisches Gutachten den beiden früheren Freiburger Erzbischöfen Robert Zollitsch und Oskar Saier »massive Vertuschung« und »Ignoranz geltenden Kirchenrechts« beim Umgang mit sexualisierter Gewalt vorwarf. Nicht Polizei und Strafverfolger hatten, wie in einem Rechtsstaat gefordert, »die Karten aufgedeckt«, sondern ein von der Freiburger Erzdiözese bestellter Gutachter.[6] Die Kirche ermittelte gegen sich selbst. Klerikale Missbrauchstäter und deren Vertuscher mussten nicht mit staatlicher Strafverfolgung rechnen. Der Rechtsstaat schaut – in Freiburg wie andernorts – zu.

Besonders erschreckend sei, dass das Leid der betroffenen Kinder und Jugendlichen sowie der Angehörigen keine Rolle gespielt habe, sagte der Jurist Eugen Endress bei der Vorstellung des Missbrauchsberichts. In den Amtszeiten der beiden Freiburger Erzbischöfe seien keinerlei Aufklärungsbemühungen erkennbar gewesen. Vielmehr sei es nur um den Schutz der Kirche und der Priester gegangen. Endress nannte als Beispiel, dass ein Zölibatsverstoß eines Geistlichen bestraft wurde, während Missbrauch von Kindern und Jugendlichen kirchenrechtlich nicht geahndet worden sei. »Wir waren sprachlos.«

Das Kirchenrecht sehe ein Eingreifen und Melden von Fällen vor. Dass dies seine beiden Vorgänger, so Erzbischof Burger, der Nachfolger Zollitschs, wider besseres Wissen »schlichtweg ignoriert« hätten, mache ihn fassungslos. Ob dies auch kirchenrechtliche Konsequenzen für den noch lebenden Alt-Erzbischof Robert Zollitsch hat, werde der Vatikan entscheiden.[7] Der Vatikan, nicht die deutsche Staatsanwaltschaft.

Deutschland ein Gottesstaat? »Seit 13 Jahren haben die Bischöfe weitestgehend verhindert, dass die Verbrechen der Täter und das zweite Verbrechen, das der Vertuschung, von staatlicher Seite untersucht und aufgeklärt werden. Und sie wussten offenbar genau, was sie taten«, empörte sich Matthias Katsch, der Sprecher der Betroffeneninitiative »Eckiger Tisch« in einem Kommentar. Er hatte nach Veröffentlichung der neuen Missbrauchsstudie aus dem Erzbistum Freiburg das Vorgehen der Kirche mit der organisierten Kriminalität der Mafia verglichen.[8]

Katsch erinnerte in seinem Beitrag an das Jahr 2010, als die damalige Justizministerin Sabine Leutheusser-Schnarrenberger einen Vermittlungsprozess zwischen Betroffenen und der Täterorganisation starten wollte und die Kirche zur Aufklärung von Missbrauchsfällen aufforderte. »Die verlogene Reaktion des damaligen Vorsitzenden der Bischofskonferenz Zollitsch verhinderte dies«, so Katsch. Zwar gebe es überall sexuelle Gewalt, doch nur in der katholischen Kirche »wird mit offensichtlich hoher krimineller Energie und Raffinesse, teilweise über Grenzen hinweg, durch eine mächtige Institution systematisch Täterschutz betrieben und die Justiz offenbar bewusst getäuscht«.[9] Der Missbrauchsbetroffenenvertreter fordert, dass der Deutsche Bundestag eine Untersuchungskommission einsetzt, die den Missbrauchsskandal in der katholischen Kirche endlich aufklärt. Die Archive sämtlicher deutscher Diözesen sollten durchsucht und Unterlagen ausgewertet werden. »Um der Gerechtigkeit für die Opfer willen, aber auch damit sich nachhaltig etwas ändert, muss dieser Verbrechenskomplex aufgeklärt werden«, so Katsch.

Ein frommer Wunsch. Wortreich und unverständlich umschreibt eine klerikale Oligarchie seit Jahren ihr Nichtstun. Etwa, dass man den genannten Vorschlag des Betroffenenbeirats zur Umstrukturierung des Anerkennungsverfahrens bis heute ablehne. Eifrig wird weiterhin von Austausch und Neustrukturierungen, von einzubringenden Perspektiven und Weiterentwicklung geredet. Auch Gratisfloskeln wie »Vernetzung ist ein zentrales Thema in der Betroffenenarbeit« und »Die Bedeutung der Vernetzung hat die Vollversammlung nochmals explizit unterstrichen«[10] fehlen nicht. Nichts Neues also. Der Schutz der Kirche geht vor, nicht das Leid der Opfer.

Noch immer sind viele Bischöfe der Meinung, der Staat habe sich nicht in ihre Angelegenheiten einzumischen, selbst wenn es um schwere und schwerste Straftaten geht. Kirchenrecht schützt die Täter vor Verfolgung und Verurteilung. Die Strafverfolgungsbehörden agieren irritierend zurückhaltend. Kein klerikaler Missbrauchstäter sitzt in Haft, kein Bischof steht vor Gericht, kein Kardinal wird zur Rechenschaft gezogen. Eine skandalöse staatliche Ignoranz. Mittlerweile wird der Schwarze Peter ebendiesem Staat zugeschoben: »Wir unterstützen ausdrücklich [das] Anliegen, Aufarbeitung auch gesetzlich zu stärken. Eine solche gesetzliche Regelung wäre auch ein wichtiger Ausdruck staatlicher Verantwortungsübernahme«, schreiben Kirchenvertreter.[11] Eine groteske Verhöhnung des Rechtsstaats. Wie lange noch? Deutschland ist kein Kirchenstaat. Wir leben in einem säkularen Verfassungsstaat. Der Rechtsstaat muss handeln. Aber er schaut zu.

Nachtrag

Am 18. Oktober 2023 trat der Aachener Bischof Helmut Dieser vor die Presse, um über den Stand der Aufarbeitung sexualisierter Gewalt in seinem Bistum zu informieren. Der Bischof hatte eine konsequente Fortsetzung der Aufarbeitung angekündigt. Dem folgte nun die Veröffentlichung von 53 Namen der Täter und mutmaßlichen Täter.[12]

Eine bislang bundesweit einmalige Aktion. Nach langem Abwägen war diese in Abstimmung mit den zuständigen Gremien erfolgt. Unter den Namen, die auf der Internetseite des Bistums einzusehen sind, befindet sich auch der 1986 gestorbene Weihbischof August Peters. Sie alle sollen nachweislich oder mutmaßlich sexualisierte Gewalt gegen Minderjährige und Schutzbefohlene ausgeübt haben.

Im Bistum stehen insgesamt 126 Geistliche im Verdacht, sich sexuell an Minderjährigen vergangen zu haben. Das wäre annähernd jeder zehnte der knapp 1.300 Priester, die seit 1930 im Dienst des Bistums Aachen standen. Bischof Dieser sagte vor Journalisten: »Wir machen für keinen mutmaßlichen Täter eine Ausnahme, ganz gleich, welchen Rang er zeitlebens einnahm.« Mit der Veröffentlichung der Namen sollen weitere bislang noch unbekannte Betroffene ermutigt werden, sich zu melden. Einigen der Betroffenen reicht das nicht. Sie wollen weiterhin auf Entschädigungszahlungen klagen. Im Oktober 2023 erhielt ein Mann, der in den 1960er Jahren von einem katholischen Geistlichen missbraucht worden war, Entschädigung in Höhe von 10.000 Euro. Doch damit war er nicht einverstanden und reichte deshalb Klage beim Landgericht Aachen ein. Der Mann ist das erste Missbrauchsopfer im Bistum Aachen, das gegen die Diözese klagt. Weitere Betroffene werden den Klageweg um höhere Wiedergutmachungszahlungen beschreiten. Sie erwarten Zahlungen, die weit über die angedachten »tatorientierten Grundpauschalen« hinausgehen – im Namen der Opfer.

Lautes Schweigen

Nicht nur in Deutschland – weltweit wird der Missbrauch durch klerikale Täter verschleiert und vertuscht. Staatliche Verfolgungsbehörden üben sich in Stillhalten und Stillschweigen. Konsequente Verfolgung und Verurteilung findet nicht statt. Eine unvollständige, vorläufige **Chronologie des Grauens** – ohne Aussicht auf ein Ende.

Der liebe Gott kann sich nicht um alles kümmern. Zwar versichern uns seine irdischen Vertreter seit mehr als 2.000 Jahren, die Macht Gottes sei unendlich, doch das sollten wir nicht allzu ernst nehmen. Ende 2018 beispielsweise, im Dezember, fragten wir uns: Was mag er sich gedacht haben, als er einen Blick auf die Titelseite der Boulevardzeitung *The Daily Telegraph* aus Sydney warf? In großen Lettern stand dort kryptisch: »Ein schurkisches Verbrechen. Die Person ist schuldig.« Doch statt Tat und Täter zu nennen, fuhr das Blatt fort: »Sie haben die Geschichte vielleicht schon online gelesen. Doch wir können sie nicht veröffentlichen.« Um dann in noch größeren Lettern anzukündigen: »Es ist die größte Geschichte der Nation.« Auch das Konkurrenzblatt *Herald Sun* aus Melbourne erschien mit eingeschwärzter Titelseite. Darauf nur ein Wort: »Zensiert«. Auf der Folgeseite hieß es: »Eine sehr profilierte Figur« sei »eines schweren Verbrechens« schuldig gesprochen worden.

Um wen handelte es sich? Wer verbarg sich hinter der »profilierten« Figur? Gott wusste es, aber er behielt es für sich. In jedem Fall wusste er mehr, als die australischen Zeitungen darüber berichten durften. Hintergrund des Berichtsverbots: Damit die nach dem Zufallsprinzip aus der Bevölkerung ausgewählte Jury unbeeinflusst in einen Gerichtsprozess gehen kann, dürfen australische Richter den Medien in Bezug auf das Verfahren eine Nachrichtensperre auferlegen. Bei Verstoß gegen den Erlass drohen empfindliche Geldstrafen von bis zu einer halben Million Dollar und Journalisten Haftstrafen.

Totale Zensur? Behinderung der Pressefreiheit in einer Demokratie? Im Zeitalter des Internets zumindest eine kuriose Vorstellung. Bei *Google* waren es danach die meistaufgerufenen Webseiten Australiens. So wussten die Menschen trotz Nachrichtensperre rasch, um wem es hier ging: um George Pell, den einstigen Erzbischof von Melbourne und Sydney, den Kurienkardinal in Rom und Finanzchef des Vatikans – die Nummer drei in der Hierarchie der Kurie. Von ihm handelte die Geschichte, über die keine Tageszeitung, kein Medium, das in Australien zugänglich ist, berichten sollte. Denn diese Geschichte erzählte von Taten und einem Urteil, das die katholische Kirchenwelt – wieder einmal – erschütterte.[1]

Zu berichten ist also über das vorläufige Finale einer Lebenslüge des Klerikers George Pell, der von einer Jury am Distriktgericht des Bundesstaats Victoria schuldig gesprochen worden ist – in allen fünf Punkten, derentwegen er auf der Anklagebank saß. Der schwerste Vorwurf: der sexuelle Missbrauch zweier minderjähriger Chorknaben in seiner Zeit als Erzbischof in den 1990er Jahren. Einer der beiden erzählte zwei Jahrzehnte später der Reporterin Louise Milligan davon, die in ihrem 2017 erschienenen Buch *Cardinal* (das in australischen Buchläden lange Zeit nicht erhältlich war) über die Attacken des Gottesmanns schreibt. Pell hörte dem Chor gerne zu, auch bei den Proben. Dann wurde er übergriffig. Weitere Zeugen hatten ihre Geschichte offenbar so glaubwürdig dargestellt, dass die Jury einstimmig und »jenseits aller vernünftigen Zweifel« auf schuldig plädierte. Einsicht oder Reue indes hatte Pell nicht gezeigt. Bis zuletzt sah er sich als Opfer von Intrigen und von Phantasten, die sich wichtigmachen wollten. Als ihn im Vorverfahren die Richterin Belinda Wallington fragte, ob er sich für schuldig oder unschuldig halte, da blieb der Ex-Kardinal sitzen und rief – die Arme verschränkt – nur zwei Worte: »Nicht schuldig!«

Für das Ansehen der katholischen Kirche und ihren aktuellen Chef, Papst Franziskus, war bereits das Urteil der Jury verheerend. Zwar hatte Franziskus Kardinal Pell für die Dauer seines Gerichtsverfahrens in Australien von seinen Amtspflichten als vatikanischer Finanzchef freigestellt, doch Mitglied des päpstlichen Beratergremiums war er zunächst geblieben. Schließlich wurde Pell wegen Missbrauchs schuldig gesprochen, nach mehr als einem Jahr in Haft hob ein Gericht das Urteil wieder auf. Pell ist im Januar 2023 im Alter von 81 Jahren gestorben. Einen Tag nach dem Urteil gegen Pell teilte der Vatikan mit, der Papst habe Pell aus dem Kardinalsrat entlassen. Ebenso wie den früheren Erzbischof von Santiago de Chile, Francisco Javier Errázuriz, dem in seiner chilenischen Heimat vorgeworfen wurde, in den dortigen Missbrauchsskandal verwickelt gewesen zu sein. Im März 2019 wurde Errázuriz vor der Staatsanwaltschaft als Angeklagter wegen angeblicher Vertuschung von mindestens zehn Fällen sexuellen Missbrauchs gegen Minderjährige durch chilenische Geistliche zur Aussage vorgeladen. Die Klagen gegen ihn wurden abgewiesen. Er lebt im Ruhestand in Santiago de Chile. Auch Kardinal Theodore McCarrick, der als Erzbischof der US-Hauptstadtdiözese Washington über einen langen Zeitraum »Sünden gegen das sechste Gebot mit Minderjährigen und Erwachsenen begangen« habe, war schon im Juli 2018 vom Papst die Ausübung des Priesteramts untersagt worden. Im Februar 2019 schließlich wurde er endgültig aus dem Klerikerstand entlassen. Von einem staatlichen Gericht kann McCarrick für seine Sexualverbrechen, die schon in den 1970er Jahren begannen, wegen Ablaufs der Verjährungsfrist nicht mehr belangt werden. Nun lebt er zurückgezogen in einem Kapuzinerkloster im amerikanischen Bundesstaat Kansas.[2] Im August 2023 wurden das noch immer laufende Strafverfahren wegen Demenz des Angeklagten abgebrochen. McCarrick, Pell und Errázuriz – drei besonders prominente Namen und doch nur drei weitere Täter von Tausenden. Der klerikale Sündenfall ist groß. Unübersehbar.

Ob in den USA, Australien, Chile, ob in Irland, Spanien oder hierzulande – überall haben Kardinäle, Bischöfe, Pfarrer und Ordensmänner

Minderjährigen sexuelle Gewalt angetan oder vieles unternommen, um dies zu vertuschen. Nicht überall gab es so hartnäckige Reporter wie das Spotlight-Investigativteam des *Boston Globe*, das schon 2002 ans Licht brachte, dass der Bostoner Bischof Bernhard Francis Law und eine Schar seiner Untergebenen eine große Zahl von Sexualtätern unter den Priestern gezielt gedeckt hatten. Als die Staatsanwaltschaft die Diözese zwang, reinen Tisch zu machen, wurden erschütternde Zahlen publik: Fast 250 Kirchenmänner hatten Kinder vergewaltigt und sexuell missbraucht, darunter sogar Vierjährige. Damals wollten Katholiken nicht nur in den USA verzweifelt glauben, Boston sei ein Einzelfall.

Heute wissen wir: Überall auf der Welt wurden (und werden) Personalakten manipuliert und vernichtet, Verdachtsfälle nicht an Polizei und Staatsanwaltschaften gegeben, wie es in einem Rechtsstaat selbstverständlich sein sollte. »Bezeichnend war (und bleibt) der Unterschied zwischen dem, was die Kirche freiwillig zugibt, und dem, was sie zugeben muss, wenn Staatsanwälte sie vorladen«, stellt Walter Robinson fest, der damals das Spotlight-Team des *Boston Globe* leitete.[3] Die Kirche hat ihre Täter so lange vor dem Rechtsstaat geschützt, bis man diese nicht mehr belangen konnte. Die Neigung der Kirche zur Verschleierung, Vertuschung und Geheimhaltung passt zur Verachtung staatlicher Verfolgungsbehörden. Im Mittelpunkt steht der Schutz der Kirche, nicht das Leid der Opfer. Darin hat sich bis heute wenig geändert.

Von »Stürmen und Hurrikanen«, die 2018 die Weltkirche getroffen hätten, hatte Papst Franziskus in seiner Weihnachtsansprache vor der römischen Kurie gesprochen, ganz so, als sei der weltweite Missbrauch bereits eine Sache von gestern. »Nie wieder« dürfe Missbrauch vertuscht werden, die Täter müssten konsequent vor Gericht gebracht werden, forderte er – und übte sich doch gleich wieder in Relativierungen. Man müsse »berechtigte Anschuldigungen« von Verleumdungen unterscheiden, zudem sei ja nicht nur die Kirche von den »erschütternden Vorfällen« betroffen. Nennen wir die »Vorfälle« das, was sie sind: Verbrechen. Tausende Täter. Tausende Opfer. Tausende Namen – tausende Male anonymes Leid. Noch am Tag vor Beginn einer Missbrauchskonferenz, zu der Papst Franziskus im Februar 2019 Bischöfe nach Rom beordert hatte, bezeichnete er allzu scharfe Kritiker der Kirche als »Freunde und Verwandte des Teufels«.

Auch in Deutschland erschütterte ein Missbrauchsskandal 2010 die katholische Kirche. Immer mehr Opfer brachen ihr Schweigen. Anhand immer weiterer Fälle wurde deutlich, wie die Kirche auf die Übergriffe durch Geistliche jahrelang reagiert hatte – indem sie die Kirchenleute versetzte, die Taten vertuschte. Die Glaubwürdigkeit der Kirche war ramponiert. Die Kirchenoberen entschlossen sich zur Flucht nach vorn: Gemeinsam mit dem Kriminologischen Forschungsinstitut Niedersachsen (KFN) wurde im Juli 2011 ein Forschungsprojekt aufgelegt, das die Personalakten Geistlicher untersuchen sollte. Gerade mal anderthalb Jahre später war das Projekt gescheitert. Der Leiter der Untersuchung, der Kriminologe Christian Pfeiffer, machte die Kirche dafür verantwortlich: »Kurz vor dem Start der eigentlichen Datenerhebung wurden wir mit der Forderung konfrontiert, dass Studienergebnisse nur mit Billigung der Kirche veröffentlicht werden dürfen. Aus wissenschaftlicher Sicht ist das unzumutbar.« Die Hauptwiderstände seien aus der Diözese München und Freising gekommen, in der Papst Benedikt XVI. einst Erzbischof war. Pfeiffer erhob den Vorwurf der Zensur: »Die katholische Kirche wollte offenbar ein Gutachten ganz nach ihrem Geschmack.« Das aber war mit dem Selbstverständnis des Kriminologen nicht zu vereinbaren.[4]

Die Aufklärung fand ein jähes Ende. Das verquere Verständnis von der »unbefleckten« Kirche war zwar schon lange zerbröckelt, die Glaubwürdigkeit der Kirchenoberhäupter lädiert, doch in vielen Bistümern dröhnte noch immer das laute Schweigen, wenn es um die Missbrauchsfälle im eigenen Sprengel ging. Immerhin: Es gab auch Bischöfe – meist waren es die jüngeren –, die die Dramatik der Lage erkannt hatten und den Blick vor allem auf die richteten, die beständig im verlogenen Weihrauchnebel und heiligen Singsang unsichtbar geblieben waren: die Opfer. Der neue Bischof von Hildesheim, Heiner Wilmer, formulierte es am deutlichsten: »Der Missbrauch von Macht steckt in der DNA der Kirche. Wir müssen radikal umdenken.« Ein frommer Wunsch.

Die »radikale« Qualität dieses Umdenkens, wurde am 25. September 2018 der Öffentlichkeit präsentiert. An diesem Tag stellte Deutschlands mächtiger Oberkatholik und Papstvertraute, Kardinal Reinhard Marx, Erzbischof von München und Freising, nach einer morgendlichen Predigt im Dom zu Fulda die Ergebnisse einer neuen Studie vor. Ihr Titel: »Sexueller Missbrauch an Minderjährigen durch katholische Priester, Diakone und männliche Ordensangehörige im Bereich der Deutschen Bischofskonferenz«. Untersucht worden waren Missbrauchsfälle aus dem Zeitraum 1946 bis 2014. Eine Forschergruppe hatte Personal- und Handakten von Klerikern der 27 Diözesen ausgewertet – und 1.670 Beschuldigte gefunden. Sie machten 3.677 Opfer aus. Eine Studie der Universität aber nennt andere Zahlen: über 100.000.[5]

Die Forscher durften die Akten freilich erneut nicht einfach aus Archiven holen und lesen. Anwälte der Diözesen wählten sie vorab aus, anschließend wurden sie den Wissenschaftlern anonymisiert übergeben. Weder die Tatzeiten noch die Tatorte, schon gar nicht die Opfer waren identifizierbar. Viele Namen und Angaben waren geschwärzt. Ohnehin konnten nur die Fälle ausgewertet werden, die überhaupt aktenkundig sind. Unzählige Unterlagen aber waren vernichtet oder manipuliert worden. Die Täter wurden geschützt, wenn es denn überhaupt eine Ahndung gab, dann war sie von einer Milde, die für die Opfer einer zweiten Schändung gleichkam. Die Untersuchung eine Farce, die Studie ohne Aussagewert.

Geht es paradoxer? Bischöfe – oft genug Vertuscher und Manipulierer – kontrollieren selbst, der Zugang zu den Archiven unterliegt dem Selbstbestimmungsrecht der Kirchen. Bei einem Verdacht übernimmt die Untersuchung nicht die Staatsanwaltschaft, sondern die Kirchenoberen selbst. Eine kirchliche Paralleljustiz, die Täter schützt. Ein exterritorialer Raum, der jenseits rechtsstaatlicher Institutionen agiert, richtiger: nicht agiert. Verleugnen und Vertuschen in friedlicher Koexistenz. Sexueller Missbrauch ein sogenanntes Offizialdelikt, eine Straftat, die von Amts wegen von der Staatsanwaltschaft verfolgt werden muss, aber weder von den Klerikern noch von den Ermittlungsbehörden mit

Nachdruck geahndet wird. Eine erschütternde Wirklichkeit. Selbst nach der Veröffentlichung der Missbrauchsstudie bleiben die deutschen Staatsanwaltschaften weitgehend untätig. Der Rechtsstaat macht einen Kniefall.

Man stelle sich einmal vor: ein anderes weltweit agierendes Unternehmen, dessen Angestellte über Jahrzehnte tausende Straftaten begangen haben – keine Bagatellvergehen, sondern schwere und schwerste Verbrechen – den sexuellen Missbrauch von Kindern und Jugendlichen. Der Vorstand weiß davon, aber er vertuscht, deckt die Täter und verhängt keine sichtbaren Sanktionen, weder gegen die Täter noch gegen deren Helfer. Normalerweise müsste man die Staatsanwaltschaft einschalten, aber das Unternehmen unternimmt nichts. Und wo kein Kläger, da kein Ermittler. Hier aber ging und geht es nicht um ein normales Unternehmen, sondern um eine Weltfirma, die als Alleinstellungsmerkmal Barmherzigkeit und Glaubwürdigkeit beansprucht: die katholische Kirche.

Doch kein Sturm öffentlicher Empörung bricht los. Kein *ARD*-Brennpunkt, keine Aktuelle Stunde im Bundestag, kein Statement des Regierungssprechers, keine Wortmeldungen der Parteisekretäre, die doch sonst alles multimedial kommentieren und befeuern. Ob Medien, Staatsanwaltschaft oder Politik – der Rechtsstaat reagiert nur schleppend. Ein irritierendes Schweigen.

Dafür meldeten sich prominente klerikale Beschwichtiger und Relativierer zu Wort, etwa der erzkonservative deutsche Kardinal Walter Brandmüller, ein betagter Vatikanveteran, der in vielerlei Funktionen seit Jahrzehnten in der katholischen Märchenwelt umherirrlichtert. Bereits 1983 verlieh ihm Papst Johannes Paul II. den Titel Ehrenprälat Seiner Heiligkeit, 1997 erfolgte die Ernennung zum Apostolischen Protonotar, 2010 nahm ihn Papst Benedikt XVI. in das Kardinalskollegium auf. Auch wurde er zum Titularerzbischof von Caesarea in Mauretania ernannt, einer römisch-katholischen Enklave in Nordafrika. Als emeritierter Präsident des Päpstlichen Komitees für Geschichtswissenschaft teilt er der Welt noch immer gerne seine schiefe Weltsicht mit. So moniert der greise Gottesmann in einem Interview mit der Nachrichtenagentur *dpa* kurz vor seinem 90. Geburtstag: »Was in der Kirche an Missbrauch passiert ist, ist nichts anderes, als was in der Gesellschaft überhaupt geschieht.« Sich über Missbrauch in der Kirche zu empören, sei Heuchelei, sexueller Missbrauch sei alles andere als ein spezifisch katholisches Phänomen.[6]

In den sozialen Medien sorgte seine Aussage für einen Sturm der Empörung. Vor allem wird Brandmüller eine Relativierung untragbarer Zustände vorgeworfen, zumal es sich bei den Opfern um Schutzbefohlene handele. Aber der dreiste Kardinal ist kein isolierter Sonderling. Er denkt und spricht so, wie viele im Katholenkosmos denken und fühlen. Trotz erschütternder Skandale, trotz flächendeckender Schuld. Noch immer.

Es brauchte eine Gruppe von Staatsrechtsprofessoren, die im Oktober 2018 Anzeige gegen Unbekannt erstatteten und diese bei Staatsanwaltschaften im Bezirk jeder Diözese einreichten. Die Professoren erinnerten die Ermittler an ihre »unbedingte Pflicht«, dem offensichtlichen »Anfangsverdacht« nachzugehen. Denn: Viele Fälle sind keineswegs verjährt. Sie zeigten sich auch überrascht darüber, »wie zurückhaltend Staat und Öffentlichkeit (bislang) mit dem alarmierenden Anfangsverdacht schwerer Verbrechen umgehen«. Dies – so die Strafrechtler – habe möglicherweise seinen Grund in einer in Deutschland herrschenden »intuitiven Vorstellung von der sakrosankten Eigenständigkeit der Kirche«.

Dabei ist die Rechtslage auch in Deutschland eindeutig: »Es gibt für die Kirche und ihre Priester keine grundsätzlichen Ausnahmen von der Strafverfolgung wie etwa bei der Immunität von Parlamentariern oder Diplomaten.« Die Strafrechtsprofessoren verweisen darauf, dass es auch kein Recht der Kirche (etwa durch Berufung auf das Kirchenrecht und die eigene Strafgewalt) gebe, »ihre Institution von strafrechtlichen Eingriffen frei zu halten«. Der Rechtsstaat müsse sicherstellen, dass »die am Schutz der Menschenrechte orientierte Minimal-Ethik des Strafrechts« durchgesetzt und persönliche Verantwortung geklärt werde, ansonsten stehe »das Rechtsvertrauen der Öffentlichkeit im säkularen Staat« auf dem Spiel.

Die Juristen kommen zu einem klaren Ergebnis: »Die Staatsanwaltschaften müssen die Herausgabe der entsprechenden Unterlagen bei den Diözesen anfordern. … Möglicherweise drohende Verjährungen zwingen zu schnellem Handeln.« Und sie enden mit einem markanten Vergleich: »Man stelle sich nur einmal vor, ein Ableger der kalabrischen Mafia Ndrangheta hätte einem Wissenschaftler Zugang zu seinen in Deutschland befindlichen Archiven gewährt, der daraufhin auftragsgemäß eine Studie veröffentlicht hätte, worin er zahlreiche, z. B. zwischen 1990 bis 2014 in Deutschland begangene Verbrechen schildert, woraufhin der ›Pate‹ sich wortreich bei den Opfern entschuldigt, sich allerdings zugleich weigert, die Akten der Polizei zu übergeben oder die Namen der Täter zu benennen. Es würde kein Tag vergehen, bis die Polizei sämtliche Akten in allen auf deutschem Boden befindlichen Mafiaarchiven beschlagnahmt hätte, um die Täter zu ermitteln und anzuklagen. Es gibt keinen einleuchtenden Grund, warum dies im Fall der katholischen Kirche anders sein sollte.«[7]

Doch für die Staatsanwaltschaften ist das kein Grund, nun die Ermittlungen zu beschleunigen. Gerade einmal vier Behörden hatten ihre Ermittlungen gegen Unbekannt Ende Oktober 2018 aufgenommen. Durchsuchungen und Beschlagnahmungen möglicher Beweismittel fanden nirgendwo statt. Die Staatsanwaltschaft Münster beispielsweise traf sich laut einem Bericht des *WDR* mit dem Generalvikar des Bistums, »um die weiteren Schritte zu besprechen«. Ein erstaunliches Vorgehen, ein mehr als entschleunigter Ermittlungseifer, der kaum einem anderen Sexualverbrecher hierzulande zuteilwerden dürfte. Aber im Fall der Kirche, so scheint es, gelten nur bedingt die Grundsätze des Rechtsstaats.

Doch sechs Strafrechtsprofessoren und das Institut für Weltanschauungsrecht (ifw) wollten das nicht akzeptieren. Am 5. Dezember 2018 ergänzten sie – nun bei der Staatsanwaltschaft Tübingen – ihre ursprüngliche Anzeige vom Oktober. Unter anderem führten sie

Äußerungen des Weihbischofs Matthäus Karrer auf, der in einem Fernsehinterview eingestanden hatte, dass Täter intern versetzt wurden, dass die Diözese Rottenburg-Stuttgart diese geschützt habe und ein »systemisches Versagen« festgestellt werden müsse. Klare Worte. Für die Strafrechtsprofessoren stand einmal mehr fest, »dass eine ganze Reihe von Fällen des sexuellen Missbrauchs nach Paragraph 1176 ff. in der Diözese Stuttgart-Rottenburg bewusst nicht der staatlichen Strafverfolgung zugeführt worden sind«. Was das »systemische Versagen« betrifft, so darf hier auch die Justiz einbezogen werden.

Mit schonungsloser Offenheit und Kooperation wird auch künftig nicht zu rechnen sein. Die irdischen Gottesvertreter, die so gerne von Schuld und Sünde reden, sind Spezialisten in Sachen Beruhigung durch beharrliche Verharmlosung, Vernebelung und erschöpfendes Aussitzen.

Der Bonner Kirchenrechtsprofessor Nobert Lüdecke, selbst Theologe, der im kirchlichen Auftrag an einer staatlichen Universität lehrt, legte dazu eine Mängelliste vor, die das skandalöse Beharren der Kirche auf Bestimmungen und Strukturen belegt, die sexuellen Missbrauch nicht nur nicht verhindern helfen, sondern ihn begünstigen oder gar fördern. Lüdecke nennt beispielsweise das Katholische Kirchenrecht, das den sexuellen Missbrauch Minderjähriger immer noch als »vergleichsweise leichten Verstoß gegen die Zölibatspflicht« wertet und die kanonische Strafe weitgehend dem Ermessen eines kirchlichen Richters überlässt.[8]

In der katholischen Kirche steht das Keuschheitsgelübde geradezu sinnbildlich für das schwierige Verhältnis zwischen Kirche und Sexualität. Mit der Weihe verpflichtet sich der Priester, zölibatär zu leben. Verstößt er gegen sein Gelöbnis, kann er suspendiert werden. Ein absurder Deal. Ein inhumanes Verbot der Leidenschaft, der Vitalität, der Liebessehnsucht. Die Folgen sind gravierend. Der Psychotherapeut Bernd Deininger hat viele Kirchenmänner behandelt, die sich schuldig fühlten, weil sie sich verliebt hatten, weil sie das Keuschheitsgebot übertreten hatten. Sie kommen mit Symptomen in seine Praxis, ausgelöst durch massive Gewissensbisse. Der Therapeut fordert die Kirchen auf, »die körperliche Seite des Menschen gutzuheißen«.[9] Ein frommer Wunsch. Unabhängig davon, dass die Geschichte des Zölibats immer auch eine Geschichte der Verstöße dagegen war und er eine ganz und gar inhumane Konstruktion ist, sollten wir stattdessen die kriminellen Wirklichkeiten des Kirchenpersonals endlich rechtsstaatlich verfolgen. Anders gesagt: Nicht die Täter, die Opfer haben Vorrang.

Auch Norbert Lüdecke geht mit dem »institutionellen Schweigen« der Kirche hart ins Gericht. An die Kleriker, aber auch an alle Katholiken, denen noch an der Kirche liegt, appelliert er eindringlich: »Sie müssen sich entscheiden, was für Sie mehr zählt. ... Wenn Sie effektive Mittel scheuen, etwas an dem zu ändern, über das Sie sich empören, dann sollten Sie aufhören und sich mit der ›Übergriffigkeit des Systems‹ abfinden.«

Der Kirchenrechtler kritisiert, dass es innerkirchlich keine Kultur politischer Verantwortung gebe. »Die derzeitigen deutschen Diözesanbischöfe haben ihr Amt mehrheitlich nach 2010 angetreten. Fast alle waren sie vorher in anderen diözesanen Ämtern verantwortlich tätig, überwiegend mit Zuständigkeiten für Personal- und insbesondere Kleriker-Angelegenheiten. Und dennoch will keiner so viel gewusst haben, dass er sich verantwortlich zu fühlen hätte?« Er ruft dazu auf, den Verantwortlichen auf die Pelle zu rücken, jedem Bischof konkret und bei etwaigem Ausweichen nachhaltig mündlich oder schriftlich Fragen zu stellen, beispielsweise diese:

- Was konkret ihn und seine Vorgänger vor und nach 2002 so sichergemacht hat, in Deutschland sei alles ganz anders als in all den anderen Ländern,
- ob er das Geheimarchiv seines Vorgängers studiert oder als schwarzes Loch behandelt hat,
- ob er seiner Pflicht zur Verfolgung sexuellen Missbrauchs immer angemessen nachgekommen ist und wie konkret,
- ob und warum er nur als Sünde behandelt hat, was kirchenrechtlich und staatlich seit langem als Verbrechen gilt, ob und warum er

die kirchenrechtlichen Vorgaben nicht kannte oder missachtete,
- ob er selbst angemessen dokumentiert oder Dinge mündlich »bereinigt« hat,
- ob und warum er und seine Vorgänger die staatlichen Gerichte lieber zum Schutz der Kirchensteuer und des eigenen Arbeitsrechts angerufen haben als zum Schutz von Kindern,
- ob und wie er über das Verhalten seiner Vorgänger, und zwar nicht nur der toten, aufklären will.[10]

Wir wissen nicht, wie viele Katholiken der Aufforderung nachgekommen und ihrem Bischof »auf die Pelle« gerückt« sind. Im Februar 2019 jedoch schrieben namhafte Theologen und Katholiken in einem offenen Brief an den Vorsitzenden der Deutschen Bischofskonferenz, Kardinal Reinhard Marx, und forderten einen »tiefgreifenden Wandel« von der Kirche.[10] Darin heißt es:

> *»Binden Sie sich selbst durch echte Gewaltenteilung – das passt besser zur Demut Christi und in den Rahmen der für alle geltenden Gesetze. Bauen Sie die Überhöhungen des Weiheamtes ab und öffnen Sie es für Frauen. Stellen Sie den Diözesanpriestern die Wahl ihrer Lebensform frei, damit der Zölibat wieder glaubwürdig auf das Himmelreich verweisen kann.«*[11]

Außerdem fordern sie einen »Neustart mit der Sexualmoral«, einschließlich einer »verständigen und gerechten Bewertung von Homosexualität«.[12]

Die Unterzeichner, darunter der Rektor der Philosophisch-Theologischen Hochschule Sankt Georgen in Frankfurt, Ansgar Wucherpfennig (dem die Bildungskongregation des Vatikans 2018 eine dritte Amtszeit verweigert hatte, weil er seine Positionen aus einem zwei Jahre zurückliegenden Interview zur Homosexualität, zur Segnung gleichgeschlechtlicher Paare und zum Frauendiakonat nicht widerrufen wollte), sowie der Jesuitenpater Klaus Mertes (der 2010 als Rektor am Berliner Canisius-Kolleg Missbrauchsfälle öffentlich machte, woraufhin sich in ganz Deutschland weitere Opfer kirchlich gedeckten Missbrauchs meldeten), verfassten ihren Brief im Zusammenhang mit einer bevorstehenden Konferenz im Vatikan. Dort sollten auf Wunsch von Papst Franziskus die Vorsitzenden sämtlicher Bischofskonferenzen über Konsequenzen aus den Missbrauchsskandalen der vergangenen Jahre beraten. Auch der ehemalige Präsident des Deutschen Bundestags, Wolfgang Thierse, der dem Zentralkomitee der deutschen Katholiken angehört, wandte sich via *Die Zeit* an den »Sehr geehrten, lieben Herrn Kardinal Marx« und wünschte sich: »Schluss mit den Vertuschungen, personelle Konsequenzen, Übergabe von Missbrauchsfällen an die staatliche Justiz, echte Gewaltenteilung auch in der Kirche, also unabhängige Gerichtsbarkeit … um der Glaubwürdigkeit der Kirche willen!«[12] Wir aber sollten nicht dem Aufklärungswillen des Kardinals und der Mitglieder seines klerikalen Männerbundes vertrauen, die Aufklärung eher als Bedrohung ihres Systems sehen und die Verantwortung dafür tragen, dass in der Vergangenheit Taten vertuscht und Täter gedeckt wurden.

Beispielsweise Gottesmänner wie Kardinal Gerhard Müller, bis 2017 oberster Hüter der katholischen Glaubensdoktrin und erzkonservativer Scharfmacher, der noch im Februar 2019 in einem *Spiegel*-Interview behauptete, das Thema werde von »Gegnern der Kirche« instrumentalisiert. Denn: »Sexueller Missbrauch Heranwachsender kommt millionenfach in der ganzen Welt vor. Die Ursache liegt im verdorbenen Charakter des Täters.« Und das, so Müller, »hat nichts mit dem Amt zu tun«. So wäscht man ein Tätersystem rein.[13]

Unsere Rechtskultur aber sieht keine »kircheninterne« Paralleljustiz vor. Statt vor ein himmlisches Jüngstes Gericht gehören die klerikalen Täter vor ein irdisches Strafgericht. Opfer wollen nicht Vertröstung und Gebet, ihnen stehen Aufklärung und Wiedergutmachung zu. Und so waren im November 2018, kurz nach Erscheinen des Missbrauchsberichts der Bischofskonferenz, alle 23 Generalstaatsanwälte der Republik zusammengekommen. Ihr Thema: Wie kann der Staat die Ermittlungen ohne Verzögerung beginnen? Wo anfangen?

Es ging vor allem um die Verjährung. Viele der Straftaten lagen weit zurück. Wenn die Bistümer ihre Archive öffnen und die alten Akten hervorholen, ist zu prüfen, ob diese noch verfolgt werden können. Das sind mitunter diffizile Fragen, weil sich das Sexualstrafrecht über die Jahre stark gewandelt hat. Zeitnahes Handeln war also geboten.

Nach wenigen Monaten aber war sichtbar: Nicht alle Staatsanwaltschaften ermittelten mit dem notwendigen Elan.[14] In München wollte der Generalstaatsanwalt keine Bischöfe im direkten Gespräch behelligen, sondern nur deren Verwaltungsleute. Er habe »keine Showtermine« machen wollen, sagte der Generalstaatsanwalt. Sein Kollege im rheinland-pfälzischen Koblenz ließ Mitte Februar 2019 verlauten, die in der Studie genannten Hinweise auf mögliche Tatzeiten, Tatorte, beteiligte Personen und Tathandlungen seien zu »unkonkret«, um Ermittlungen aufnehmen zu können. Aber seine Behörde, so Generalstaatsanwalt Brauer, habe »aus Anlass der Veröffentlichung der MHG-Studie die bischöflichen Ordinariate in Köln, Limburg, Mainz und Trier aufgefordert, Unterlagen zu sämtlichen den Geschäftsbereich der Generalstaatsanwaltschaft betreffenden Verdachtsfällen vorzulegen«. Die bischöflichen Ordinariate seien der Aufforderung nachgekommen und die Unterlagen würden nun von den örtlich zuständigen Staatsanwaltschaften ausgewertet. Da eine erste Durchsicht gezeigt habe, dass »zahlreiche Fälle bereits in der Vergangenheit angezeigt und strafrechtlich verfolgt worden« seien, sei »davon auszugehen, dass lediglich in Einzelfällen Anlass bestehen wird, neue Ermittlungsverfahren einzuleiten«.[15] Konsequente Strafverfolgung mag man das nicht nennen.

Und der liebe Gott? Seine Allmacht umfasst ja nicht unbedingt die Verpflichtung, kleine und große Verbrechen zu verhindern. Seine Macht – das sagt uns schon der katholische Katechismus – ist nun einmal endlich. Und: Gibt es nicht auch den Teufel, den Diabolos, der ständig alles durcheinanderbringt – und die Menschen aufstachelt, verführt und in Besitz nimmt? Der gläubige Mensch jedenfalls, der sich einen Gott erfand, fühlt sich im Stich gelassen und sucht angesichts der Wucht der infamen Verbrechen sein kleines Seelenheil. Seine Kirche, die doch das Konzept der »Kostbarkeit des Menschen« auf ihre christliche Fahne schreibt, hat – man könnte sagen, in schlechter Tradition – »Böses« getan und zugelassen. Was tun? Noch einen offenen Brief an den Herrn Kardinal, an den lieben Bischof? Beten für den Wandel? Die Kirche mag gerne neue Maßstäbe für den internen Umgang mit ihren Sexualtätern entwickeln, im Rechtsstaat gelten sie längst – und zwar für alle Täter, egal ob mit Soutane, Mönchshabit oder im Seelsorgerrock.[16]

Der gläubige katholische Mensch aber mag nicht in den Giftschrank seiner Kirche blicken. Gottes Schäfchen sind geduldig. Und so tönt es weiterhin »Herr erbarme Dich …« in den Kirchen und Kathedralen. Im Fränkischen hat der Pfarrgemeinderat eine Schweigeminute für ein Mädchen abgehalten, das 40 Jahre zuvor von einem Gemeindepfarrer missbraucht worden war. Als ob nicht genug geschwiegen worden wäre.

Wie gesagt: Der liebe Gott kann sich nicht um alles kümmern.

Nachtrag

In den USA wählen einige katholische Bistümer sogar den Weg in die freiwillige Insolvenz, um Entschädigungszahlungen an Missbrauchsopfer zu umgehen.[17] Der Erzbischof der Diözese San Francisco, Salvatore J. Cordileone, rechtfertigte die Anrufung des Insolvenzgerichts als »Schutz vor den Gläubigern«. Es soll der Kirche erlauben, die »heilige Mission für die Gläubigen und die Menschen in Not fortzusetzen«.

Trotz der 500 Zivilklagen von Betroffenen, die ihm zugestellt worden seien, habe er seinen Entschluss für den Gang zum Insolvenzgericht nach »langem Nachdenken, Gebeten und Beratungen mit … Finanz- und Rechtsberatern« getroffen. Das sei der beste Weg, den Missbrauchsüberlebenden eine mitfühlende und gerechte Lösung zu bieten, so der amerikanische Kirchenfürst.

Tatsache ist, dass der Erzbischof und seine Berater seit Jahren mit sämtlichen juristischen Tricks versuchen, Entschädigungszahlungen an die Missbrauchsopfer zu verhindern. Er und acht weitere kalifornische

Bischöfe hatten den California Child Victims Act bis zum Obersten Gerichtshof der Vereinigten Staaten mit einer Petition als vermeintlich verfassungswidrig bekämpft. Das Gesetz bietet den traumatisierten Opfern rechtliche Erleichterungen, um finanzielle Entschädigungen für Therapien einzufordern. Unter anderem wird die Frist für die Geltendmachung von Schadenersatzansprüchen auf 40 Jahre erhöht. Die Klägergruppe um Erzbischof Cordileone fühlte sich vom Gesetzgeber diskriminiert. Doch ihr Einspruch wurde in allen Instanzen abgewiesen. Nachdem im April 2022 der Oberste Gerichtshof die Petition endgültig abgeschossen hatte, starteten die katholischen Amtsträger die nächste Aktion – die Flucht in die Insolvenz. In mehr als zwei Dutzend Diözesen meldeten sie Insolvenz an. Eine Verhöhnung der Opfer – und der Gerichtsbarkeit.

Doch Erzbischof Cordileone ging mit seiner Blockadepolitik noch weiter: Seine Diözese ist die einzige in Kalifornien, die noch keine Liste jener Geistlichen veröffentlicht hat, denen sexueller Missbrauch von Kindern vorgeworfen wird. Dabei hatte Erzbischof Cordileone schon im Jahr 2018 der Öffentlichkeit zugesagt, dies zu tun. Mit der Nichterfüllung seines Versprechens bringt der Geistliche neuerlich Kinder in Gefahr und beschützt die Täter, meint Anwalt Jeff Anderson, der 125 Missbrauchsopfer in Kalifornien vertritt.

Stattdessen speist der Erzbischof die Opfer mit Worten des Trostes ab: »Auch wenn die meisten dieser Sünden vor vielen Jahrzehnten begangen wurden, wird es ein Zeichen christlicher Solidarität sein, wenn wir täglich gemeinsam den Rosenkranz beten, jede Woche eine Stunde in der Anbetung vor dem Allerheiligsten verbringen und freitags für die Überlebenden des Missbrauchs, für die Mission unserer Erzdiözese und für die Ausrottung dieses schändlichen Verbrechens aus unserer Gesellschaft fasten.«[18]

Zynischer hätte man es nicht formulieren können. Aus dem Vatikan gab es dazu keinerlei Verlautbarung.

Kniefall des Rechtsstaats

Die Kirche, der Staat und die Missbrauchsverbrechen – ein monströses **Aufklärungsversagen.** Im Mittelpunkt steht der Schutz der Kirche, nicht das Leid der Opfer. Der Rechtsstaat schaut zu.

Die Stiftung hat einen hoffnungsfrohen Namen: »Spes et Salus – Hoffnung und Heil«. Unter diesem Titel hat der Münchner Erzbischof Kardinal Reinhard Marx vor einigen Wochen eine gemeinnützige Stiftung für Opfer sexualisierter Gewalt in der katholischen Kirche gegründet. Marx selbst zahlt eine halbe Million Euro in die Stiftung ein – den »allergrößten Teil seines Privatvermögens«, wie ein Sprecher wissen lässt. Der Gottesmann erklärt die stattliche Summe laut *Süddeutscher Zeitung* damit, dass er stets verantwortlich mit seinen Bezügen umgegangen sei.[1] Als Erzbischof ist der Kardinal der staatlichen Besoldungsgruppe B 10 zugeordnet. Die aktuelle Tabelle weist – laut *Spiegel* – ein Monatsbrutto von 13.654 Euro aus.

Kardinal Marx selbst hat einen Lernprozess im Umgang mit Opfern sexualisierter Gewalt hinter sich. In seiner Zeit als Bischof von Trier war er 2006 Hinweisen auf sexuellen Missbrauch durch einen Diözesanpriester nicht nachgegangen. »Es plagt ihn noch immer sehr«, sagte sein Sprecher 2019 dem *Spiegel.* Nun will er die Stiftung als Ergänzung zu den Aufarbeitungsbemühungen der Kirche verstanden wissen, nicht als Ersatz. Die Zahlungen der Kirche in Anerkennung des erlittenen Leids sind davon unberührt. Die Deutsche Bischofskonferenz hatte sich im

Herbst auf ein einheitliches Vorgehen geeinigt. Seit dem 1. Januar ist die neue Verfahrensordnung in Kraft. Die Stiftung will zusätzliche, selbständige Hilfsangebote machen. »Das ist eine gute Nachricht«, sagte Matthias Katsch, Sprecher der bundesweiten Betroffeneninitiative »Eckiger Tisch« der *Süddeutschen Zeitung*. Er findet es »ein wichtiges Signal, dass jemand, der eine führende Rolle in der katholischen Kirche spielt, persönlich ein Zeichen setzt«.[2]

Die Existenz der neuen Stiftung dürfe nicht als Ablenkung von der dringend notwendigen Aufarbeitung oder gar als Ersatz verstanden werden, warnen dagegen Kritiker. Sie verweisen dabei auf den aktuellen Skandal um den Kölner Erzbischof Kardinal Rainer Maria Woelki, der im Verdacht steht, einen mutmaßlichen Fall von sexuellem Missbrauch vertuscht zu haben. Obwohl er um die kriminellen Neigungen eines Pfarrers wusste, hatte er wegen des Missbrauchsvorwurfs nicht weiter ermittelt. Vorwürfe des sexuellen Missbrauchs von Kindern und Jugendlichen durch Priester im Erzbistum Köln sorgen seit geraumer Zeit für Schlagzeilen. Woelki hatte dazu ein Gutachten bei einer Münchner Kanzlei in Auftrag gegeben, nach der Fertigstellung aber beschlossen, es doch nicht zu veröffentlichen und die Namen der Täter nicht zu nennen. Er führte dafür rechtliche Bedenken an. Stattdessen beauftragte er einen Kölner Strafrechtler mit einem neuen Gutachten, das im März fertig werden soll. Fürchtet sich der Gottesmann vor der Aufarbeitung der Fälle? Er hätte allen Grund dazu.[3]

Im Januar 2021 wurde auch dem Berliner Erzbistum »systematische Verantwortungslosigkeit« bescheinigt. Eine Rechtsanwaltskanzlei hatte im Auftrag des Erzbistums alle Personalakten seit 1946 auf Hinweise sexueller Gewalt durch Priester und Ordensleute untersucht. 121 Beschuldigte hatten die Gutachter namentlich identifiziert. Doch statt den Opfern zu helfen, hatten die Verantwortlichen die Institution geschützt. Nur 17 kirchliche Strafverfahren wurden eingeleitet, elf endeten mit einer Strafe. Und Strafe bedeutet in kirchlichen Strafverfahren keineswegs Haftstrafe, allenfalls Versetzung oder Entfernung aus dem kirchlichen Dienst. Was wusste der verstorbene Kardinal Meisner von den Vorwürfen, was sein Nachfolger Sterzinsky – und was dessen Nachfolger Rainer Maria Woelki, der Mann, der nun in Köln als Erzbischof ein Gutachten über jahrelange Versäumnisse der Kirchenleitung bei der Aufarbeitung und Verfolgung von Fällen sexuellen Missbrauchs zur Verschlusssache erklärt hat? Sein Kollege, der Berliner Erzbischof Heiner Koch, reklamierte ebenfalls »rechtliche Bedenken« gegen eine Veröffentlichung.

Wenig überraschend: Weder in Köln noch in Berlin werden öffentlich Namen genannt. Begründet wird dies mit Persönlichkeitsrechten, der »Gefahr einer Retraumatisierung« Betroffener und damit, »eine voyeuristische Darstellung« vermeiden zu wollen. Tatsache ist: Die Fürsorge der Kirchenführer gegenüber den Betroffenen schützt allein die Täter, denn nur einer Untersuchungskommission würde der Teil des Gutachtens mit den Namen zugänglich gemacht. In der außerkirchlichen, der realen Welt gilt das als Behinderung der Strafverfolgung.

Im Februar meldete sich der in der Öffentlichkeit enorm unter Druck geratene Kölner Erzbischof dann in einem Fastenhirtenbrief per Video zu Wort: Er sprach von tiefen Rissen durch das Erzbistum, die er spüre, von Frustration, »weil wir in unserer pastoralen Entwicklung nicht so vorankommen, dass wir uns wirklich miteinander auf dem Weg wissen«. All das bewege und bedrücke ihn sehr und er wisse, dass viele ihn persönlich dafür verantwortlich machten. Er rechtfertigte sein Vorgehen erneut, räumte aber auch ein, Fehler gemacht zu haben: »Sicher habe ich hier auch Schuld auf mich geladen. Das alles tut mir von Herzen leid.« Dass der Kardinal jedoch eine kuriose Auffassung von Schuld hat, hatte sich zuvor beim Weihnachtsgottesdienst im Kölner Dom gezeigt, als er die anwesenden Gläubigen um Verzeihung bat, nicht etwa für sein Verhalten, sondern dafür, dass sie so viel Kritik an dem Gutachten und seiner Person hatten ertragen müssen. Darauf muss man erst mal kommen.

Viele Katholiken im Bistum wollen ihrem Kardinal nicht verzeihen. Stattdessen verließen mehr als 5.000 Gläubige danach den Hort der katholischen Kirche. Die starke Nachfrage nach Terminen für Kirchenaustritte hielt auch in den folgenden Monaten unvermindert an. Sämtliche Onlinetermine waren Monat für Monat nach wenigen Stunden ausgebucht. Es waren keine Termine mehr für Kirchenaustritte in der viertgrößten deutschen Stadt zu bekommen.

Doch es gab auch einige öffentliche Solidaritätsbekundungen für den Kölner Gottesmann, etwa vom ehemaligen Präfekten der römischen Glaubenskongregation, Kardinal Gerhard Ludwig Müller. Dieser warb um Verständnis für Woelki. »Ich finde es erschütternd, dass ein formaler Verfahrensvorgang instrumentalisiert wird, um ideologische Machtpolitik zu betreiben«, teilte er der Nachrichtenagentur *dpa* mit. Letztlich gehe es darum, so Müller, den Geschädigten Gerechtigkeit widerfahren zu lassen – die formalen Verfahrensregeln seien zweitrangig. »Ein Bischof ist kein politischer Akteur, sondern als Nachfolger der Apostel zu messen, an seinem Dienst am Evangelium für das ewige Heil der Menschen bei Gott«, betonte Müller, ehemals Bischof von Regensburg.

Hier offenbart sich eine bizarre Gedankenwelt, die sich allein um das Heil klerikaler Täter sorgt, nicht aber um das Leid der Opfer. Gibt es hierzulande zwei parallele Rechtssysteme? Können sich Geistliche mithilfe des Kirchenrechts dem Staatsrecht entziehen? Genießt die Kirche eine stillschweigende Unantastbarkeit? Der Kieler Rechtsphilosoph Ino Augsberg weist darauf hin, dass das deutsche Religionsverfassungsrecht zwar grundsätzlich ein Nebeneinander beider Rechtsordnungen vorsieht. Es gesteht Religionsgemeinschaften zu, ihre Angelegenheiten in einer internen Rechtsordnung zu regeln – bis hin zu eigenen strafrechtlichen Bestimmungen. Das geschieht aber nur, soweit Grundprinzipien der staatlichen Rechtsordnung wie die Grund- und Menschenrechte gewahrt bleiben. Es gibt also keine Ausnahmen von der Strafverfolgung für die Kirche, wenn es um Missbrauch und sexuelle Gewalt geht.[4] Warum dann die Zurückhaltung der Strafverfolgungsbehörden? Warum ordnen sie nicht an, dass die Kardinäle Koch und Woelki ihre Gutachten herausgeben und die Namen der Täter nennen müssen? Auch wenn die Kirchenjuristen gerne darauf verweisen, dass staatsanwaltschaftliche Ermittlungsbefugnisse nur bedingt in den Binnenbereich der Kirche hineinwirken dürfen, muss klar sein: Der Staat hat einen Strafverfolgungsanspruch. Man nennt das Rechtsstaat.

Ob im Kölner Sprengel, in Berlin oder anderswo – überall haben Kardinäle, Bischöfe und Pfarrer Minderjährigen sexuelle Gewalt angetan oder viel getan, um dies zu vertuschen. Der Missbrauch hat systemische Ursachen und Folgen. Überall auf der Welt wurden (und werden) Personalakten manipuliert und vernichtet, Verdachtsfälle nicht an Polizei und Staatsanwaltschaften gegeben, wie es in einem Rechtsstaat selbstverständlich sein sollte. Im Gegenteil: Die Kirche hat ihre Täter so lange vor dem Rechtsstaat geschützt, bis man sie nicht mehr belangen konnte. Im Mittelpunkt steht der Schutz der Kirche, nicht das Leid der Opfer. Darin hat sich bis heute wenig geändert.[5]

Man müsse »berechtigte Anschuldigungen« von Verleumdungen unterscheiden, zudem sei ja nicht nur die Kirche von den »erschütternden Vorfällen« betroffen. Nennen wir die »Vorfälle« das, was sie sind: Verbrechen. Tausende Täter. Tausende Opfer. Tausende Namen – tausende Male anonymes Leid. Noch am Tag vor Beginn einer Missbrauchskonferenz, zu der Papst Franziskus Bischöfe im Februar 2019 nach Rom beordert hatte, bezeichnete er allzu scharfe Kritiker der Kirche als »Freunde und Verwandte des Teufels«. Eine bizarre Konstruktion, ein grotesker Versuch, die Wirklichkeit umzudeuten. Immerhin: die Klerikalen waren sich einig: man müsse »radikal umdenken«.

Die »radikale« Qualität dieses Umdenkens wurde am 25. September 2018 der Öffentlichkeit präsentiert. An diesem Tag stellte der damalige Oberkatholik und heutige Stiftungsgründer Kardinal Reinhard Marx, nach einer morgendlichen Predigt im Dom zu Fulda die Ergebnisse einer neuen Studie vor. Ihr Titel: »Sexueller Missbrauch an Minderjährigen durch katholische Priester, Diakone und männliche Ordensangehörige im Bereich der Deutschen Bischofskonferenz«. Untersucht worden waren Missbrauchsfälle aus dem Zeitraum 1946 bis 2014. Eine Forschergruppe hatte Personal- und Handakten von Klerikern der 27 Diözesen ausgewertet – und 1.670 Beschuldigte gefunden. Sie machten 3.677 Opfer aus.

Die Forscher durften die Akten freilich erneut nicht einfach aus Archiven holen und lesen. Anwälte der Diözesen wählten sie vorab aus, anschließend wurden sie den Wissenschaftlern anonymisiert übergeben. Weder die Tatzeiten noch die Tatorte, schon gar nicht die Täter waren identifizierbar. Viele Namen und Angaben waren geschwärzt. Ohnehin konnten nur die Fälle ausgewertet werden, die überhaupt aktenkundig sind. Unzählige Unterlagen aber waren vernichtet oder manipuliert worden. Die Untersuchung eine Farce, die Studie ohne Aussagewert.

Geht es paradoxer? Bischöfe – oft genug Vertuscher und Manipulierer – kontrollieren selbst, der Zugang zu den Archiven unterliegt dem Selbstbestimmungsrecht der Kirchen. Bei einem Verdacht übernimmt die Untersuchung nicht die Staatsanwaltschaft, sondern die Kirche selbst. Eine kirchliche Paralleljustiz, die Täter schützt. Verleugnen und Vertuschen in friedlicher Koexistenz. Sexueller Missbrauch ein sogenanntes Offizialdelikt, eine Straftat, die von Amts wegen von der Staatsanwaltschaft verfolgt werden muss, aber weder von den Klerikern noch von den Ermittlungsbehörden mit Nachdruck geahndet wird. Selbst nach der Veröffentlichung der Missbrauchsstudie bleiben die deutschen Staatsanwaltschaften weitgehend untätig. Der Rechtsstaat macht einen Kniefall.

Man stelle sich einmal vor: ein anderes weltweit agierendes Unternehmen, dessen Angestellte über Jahrzehnte tausende Straftaten begangen haben – keine Bagatellvergehen, sondern schwere und schwerste Verbrechen. Der Vorstand weiß davon, aber er vertuscht, deckt die Täter und verhängt keine sichtbaren Sanktionen. Normalerweise müsste man die Staatsanwaltschaft einschalten, aber das Unternehmen unternimmt nichts. Und wo kein Kläger, da kein Ermittler. Hier aber ging und geht es nicht um ein normales Unternehmen, sondern um eine Weltfirma, die als Alleinstellungsmerkmal Barmherzigkeit und Glaubwürdigkeit beansprucht.

Es brauchte eine Gruppe engagierter Strafrechtsprofessoren, die im Oktober 2018 Anzeige gegen Unbekannt erstatteten und diese bei Staatsanwaltschaften im Bezirk jeder Diözese einreichten.[6] Die Professoren erinnerten die Ermittler an ihre »unbedingte Pflicht«, dem offensichtlichen »Anfangsverdacht« nachzugehen. Denn viele Fälle sind keineswegs verjährt. Sie waren überrascht darüber, »wie zurückhaltend Staat und Öffentlichkeit (bislang) mit dem alarmierenden Anfangsverdacht schwerer Verbrechen umgehen«. Dies – so die Strafrechtler – habe möglicherweise seinen Grund in einer in Deutschland herrschenden »intuitiven Vorstellung von der sakrosankten Eigenständigkeit der Kirche«. Dabei ist die Rechtslage eindeutig: »Es gibt für die Kirche und ihre Priester keine grundsätzlichen Ausnahmen von der Strafverfolgung wie etwa bei der Immunität von Parlamentariern oder Diplomaten.« Die Strafrechtsprofessoren verwiesen darauf, dass es auch kein Recht der Kirche gibt, etwa unter Hinweis auf das Kirchenrecht und die eigene Strafgewalt, »ihre Institution von strafrechtlichen Eingriffen frei zu halten«. Der Rechtsstaat müsse sicherstellen, dass »die am Schutz der Menschenrechte orientierte Minimal-Ethik des Strafrechts durchgesetzt und persönliche Verantwortung geklärt werde«, ansonsten stehe »das Rechtsvertrauen der Öffentlichkeit im säkularen Staat« auf dem Spiel.

Die Juristen enden mit einem markanten Vergleich:

»Das wäre so, als würde ein Ableger der kalabrischen Mafia Ndrangheta einem Wissenschaftler Zugang zu seinen in Deutschland befindlichen Archiven gewähren, der daraufhin auftragsgemäß eine Studie veröffentlicht, worin er zahlreiche, z. B. zwischen 1990 bis 2014 in Deutschland begangene Verbrechen schildert, woraufhin der ›Pate‹ sich wortreich bei den Opfern entschuldigt, sich allerdings zugleich weigert, die Akten der Polizei zu übergeben oder die Namen der Täter zu benennen. Es würde kein Tag vergehen, bis die Polizei sämtliche Akten in allen auf deutschem Boden befindlichen Mafiaarchiven beschlagnahmt hätte, um die Täter zu ermitteln und anzuklagen. Es gibt keinen einleuchtenden Grund, warum dies im Fall der katholischen Kirche anders sein sollte.«[7]

Doch gerade einmal vier Behörden hatten ihre Ermittlungen »gegen Unbekannt« Ende Oktober 2018 aufgenommen. Durchsuchungen und Beschlagnahmungen möglicher Beweismittel fanden nirgendwo statt. Die Staatsanwaltschaft Münster beispielsweise traf sich laut einem Bericht des *WDR* mit dem Generalvikar des Bistums, »um die weiteren Schritte zu besprechen«. Ein erstaunliches Vorgehen, ein mehr als entschleunigter Ermittlungseifer, der kaum einem anderen Sexualverbrecher hierzulande zuteilwerden dürfte. Aber im Fall der Kirche, so scheint es, gelten nur bedingt die Grundsätze des Rechtsstaats.

Mit schonungsloser Offenheit und Kooperation wird auch künftig nicht zu rechnen sein. Die irdischen Gottesvertreter, die so gerne von Schuld und Sünde reden, sind Spezialisten in Sachen Beruhigung durch beharrliche Verharmlosung, Vernebelung und erschöpfendes Aussitzen. Ein andauender Skandal, irritierend ignoriert von der Politik. Alle Bundestagsparteien halten sich bei den Missbrauchsskandalen vornehm zurück. Es gibt keine Sondersitzungen in den Parlamenten, keine eindeutigen Stellungnahmen der Parteien. Alle üblichen twitter- und facebookfreudigen Politakteure – sie schweigen. Dass von C-Parteien, die ansonsten jederzeit den Werteverlust des christlichen Abendlandes beklagen, kein Wort kommt, ist wenig überraschend. Doch das dröhnende Schweigen von SPD, FDP samt Grünen und der Linken? Gregor Gysi hat den Berliner *Tagesspiegel* in einem Interview einmal wissen lassen, er glaube zwar nicht an Gott, wolle aber auch »keine gottlose Gesellschaft« – er fürchte sie sogar. In einer Gesellschaft müsse es eine allgemein verbindliche Moral als »Maßstab im Kopf« geben. Der Kapitalismus könne dies nicht, die Kirche hingegen schon. Herrn Gysis Gottvertrauen sei ihm unbenommen. Aber was veranlasst den Mann, kopflos zu sein, wenn es um Moraldesaster der Kirche geht?

Der gläubige Mensch fühlt sich erst recht im Stich gelassen und sucht angesichts der Wucht der infamen Verbrechen sein kleines Seelenheil. Seine Kirche, die doch das Konzept der »Kostbarkeit des Menschen« auf ihre christliche Fahne schreibt, hat – man könnte sagen, in schlechter Tradition – »Böses« getan und zugelassen. Was tun? Noch einen offenen Brief an den Herrn Kardinal, an den lieben Bischof? Beten für den Wandel? In Köln hat Kardinal Woelki eine beispiellose Vertrauenskrise im größten deutschen Bistum ausgelöst. Das dortige Amtsgericht hat im Februar von einem Serverzusammenbruch berichtet. Schuld war das große Interesse an Terminanfragen, um aus der Kirche auszutreten. Bis zu 5.000 Menschen sollen gleichzeitig versucht haben,

Termine zu bekommen. Zur gleichen Zeit hat die Deutsche Bischofskonferenz wieder einmal verlauten lassen, sie wolle konsequent aufklären und »neue Maßstäbe« für den »internen« Umgang« mit ihren Sexualtätern entwickeln.

Wie der »interne Umgang« aussieht, zeigt die Wirklichkeit. Während geschiedenen Kindergärtnerinnen die Entlassung droht, werden Priester als Missbrauchstäter gedeckt und versetzt. Eine konsequente Anzeige bei staatlichen Strafverfolgungsbehörden wird verweigert. Sexueller Missbrauch von Kirchenpersonal wird weiterhin »intern« geregelt. Nicht selten so lange vertuscht und verschwiegen, bis eine Verjährung eintritt – oder der Tod des Missbrauchs-Täters.

Nachtrag:

Deutschlands oberste Protestantin, Annette Kurschus, trat im November 2023 als Ratsvorsitzende der Evangelischen Kirche in Deutschland (EKD) zurück. Die EKD vertritt 20 Landeskirchen mit etwa 13.000 Kirchengemeinden. Auch ihr Amt als Präses der Evangelischen Kirche von Westfalen legte sie nieder. Der Anlass: Ihr wird vorgeworfen, als frühere Gemeindepfarrerin in Siegen einen Fall sexuell übergriffigen Verhaltens vertuscht zu haben. [8]

Nach Recherchen der *Siegener Zeitung* soll Kurschus als Gemeindepfarrerin in Siegen schon Ende der 1990er-Jahre über Vorwürfe sexuellen Fehlverhaltens gegen den Kirchenmitarbeiter informiert gewesen sein, diese aber nicht gemeldet haben. Die Zeitung hatte die Aussage zweier Männer zitiert, die Kurschus damals »im Detail über die Missbrauchsvorwürfe informiert haben wollen«. Beide bekräftigten ihre Aussagen demnach mit eidesstattlichen Versicherungen. Ein Betroffenen-Sprecher im Beteiligungsforum Sexualisierte Gewalt der EKD hatte deshalb den Rücktritt von Kurschus gefordert. »Ihre Salamitaktik, dass sie sich nur scheibchenweise dazu äußert, ist schädlich für alle, die sich in der evangelischen Kirche ernsthaft um Aufklärung bemühen.«

Im November schließlich trat Frau Kurschuss angesichts der nicht enden wollenden öffentlichen Debatte zurück. Die Entscheidung sei ihr nicht leichtgefallen. Doch durch den Vertrauensverlust habe sie nicht mehr die Aufklärung zum Thema sexuelle Gewalt in der Evangelischen Kirche voranbringen können, ließ sie verlauten. »In der Sache bin ich mit mir im Reinen«, sagte die 60-Jährige. Dann verabschiedete sie sich.

Vertreter der evangelischen Kirche dankten Kurschus pflichtschuldig für ihre bisherige Arbeit. Die Präses der EKD-Synode, Anna-Nicole Heinrich, äußerte die Hoffnung, dass die Entscheidung von Kurschus nun den notwendigen Raum dafür schaffe, ihren Umgang mit einem Fall sexuell übergriffigen Fehlverhaltens aufzuarbeiten. Die Hamburger Bischöfin Kerstin Fehrs, die den EKD-Ratsvorsitz kommissarisch übernommen hatte, bekundete Hochachtung für die Rücktrittsentscheidung von Kurschus. »Diese Geradlinigkeit und Konsequenz hat auch unsere Zusammenarbeit im Rat der EKD geprägt.« Und auch der Vorsitzende der katholischen Deutschen Bischofskonferenz, Georg Bätzing, äußerte sein Bedauern über den Rücktritt. Damit »verliert der ökumenische Motor in unserem Land einen wesentlichen Antrieb«, sagte Bätzing. »Ich bin dankbar für die Zeit, in der wir miteinander die ökumenische Verantwortung in Deutschland geteilt haben.« [9]

»Geradlinigkeit und Verantwortung« – exemplarische Plattitüden. So sieht konfessionelle Komplizenschaft aus.

Ratzingers Wahrheit

Über ein Vierteljahrhundert hat er die katholische Kirche entscheidend geprägt: Joseph Ratzinger alias **Papst Benedikt XVI.** Doch welche Rolle spielte er bei ihrem Versagen in der Missbrauchsaufklärung? Was wusste er? Was tat er nicht – und vor allem, warum?

Ein Buch sorgt für Unruhe. Es geht um den Missbrauch in der katholischen Kirche und das System Ratzinger. Doris Reisinger und Christoph Röhl ziehen in ihrem Buch *Nur die Wahrheit rettet* eine vernichtende Bilanz von Benedikts Pontifikat.[1] Sie zeichnen ein Bild dieses Mannes, das ganz anders ausfällt als die Klischees vom schüchternen Gelehrten, vom stillen Helden oder vom »Mozart der Theologie«. Vor diesem Hintergrund wirkt nicht nur das Scheitern seines Pontifikats unvermeidlich, sondern womöglich sogar das Scheitern seiner Kirche.

Nicht um die Opfer sei es ihm gegangen, sondern vor allem um den Schutz der Kirche, so die Autoren. Reisinger, eine frühere Ordensfrau, die heute als Theologin arbeitet und einem ehemaligen Mitbruder vorwirft, sie in ihrer Zeit als Nonne vergewaltigt zu haben, und ihr Co-Autor Christoph Röhl, ein preisgekrönter deutsch-britischer Filmregisseur, werfen Benedikt zudem vor, neue geistliche Bewegungen, in denen es zahlreiche Fälle von sexuellem oder geistlichem Missbrauch gab, lange unkritisch gefördert zu haben.

Das Buch ist gewissermaßen die Fortsetzung zu Röhls viel beachtetem Dokumentarfilm über Ratzinger mit dem Titel *Verteidiger des Glaubens*,[2] der 2019 für Diskussionen sorgte. Die zentrale These des Films:

Ratzinger war maßgeblich verantwortlich für ein System, das Opfern kein Gehör schenkte und den Ruf der heiligen Kirche über alles stellte. Reisinger und Röhl beginnen ihr Buch mit dem Kapitel »Ratzingers Geschichte als die eines Helden«. Darin nehmen sie die Perspektive seiner Anhänger ein und schreiben beispielsweise: »Selbst Gegner bescheinigen dem … Papst, dass er den Ernst der Lage und das Leid der Opfer früher als andere gesehen und verstanden hätte.«

Doch die beiden Autoren kommen zu einem gänzlich anderen Schluss. Sie kritisieren beispielsweise, dass Papst Benedikt sich nicht zu Wort meldete, als Missbrauch und Gewalt bei den Regensburger Domspatzen bekannt wurden, dem Chor, den Papstbruder Georg Ratzinger jahrzehntelang geleitet hatte. Und sie zitieren aus einem Brief Ratzingers, den dieser an eine Kirchengemeinde in den USA geschickt hat – als Antwort auf die Bitte, einen Priester, der Kinder missbraucht hatte, aus dem Kirchendienst zu entlassen: Die angeführten Gründe für den Dispens seien zwar schwerwiegend, »doch, zugleich mit dem Wohl des Bittstellers« müsse »auch das Wohl der Gesamtkirche in Betracht« gezogen werden. Ein Dispens würde Schaden unter den Gläubigen anrichten. Ratzinger trage zwar nicht allein die Schuld an einem Kirchensystem, in dem Missbrauch über Jahrzehnte weitgehend unbehelligt möglich war, aber er sei als oberster Repräsentant verantwortlich für ein kriminelles Klerussystem, so die Autoren. Ihr Buch ist ein Plädoyer gegen die Mär vom Einsatz für Missbrauchsopfer. Vertuschen statt Aufklärung sei das Markenzeichen seines Pontifikats.

Das wollten und konnten Ratzingers Verteidiger nicht akzeptieren.[3] Der Kirchenrechtler Markus Graulich etwa wies zentrale Aussagen des Buches als fehlerhaft zurück. Da die Autoren keinen Zugang zu den vatikanischen Archiven gehabt hätten und die ihnen bekannten Dokumente in einer Art und Weise auslegten, die ihre Grundthese belegen solle, gelinge es ihnen nicht, die Zusammenhänge korrekt herzustellen, so Kirchenmann Graulich, der als Untersekretär im Päpstlichen Rat für die Gesetzestexte tätig ist, in der katholischen *Tagespost*.[4] Zugleich räumte er ein, dass das kirchliche Strafrecht in der Vergangenheit eigentlich darauf ausgelegt gewesen sei, nicht angewendet zu werden:

»In der ›Liebeskirche‹, wie sie nach dem 2. Vatikanischen Konzil verstanden wurde – eine Kirche, die nicht mehr straft, dagegen fast ausschließlich von Barmherzigkeit spricht – hatte man für das Recht allgemein wenig Verständnis und schon gar nicht für das Strafrecht.«[5]

Es graust einen angesichts der Rhetorik, in der von »Liebeskirche« und »Barmherzigkeit« schwadroniert wird. Nennen wir es beim Namen: es handelt sich um andauernde tolerierte Sexualverbrechen und konsequente Rechtsstaatsverweigerung. Tatsache ist: Die Fürsorge der Kirchenführer galt und gilt allein den Tätern, nicht den Opfern. Der Päpstliche Glaubensadvokat Graulich sieht das Wirken seines Dienstherrn verunglimpft und verteidigt Benedikt XVI.:

> *»Er hat sich der Themen, die anstanden, angenommen und sie zu seinen gemacht. Dabei führte er immer einen Beratungsprozess durch, zudem waren seine Mitarbeiter beziehungsweise die Mitglieder der Kongregation für die Glaubenslehre in die Prozesse der Entscheidung eingebunden. Wie man aus verschiedenen Äußerungen und Taten – etwa die Treffen mit Missbrauchsopfern während seiner Reisen als Papst – sehen kann, ist ihm die Frage des Missbrauchs und des kirchlichen Umgangs damit sehr nahe gegangen und er hat getan, was in seiner Macht stand.«*

Sein Fazit:

> *»Wer sich ohne Vorurteile und Vorverurteilungen mit dem Wirken von Kardinal Ratzinger/Benedikt XVI. in dieser Frage auseinandersetzt, kommt zweifellos zu dem Schluss, dass nicht nur ein großes persönliches Engagement seinerseits bestand, sondern auch ein Lernprozess, der, geprägt vom Mitgefühl für die Opfer, eine ganz neue Sensibilität im Umgang mit dem Missbrauch geschaffen hat. Auch wenn noch manches zu tun ist, wurde bereits viel geschafft.«*

Röhls Filmdokumentation zeichnet ein anderes Bild: Benedikts Umgang vor allem mit den internationalen Missbrauchsskandalen, mit denen er schon seit den 1990er Jahren konfrontiert war, zeige, dass es ihm vornehmlich um den Schutz des Ansehens der Kirche ging, nicht um das Schicksal der Opfer. Seine Bemühungen, Gegenmaßnahmen zu ergreifen, seien halbherzig geblieben. Der Autor kommt zu der Einschätzung, dass die Krisen, die während Benedikts Pontifikat zum Vorschein kamen, systemischen Ursprungs sind und fortbestehen. Röhl zeigt, welche Rolle Laienorganisationen wie Legionäre Christi oder Het Werk für den Vatikan spielten. Er sprach weltweit mit Insidern, Vertrauten, Wegbegleitern, Kirchenkennern und -kritikern, um Joseph Ratzingers komplexer Geschichte auf den Grund zu gehen. Er fragte sich: Gibt es hier zwei grundlegende Wirklichkeitswahrnehmungen? Gibt es so etwas wie eine systemische Ignoranz der klerikalen Oligarchie und ihrer Glaubensadvokaten? Konkret: Gibt es hierzulande zwei parallele Rechtssysteme? Können sich Geistliche mithilfe des Kirchenrechts dem Staatsrecht entziehen? Genießt die Kirche eine stillschweigende Unantastbarkeit?

Der Kieler Rechtsphilosoph Ino Augsberg weist darauf hin, dass das deutsche Religionsverfassungsrecht zwar grundsätzlich ein Nebeneinander beider Rechtsordnungen vorsieht. Es gesteht Religionsgemeinschaften zu, ihre Angelegenheiten in einer internen Rechtsordnung zu regeln – bis hin zu eigenen strafrechtlichen Bestimmungen. Das geschieht aber nur, soweit Grundprinzipien der staatlichen Rechtsordnung wie die Grund- und Menschenrechte gewahrt bleiben.[6]

Es gibt also keine Ausnahmen von der Strafverfolgung für die Kirche, wenn es um Missbrauch und sexuelle Gewalt geht. Warum dann die Zurückhaltung der Strafverfolgungsbehörden? Warum ordnen sie nicht an, dass die Kardinäle, Bischöfe und Kirchenverwalter die Namen der Sexualtäter nennen müssen? Der Staat hat einen Strafverfolgungsanspruch. Man nennt das Rechtsstaat. Dabei ist die Rechtslage eindeutig: »Es gibt für die Kirche und ihre Priester keine grundsätzlichen Ausnahmen von der Strafverfolgung wie etwa bei der Immunität von Parlamentariern oder Diplomaten.« Der Rechtsstaat müsse vielmehr sicherstellen, dass »die am Schutz der Menschenrechte orientierte Minimal-Ethik des Strafrechts durchgesetzt« werde, ansonsten stehe das Rechtsvertrauen der Öffentlichkeit im säkularen Staat auf dem Spiel, wie das Kriminologische Forschungsinstitut Niedersachsen forderte.[7] Mit schonungsloser Offenheit und Kooperation freilich wird auch künftig nicht zu rechnen sein. Die irdischen Gottesvertreter, die so gerne von Schuld und Sünde reden, von »Liebeskirche« und »Barmherzigkeit«, sind Spezialisten in Sachen Beruhigung durch beharrliche Verharmlosung, Vernebelung und erschöpfendes Aussitzen. Und ihr Oberhirte Joseph Ratzinger wies ihnen den Weg, wie sie sich zu verhalten haben, wenn irdische Wahrheiten hinter einem klerikalen Schutzwall verschwinden sollten. Ratzingers Geheimnis – oder soll man von Vermächtnis sprechen? In jedem Fall ein andauender Skandal, irritierend ignoriert von der Politik.[8]

Nachtrag

Das Landgericht Traunstein sieht eine Mitschuld von Kardinal Joseph Ratzinger an einem Missbrauchsfall in Garching an der Alz. Der spätere Papst Benedikt XVI. habe 1980 als Erzbischof von München und Freising an einer Sitzung teilgenommen, in der beschlossen wurde, dass ein wegen Missbrauchsverdachts aus Nordrhein-Westfalen versetzter Priester in der Erzdiözese eingestellt wird. Darum habe er »entsprechend Kenntnis von dem Vorleben« des Priesters gehabt, sagte die Vorsitzende Richterin. Dennoch sei der Mann dann »ohne weitere Beschränkungen und Vorkehrungen« übernommen und weiter in der Kinder- und Jugendseelsorge eingesetzt worden. Auch aus dem Verhalten Ratzingers ergibt sich aus der Sicht des Gerichts ein Schmerzensgeldanspruch des Klägers gegen das Erzbistum. Die Teilnahme Ratzingers an der Sitzung hatte bei der Vorstellung des Münchner Missbrauchsgutachtens im vergangenen Jahr Schlagzeilen gemacht. Der emeritierte Papst hatte zunächst bestritten, an der Sitzung teilgenommen zu haben, dann aber von einem Irrtum gesprochen und eingeräumt, doch dabei gewesen zu sein. Er teilte damals mit, bei der Sitzung seien die Vorwürfe gegen Priester H., die zu seiner Versetzung nach Bayern führten, nicht zur Sprache gekommen, und verneinte, davon Kenntnis gehabt zu haben.

In dem Traunsteiner Verfahren forderte der Kläger Andreas P. nun 300.000 Euro Schmerzensgeld von der Erzdiözese München und Freising sowie dem verurteilten Missbrauchstäter. Dass dem Kläger Schmerzensgeld und Schadenersatz zustehen, sei klar, sagte die Vorsitzende Richterin bei der Erläuterung ihrer vorläufigen Rechtsauffassung. »Es stellt sich nur noch die Frage nach der Höhe des Anspruchs.« Der Anwalt des Erzbistums München und Freising beantragte, die Klage auf Schmerzensgeld abzuweisen. Zwar erkannte Rechtsanwalt Dieter Lehner den Antrag auf Feststellung der Schuld an, den Antrag auf Schmerzensgeld lehnte er am Dienstag vor dem Landgericht Traunstein aber ab. Auch Ratzinger war bis vor kurzem Beklagter. Das Verfahren gegen ihn wurde aber abgetrennt, weil nach seinem Tod an Silvester 2022 noch immer unklar ist, wer seine Rechtsnachfolge antritt und damit gewissermaßen auch das Verfahren erbt. [9]

Ethik statt Religionsunterricht – ohne Kruzifix und Kopftuch

Religion in unseren Klassenzimmern? Statt der negativen Schubladisierungseffekte des trennenden Religionsunterrichts sollte es endlich einen verpflichtenden **Ethikunterricht** geben. Denn Religion kann niemals ein Ersatz für Ethik sein.

Österreich und Deutschland sind Verfassungs- und keine Gottes-Staaten – und das, sagt der Rechtsphilosoph und Staatsrechtler Horst Dreier, ist die Voraussetzung für Religionsfreiheit. Alle Bürger dürfen ihren Gott, auch ihre Götter haben – der Staat aber muss in einer modernen, säkularen Grundrechtsdemokratie gottlos sein. Freilich: Wenn Verfassungsrechtler vom »säkularen Staat« sprechen, dann meinen sie keineswegs einen areligiösen, laizistischen Staat (wie etwa in Frankreich), sondern einen, der Religions- und Weltanschauungsfreiheit garantiert und religiös-weltanschauliche Neutralität praktiziert. Entscheidend sind nicht religiöse Präferenzen, sondern Verfassungstreue.

Dass unsere heutige Demokratie auf einem Menschenbild gründet, das viel mit dem Christentum zu tun hat, will niemand infrage stellen. Aber die Geschichte zeigt, dass die christlichen Kirchen nicht unbedingt Trägerinnen der Demokratie waren – und sind. Was heute Staat und Staatsbürger ausmacht, ist gegen die christlichen Kirchen erkämpft worden. Die Aushandlung der Regeln für das Zusammenleben haben die Gesellschaft und die politische Gewaltenteilung von der Kirche zurückerobert. Das wollen wir festhalten.

Der Text entstand in Zusammenarbeit mit Niko Alm, siehe dazu S. 265

Vorbei sind die Zeiten, als die beiden großen christlichen Konfessionen über Jahrhunderte das gesellschaftliche und politische Leben beherrschten und Religion aufgrund der kulturellen Harmonie eine integrierende und stabilisierende Größe war, die nicht immer auf freiwillige Teilnahme ausgerichtet war. Die großen Konfessionen verlieren in den letzten Jahrzehnten stetig Mitglieder – und an Vertrauen. Nach dem Zweiten Weltkrieg waren noch 90 Prozent der Menschen in Österreich und Deutschland katholisch oder evangelisch. Heute liegt der Anteil der christlichen Konfessionen in Österreich[1] in Summe bei nicht viel mehr als der Hälfte der Bevölkerung, in Deutschland[2] sind die beiden ehemaligen Volkskirchen bereits in der Minderheit. Wir sind heute eine pluralistische, multi-ethnische, multi-(nicht)religiöse Gesellschaft. Gläubige, Andersgläubige und Ungläubige müssen miteinander auskommen. Eigentlich ...

Denn noch immer genießen die beiden großen christlichen Kirchen eine Vielzahl von Privilegien, die eklatant gegen das staatliche Neutralitätsgebot verstoßen. Die Trennung von Kirche und Staat findet nicht statt, und es muss die Frage erlaubt sein, ob die eingangs erwähnte Glaubensfreiheit auch tatsächlich herrscht, wenn diese Freiheit für manche erweitert und für andere eingeschränkt wird. Beispiel, wenn es um Religionsunterricht in unseren Schulen geht.

Den beiden großen Kirchen wird immer noch zugestanden, dass sie über ein eigenes Unterrichtsfach namens »Religionsunterricht« in staatlichen Schulen verfügen, deren Lehrkräfte sie auf Steuerkosten selbst ausbilden und deren Inhalte sie so gestalten dürfen, dass sie dem eigentlichen Auftrag von Bildung widersprechen, nämlich Wissen statt Glauben zu vermitteln. Sie halten an einem bekenntnisorientierten Religionsunterricht fest, ordentlich separiert nach Konfessionen – und die zuständigen Kultusministerien der Länder garantieren dieses Privileg ohne Wenn und Aber. Dass es auch nichtreligiöse Weltanschauungen gibt, wird geflissentlich übersehen.

Wie säkular soll, ja muss der Alltag in unseren Schulen sein? Religionsunterricht gibt es flächendeckend in staatlichen Schulen, zunehmend auch für muslimische Schüler, unterrichtet von eigens dazu ausgebildeten islamischen Religionspädagogen. Während die Regelung in Deutschland länderspezifisch ausgestaltet ist, hat in Österreich jede gesetzlich anerkannte Kirche und Religionsgesellschaft ein Recht auf die Durchführung eines verpflichtenden konfessionell gebundenen Religionsunterrichts. In den Kultusministerien sieht man darin ein zeitgemäßes Spiegelbild einer multireligiösen Gesellschaft. Säkulare Pädagogen, die es mit der staatlichen Neutralität im Bildungs- und Schulbereich ernst nehmen, fordern seit langem: Kein Religionsunterricht, sondern Religionskunde. Sie plädieren für einen Unterricht, der nicht separiert, sondern alle Konfessionen und nichtreligiöse Weltanschauungen einschließt – unterrichtet von Lehrerinnen und Lehrern, die sich der Aufklärung verpflichtet fühlen.

Der Gesetzgeber will – etwa für moslemische Schülerinnen und Schüler – den Religionsunterricht aber lieber kontrollieren und in der Schule belassen, damit er nicht in den viel zitierten Hinterhof-Moscheen stattfindet. Übersetzt bedeutet dieses Argument: Man weiß genau, dass der Religionsunterricht gefährlich, ja demokratie-feindlich sein kann. Im Zuge der Terroranschläge und Massaker durch die Hamas in Israel Anfang Oktober 2023 sorgte sich etwa die Islamische Glaubensgemeinschaft in Österreich (IGGÖ) um die »sensible und verantwortungsbewusste«[3] Behandlung der Ereignisse in den Schulen – wahrscheinlich nicht unbegründet. In der IGGÖ versucht die Republik Österreich mit dem Islamgesetz von 2015 die vielgestaltige Religion in eine monolithische Organisationsstruktur zu pressen, um sie über Kontaktpunkte steuern zu können. Das kann naturgemäß nicht gelingen. Der islamische Religionsunterricht geht mit schlechtem Beispiel voran. Aber er unterscheidet sich in seiner prinzipiellen Problematik nicht grundlegend vom Unterricht der anderen Religionsgesellschaften.

Religiöse Erziehung – in ihrem Wesen – widerspricht dem humanistischen Bildungsideal, sie ist unwissenschaftlich und ein Einfallstor für religiöse und auch politische Propaganda. Aber abstellen will man sie nicht. Die Angst vor dem Instrument der nicht angreifbaren Religionsfreiheit geht so weit, dass der Religionsunterricht weiter unter der Kuratel der Religionsgemeinschaften in der Schule belassen wird. Der Schaden, den er dabei in Form religiöser Indoktrinierung anrichtet, ist ein Problem für sich. Noch gravierender ist seine soziale Wirkung in der Schulgemeinschaft. Kinder, die in Deutschland und Österreich erst mit 14 Jahren die Religionsmündigkeit erreichen, werden nach dem religiösen Bekenntnis der Eltern gruppiert und lernen ab dem ersten Schuljahr, dass es keine Wertebasis gibt, die für alle gleichermaßen gültig ist, sondern einander ausschließende exklusive Wahrheiten und Regeln für das Zusammenleben.

Dem Philosophen und kulturkritischen Publizisten Michael Schmidt-Salomon zufolge entspricht dies »eher dem kollektivistischen Denken einer geschlossenen als dem individualistischen Denken einer offenen Gesellschaft. Aus einer freiheitlichen, individuumszentrierten Perspektive ist die konfessionelle Aufspaltung der Schülerinnen und Schüler in unterschiedliche Bekenntnisunterrichte nicht zu akzeptieren. Denn sie führt nicht bloß zu einer weltanschaulichen Perspektivverengung, sondern auch zu einer Festigung von Gruppenidentitäten, die das friedliche Zusammenleben der Menschen gefährden.«[4]

Für die negativen Schubladen-Effekte des trennenden Religionsunterrichts gibt es längst eine naheliegende und einfache Lösung: einen verpflichtenden Ethikunterricht für alle Schüler, in dem mit allen Kindern die gleichen Fragestellungen des Zusammenlebens erörtert werden, ohne religiös motivierte Vorgaben zu machen, wie sie leben sollen, was gut, böse, sündhaft, koscher oder haram ist, und der ihnen vermittelt, dass Religionskulturen sich nicht nebeneinander wie in einem Setzkasten anordnen, sondern alle Individuen gemeinsam die Gesellschaft ausmachen. Doch dieses Konzept eines verbindlichen Ethikunterrichts wird etwa in Österreich blockiert. *Politisch verschleppt – pädagogisch überfällig!* lautet der Untertitel eines Buches zur überfälligen Einführung des Ethikunterrichts an unseren Schulen. Der aus der Schweiz stammende Theologieprofessor und Erziehungswissenschaftler Anton A. Bucher hatte den schon 1997 begonnenen und über 20 Jahre laufenden Schulversuch

»Ethikunterricht« im Auftrag des österreichischen Unterrichtsministeriums evaluiert und kam zu der klaren Empfehlung, den Ethikunterricht als Pflichtfach in den Regelunterricht aufzunehmen.[5] Der politische Widerstand war enorm und von der katholischen Kirche in eine Richtung gesponnen: Wenn schon Ethikunterricht, dann nur als Ersatzfach für jene Schüler, die sich vom verpflichtenden katholischen Religionsunterricht abmelden, am besten für alle anderen auch gleich und überhaupt durchgeführt von Religionslehrern mit einer entsprechenden Zusatzqualifikation. Und so wurde dieses Konzept auch in die Praxis umgesetzt. Der Ethikunterricht, der eigentlich verpflichtend besucht werden sollte, kann durch den Besuch eines konfessionellen Religionsunterrichts abgewählt werden. Aber Religion kann niemals ein Ersatz für Ethik sein.

Ob in Österreich oder in Deutschland: Wir leben in einem Verfassungsstaat. Dieser Staat sollte in einer säkularen Grundrechtsdemokratie gottlos sein. Das gilt auch für das Kreuz und das Kopftuch im Klassenzimmer. Gott hat im Klassenzimmer nichts zu suchen.

Nachtrag

Kein Kreuz im Klassenzimmer. Wie aber verhält es sich mit Lehrerinnen, die ein Kopftuch als Glaubenssymbol tragen? In Berlin ist das möglich. Die Bundesbeauftragte für Antidiskriminierung, Ferda Ataman, begrüßt, dass nunmehr Lehrerinnen in Berlin mit Kopftuch unterrichten dürfen.

Die Lösung des Bundesverfassungsgerichts, dass erst dann, wenn der Schulfrieden gestört ist, sprich der Konflikt an der Schule eskaliert, ein Kopftuchverbot verhängt werden kann, ist nicht die vermeintlich salomonische Lösung. Sie ist gut gemeint, aber nicht praktikabel – vor allem: nicht vereinbar mit dem erzieherischen Auftrag des weltanschaulich neutralen Staates.

»Es sollte klar sein, dass Schulen und Gerichtssäle keine Orte der Religionsausübung sind. Personen, die sich nicht einmal für die Dauer ihrer Dienststunden von ihrer Religion oder Weltanschauung distanzieren können, beweisen damit, dass sie nicht die notwendigen Voraussetzungen mitbringen, gar Gerichtsurteile zu fällen«, heißt in einer Erklärung der Giordano Bruno Stiftung.[6] Ob Kopftuch oder Kreuz – staatliche Schulen und Bildungseinrichtungen sollten für religiöse Symbole aller Art Sperrzone sein.

Karfreitag – nicht mit Heidi

An Karfreitag wird der Tod Jesu Christi betrauert,
an Ostersonntag seine Auferstehung gefeiert.
Kirchliche Feiertage sollen still verbracht werden.
Dem Einfluss auf die Politik ist es zu verdanken,
dass Zwangstrauer verordnet wird.

Die Feiertagsgesetzgebung in Deutschland ärgert viele Menschen, die mit der Kirche nichts am Hut haben. Doch selbst viele Christen fallen fast vom Glauben ab, wenn man ihnen eröffnet, dass es in Deutschland tatsächlich Gesetze gibt, die während der sonntäglichen Hauptgottesdienstzeiten Versammlungen unter freiem Himmel untersagen und an christlichen Feiertagen sogar die öffentliche Aufführung bestimmter Filme verbieten. So hat zum Beispiel *Heidi* am Karfreitag ziemlich schlechte Karten.

Aber der Reihe nach: In Artikel 140 des Grundgesetzes der Bundesrepublik Deutschland heißt es: »Der Sonntag und die staatlich anerkannten Feiertage bleiben als Tage der Arbeitsruhe und der seelischen Erhebung gesetzlich geschützt.« Übernommen wurde dieser Grundsatz bei der Entstehung der Bundesrepublik Deutschland unverändert aus Artikel 139 der Weimarer Reichsverfassung von 1919. In den ersten Entwürfen der Weimarer Reichsverfassung war allerdings keine derartige Regelung vorgesehen. Erst als der Deutsche Evangelische Kirchenausschuss intervenierte und den besonderen Schutz der

Autorin dieses Textes ist Daniella Wakonigg. Sie hat ihn nach gemeinsamer Diskussion zum Thema »Kirchliche Feiertage« für diesen Band geschrieben. *Siehe dazu S. 265*

Sonn- und Feiertage forderte, wurde eine entsprechende Formulierung aufgenommen.

Wie genau der Schutz der Sonn- und Feiertage aussieht, wird per Landesgesetzgebung geregelt, so dass in Deutschland für jedes Bundesland ein eigenes Feiertagsgesetz gilt. Die Folge ist trotz grundsätzlicher Ähnlichkeiten ein föderales Kuddelmuddel an Regelungen im Detail. Gemeinsam ist den Feiertagsgesetzgebungen der Länder vor allem, dass sie christliche Feiertage in besonderer Weise schützen. Christliche Feiertage stellen übrigens auch das Gros der in Deutschland geltenden Feiertage dar.

Nehmen wir als Beispiel das bevölkerungsreichste Bundesland Nordrhein-Westfalen. Dort gibt es insgesamt 13 Feier- und Gedenktage, für die ein besonderer Feiertagsschutz gilt – neun davon sind christlicher Natur. Wie die Bürger sich an diesen Tagen zu verhalten haben, regelt das nordrhein-westfälische Gesetz über die Sonn- und Feiertage, das grundsätzlich alle »öffentlich bemerkbaren Arbeiten« verbietet, »die geeignet sind, die äußere Ruhe des Tages zu stören«. Besonderen Schutz genießen hierbei Gottesdienste. An Sonn- und Feiertagen (und damit auch an nichtchristlichen Feiertagen wie dem Neujahrstag oder dem Volkstrauertag) sind während der Hauptzeit des Gottesdienstes verboten:

- Öffentliche Versammlungen unter freiem Himmel und öffentliche Auf- und Umzüge, die nicht mit dem Gottesdienst zusammenhängen
- alle der Unterhaltung dienenden öffentlichen Veranstaltungen, bei denen nicht ein höheres Interesse der Kunst, Wissenschaft oder Volksbildung vorliegt
- öffentliche Versammlungen in geschlossenen Räumen, soweit hierdurch der Gottesdienst unmittelbar gestört wird
- größere sportliche Veranstaltungen und solche, durch die der Gottesdienst unmittelbar gestört wird.

Können beispielsweise Märkte aufgrund einer Ausnahmegenehmigung doch an einem Sonn- oder Feiertag stattfinden, so dürfen auch diese erst nach der »ortsüblichen Zeit des Hauptgottesdienstes« beginnen. Die ortsübliche Zeit des Hauptgottesdienstes wird hierbei »von der örtlichen Ordnungsbehörde im Einvernehmen mit der Kirche festgelegt«.

Der besondere Schutz christlicher Gottesdienste nicht nur an Feiertagen, sondern an jedem einzelnen Sonntag des Jahres, entstand zu einer Zeit, als die deutsche Bevölkerung mehrheitlich christlich war und der sonntägliche Gottesdienstbesuch ein weit verbreitetes Ritual. Nur kann davon schon lange nicht mehr die Rede sein. Dass die Mitgliederzahlen der christlichen Kirchen rapide sinken, ist mittlerweile bekannt. Im Jahr 2022 war weniger als die Hälfte der Bevölkerung Mitglied in einer der beiden christlichen Großkirchen (römisch-katholisch 25 Prozent, EKD-evangelisch 23 Prozent).[1] Doch nicht nur die Anzahl der Kirchenmitglieder schrumpfte, sondern auch das Interesse der verbliebenen Kirchenmitglieder am Gottesdienstbesuch. Von 1953 bis 2023 verringerte sich der Anteil der katholischen Gottesdienstbesucher kontinuierlich von einst 50,2 Prozent auf 5,7 Prozent.[2] Bei evangelischen Christen waren es bereits im Jahr 2018 durchschnittlich nur 3,2 Prozent der Mitglieder, die den Gottesdienst besuchten.[3] Dies zeigt die Auswertung von Statistiken der Evangelischen Kirche in Deutschland (EKD) sowie der katholischen Deutschen Bischofskonferenz (DBK) durch die Forschungsgruppe Weltanschauungen in Deutschland (fowid).

Bezieht man die Anzahl der Gottesdienstteilnehmer auf die deutsche Gesamtbevölkerung, so ergibt sich, dass bundesweit nur etwa drei Prozent der Bevölkerung den Gottesdienst besuchen, während umgekehrt rund 97 Prozent der Bevölkerung mit diesem christlichen Brauch nichts mehr am Hut haben. Dass ein besonderer Schutz der Gottesdienstzeiten in Feiertagsgesetzen nicht mehr zeitgemäß ist, dürfte damit eigentlich selbsterklärend sein. Nur bis zur Politik scheint sich dies noch nicht herumgesprochen zu haben.

Aber zurück zu *Heidi* und dem Karfreitag. Neben den Sonntagen und normalen Feiertagen (staatlich oder christlich) kennt die Feiertagsgesetzgebung auch noch sogenannte stille Feiertage. An diesen stillen

Feiertagen sind die sonst bereits geltenden Feiertagsregelungen noch einmal verschärft. Es handelt sich dabei in der Regel um den staatlichen Volkstrauertag sowie die drei christlichen Feier- und Gedenktage Karfreitag, Allerheiligen und Totensonntag.

Allerdings haben diese stillen Feiertage in unterschiedlicher Weise und unterschiedlich lang »still« zu sein. Das Feiertagsgesetz von Nordrhein-Westfalen sieht für den Volkstrauertag besonders strenge Regelungen wie das Verbot von Sport- und Unterhaltungsveranstaltungen in der Zeit von 5:00 bis 13:00 Uhr vor, an Allerheiligen und am Totensonntag von 5:00 bis 18:00 Uhr und am Karfreitag von 0:00 Uhr bis zum Folgetag um 6:00 Uhr. In Berlin gilt der besondere Schutz nur für Karfreitag, Volkstrauertag und Totensonntag, und zwar in der Zeit von 4:00 bis 21:00 Uhr. In Bayern hingegen gibt es noch wesentlich mehr stille Tage. Neben Karfreitag, Allerheiligen, Volkstrauertag und Totensonntag sind dies Aschermittwoch, Gründonnerstag, Karsamstag, Buß- und Bettag sowie Heiligabend, wobei der Schutz der stillen Tage in Bayern grundsätzlich um 2:00 Uhr beginnt, am Karfreitag und Karsamstag bereits um 0:00 Uhr und an Heiligabend um 14:00 Uhr. Föderales Kuddelmuddel eben.

Der höchste Schutz in allen Bundesländern gilt wohl dem Karfreitag. Jenem Tag also, an dem gläubige Christen der Kreuzigung ihres Religionsgründers gedenken. An Karfreitag ist es in Kirchen üblich, den Altar nicht zu schmücken. Auch die Kirchenglocken verstummen. Zur vorgeblichen Todesstunde von Jesus, um 15:00 Uhr, versammeln sich gläubige Christen zum Karfreitagsgottesdienst. Für die evangelische Kirche stellt der Karfreitag sogar einen der höchsten Feiertage des Kirchenjahrs dar.

Kirchlichem Einfluss auf die Politik ist es zu verdanken, dass am Karfreitag per Gesetz jedem Einwohner Deutschlands Zwangstrauer verordnet wird – egal, ob er dem christlichen Glauben angehört oder nicht. Denn wesentlich mehr, als traurig in den eigenen vier Wänden zu hocken, kann man an diesem Tag kaum tun. Verboten sind – wie gesagt je nach Bundesland in etwas unterschiedlicher Ausgestaltung – Märkte,

Sportveranstaltungen, der Betrieb von Spielhallen und Wettbüros, Briefmarkentauschbörsen, Zirkusaufführungen, die öffentliche Vorführung bestimmter Filme sowie Volksfeste und Tanz-, Musik- und Unterhaltungsveranstaltungen aller Art. Darüber hinaus haben auch Rundfunksendungen auf den ernsten Charakter der stillen Feiertage Rücksicht zu nehmen. Im Musikprogramm der öffentlich-rechtlichen Sender wird darauf geachtet, dass eine Auswahl ruhiger Titel gespielt wird, die zum Charakter des gesetzlich verordneten stillen Tages passen.

Mit anderen Worten: Es wird ein ganzes Land lahmgelegt aus Rücksichtnahme auf jene winzige Minderheit christlicher Kirchenmitglieder, die ihren Glauben überhaupt noch auf traditionelle Weise begeht. In den Autokolonnen, die an jedem Karfreitag die Straßen Richtung Österreich, Belgien, Holland oder Polen verstopfen, sitzen nämlich keineswegs nur Atheisten. In diesen Nachbarländern Deutschlands ist der Karfreitag kein Feiertag, so dass viele Deutsche ihren freien Tag nutzen, um dort shoppen zu gehen.

Aber was genau hat das jetzt mit Heidi zu tun? Ganz einfach: *Heidi* – oder, um präzise zu sein, *Heidi in den Bergen* – gehört zu jenen Filmen, die am Karfreitag nicht öffentlich vorgeführt werden dürfen. Kein Witz. Dass Heidi einer von rund 700 Filmen mit Feiertagsverbot ist, ist öffentlich allerdings erst seit 2016 bekannt. Damals forderte ein Landtagsabgeordneter der Piratenpartei im Parlament von Schleswig-Holstein von der Freiwilligen Selbstkontrolle der Filmwirtschaft (FSK) eine bis dato nicht allgemein zugängliche Liste sogenannter nicht feiertagsfreier Filme für den Prüfzeitraum 1980 bis 2015 an und veröffentlichte sie.[4]

Diese FSK-Liste umfasst eine höchst kuriose Mischung von Werken der Filmkunst. Sie enthält angestaubte Fummelfilme wie *Schulmädchen-Report 13, Hemmungslose Emanuelle* oder *Supervixens*, daneben Action-, Science-Fiction- und Kung-Fu-Filme und schließlich echte Filmklassiker wie *Harold and Maude* und *Manche mögen's heiß* neben Kinderfilmen wie *Die Brüder Löwenherz* und *Heidi in den Bergen*. Vor allem Komödien scheinen es schwer zu haben, eine Feiertagsfreigabe zu erhalten. Gelacht werden darf an stillen Feiertagen nach dem Willen der FSK-Prüfer im

Kino weder über Filmkunstwerke wie *Police Academy* oder *Charleys Tante* noch über Louis de Funès und Bud Spencer, die es beide gleich mit mehreren Filmen auf die Verbotsliste geschafft haben. Der brutale Action-Klassiker *Stirb langsam* hingegen ist an Feiertagen erlaubt, was angesichts der Tatsache, dass gläubige Christen an diesem Tag vom Gedenken an einen langsamen und qualvollen Tod am Kreuz erfüllt sind, schon fast ein wenig makaber ist.

Laut Auskunft der FSK erfolgt die Feiertagsfreigabe eines Films nur auf entsprechenden kostenpflichtigen Antrag der Rechteinhaber. Wird dieser Antrag nicht gestellt, so landet der Film automatisch auf der Liste der nicht feiertagsfreien Filme. Wird die Freigabe beantragt, so prüft eine Kommission der FSK die Feiertagstauglichkeit des Films. Und wieder haben dabei Religionsgemeinschaften ihre Finger im Spiel. Denn laut Paragraph 3 der »Grundsätze der Freiwilligen Selbstkontrolle der Filmwirtschaft GmbH«[5] wirken bei der Besetzung der Kommissionen und Prüfung der Filme folgende Akteure mit der Film- und Videowirtschaft zusammen:

- das in der Bundesregierung zuständige Ressort für Kultur und Medien
- das Bundesministerium für Familie, Senioren, Frauen und Jugend
- die obersten Landesjugendbehörden
- die Kultusministerien der Länder
- die evangelische und die katholische Kirche und der Zentralrat der Juden
- der Bundesjugendring

Die Richtlinien, die allgemein für die Prüfung eines Films gelten, sind nicht sehr konkret. In Paragraph 2 der FSK-Grundsätze wird lediglich festgelegt, dass die FSK bei der Prüfung »die im Grundgesetz geschützten Werte, im Besonderen die verfassungsmäßige Ordnung und das Sittengesetz (Art. 2, Abs. 1 GG) sowie die in Art. 5 GG eingeräumte Freiheit zu beachten« hat und dass die Prüfung eines Films »nicht unter Gesichtspunkten des Geschmacks oder der persönlichen Anschauung erfolgen« darf.

Die Bestimmungen zur Prüfung auf Freigabe für die stillen Feiertage in Paragraph 29 der FSK-Grundsätze fallen noch spärlicher aus: »Die FSK entscheidet auf Antrag, ob ein Film an den stillen Feiertagen öffentlich vorgeführt werden darf. – Stille Feiertage genießen, je nach gesetzlicher Regelung, besonderen Schutz. Dazu gehören insbesondere: Karfreitag, Allerheiligen, Volkstrauertag, Buß- und Bettag sowie Totensonntag.« Lediglich auf der Homepage der FSK findet sich eine etwas konkretere Aussage, nach welchem Kriterium über die Feiertagstauglichkeit eines Films entschieden wird: »Nicht freigegeben für die stillen Feiertage werden Filme, die dem Charakter dieser Feiertage so sehr widersprechen, dass eine Verletzung des religiösen und sittlichen Empfindens zu befürchten ist.«

Erhält ein Film im Prüfungsverfahren ein mehrheitlich negatives Votum, so wird für ihn keine Freigabe zur Vorführung an den stillen Feiertagen erteilt. Ob ein Film aufgrund eines negativen Prüfungsergebnisses oder aufgrund einer nicht beantragten Prüfung auf der Liste der nicht feiertagsfreien Filme steht, ist für Außenstehende nicht zu erkennen. Diese Information ist ebenso wie die konkrete Begründung für eine Ablehnung der Feiertagsfreigabe eines Films nur für den internen Gebrauch der FSK bestimmt und wird nicht öffentlich gemacht. Ein kostenpflichtiger Neuantrag auf Überprüfung der Feiertagstauglichkeit ist frühestens nach zehn Jahren möglich. Das alles wirkt in Zeiten, in denen Zuschauer über Streamingdienste wie *Netflix* oder *Amazon Prime* jederzeit ihr eigenes Programm zusammenstellen können, merkwürdig aus der Zeit gefallen.

Übrigens sollte man am Karfreitag möglichst auch nicht Schach spielen, wenn man nicht riskieren möchte, dass einem ein feindlich gesinnter gegnerischer Verein mit Verweis auf das Feiertagsgesetz das Ordnungsamt auf den Hals hetzt. Diese Erfahrung mussten 2016 die Mitglieder des Schachvereins Unser Fritz e.V. in Herne-Eickel machen.[6] Seit vielen Jahren war das Karfreitagsturnier eine liebgewonnene Tradition des Vereins. Den Mitgliedern fehlte hierbei jegliches Unrechtsbewusstsein, dass sie mit dem Schachturnier im Hinterzimmer religiöse Gefühle verletzen und gegen das Feiertagsgesetz von Nordrhein-Westfalen verstoßen, denn Letzteres untersagt am Karfreitag ja unter anderem »sportliche und ähnliche Veranstaltungen«. Da Schach als Sportart gilt, fiel auch das Turnier des SV Unser Fritz e.V. unter das Verbot.

Glücklicherweise bemerkte der Vorsitzende eines konkurrierenden Schachvereins, der zugleich Mitarbeiter am Institut für Kirche und Gesellschaft der Evangelischen Kirche von Westfalen war, den himmelschreienden Verstoß und wies die Stadtverantwortlichen darauf hin. So konnte der ketzerischen Tradition des Schachvereins Unser Fritz e.V. dank der Stadt Herne umgehend ein Ende gesetzt werden. Kaum hatten die Mitglieder des Vereins vor ihren Schachbrettern Platz genommen und zum ersten Zug ausgeholt, da schritten die Ordnungshüter der Stadt heldenhaft ein, verhängten ein Bußgeld und lösten die illegale Versammlung auf.

Angesichts der Absurditäten und der Gängelung der nichtchristlichen Bevölkerung, die sich aus der Feiertagsgesetzgebung ergeben, ist es kein Wunder, dass sich Widerstand gegen diese unzeitgemäße Gesetzgebung formiert. Ungläubige, Gottlose und Nichtchristliche wollen solcherlei Bevormundung durch ein christlich geprägtes Feiertagsgesetz nicht mehr akzeptieren und sich nicht an die gesetzlich verordnete Stille halten. Da es von Seiten des Gesetzgebers, also der Politik, keinerlei Bestrebungen gibt, die Feiertagsgesetzgebung zu modernisieren und an die heutigen gesellschaftlichen Gegebenheiten anzupassen, bleibt nur ein einziger Weg, über den Änderungen bewirkt werden können: der Weg durch die gerichtlichen Instanzen.

Um diesen Weg zu beschreiten, finden bereits seit einigen Jahren am Karfreitag durchdachte Verstöße gegen die Feiertagsgesetzgebung statt. Ziel ist es, für den Verstoß gegen das Gesetz mit einem Bußgeld belegt zu werden, gegen das man vor Gericht klagen kann. Bestätigt das Gericht das Bußgeld, so zieht man vor die nächsthöhere Instanz. Letztlich soll das Verfahren vor dem Bundesverfassungsgericht landen, das dann berechtigt ist, auch einen genaueren Blick auf die fragliche Gesetzgebung selbst zu werfen.

Bekannt wurde in diesem Zusammenhang vor allem der »Bochumer Brian«: Jedes Jahr am Karfreitag verstößt die säkulare Initiative »Religionsfrei im Revier« gezielt gegen die Feiertagsgesetzgebung von NRW, indem sie in Bochum öffentlich den Monty-Python-Film *Das Leben des Brian* aufführt, der seit 1980 auf dem Feiertagsindex der Freiwilligen Selbstkontrolle der Filmwirtschaft steht und dessen Vorführung damit am Karfreitag verboten ist. Die karfreitägliche *Brian*-Filmvorführung ist inzwischen auch in anderen Bundesländern zur Tradition in säkularen Kreisen geworden. Denn da jedes Bundesland ein eigenes Feiertagsgesetz hat, muss durch den langen und zähen Weg der Instanzen letztlich auch in jedem einzelnen Bundesland das dortige Feiertagsgesetz auf den Prüfstand gestellt werden.

Neben dem Vorführen von Filmen ohne Feiertagsfreigabe bietet die Feiertagsgesetzgebung zahlreiche andere Möglichkeiten, gegen sie zu verstoßen. Zum Beispiel mit einer Tanzveranstaltung. Diesen Weg wählte im Jahr 2007 der Bund für Geistesfreiheit (bfg) in München und lud am Karfreitag zu einer öffentlichen »Heidenspaß-Party« mit Tanz und Musik ein. Erwartungsgemäß untersagte die zuständige Verwaltungsbehörde die Veranstaltung mit Verweis auf das bayerische Feiertagsgesetz. Der bfg München, der sich als freigeistige und nichtreligiöse Weltanschauungsgemeinschaft versteht, legte gegen den Beschluss Widerspruch ein und klagte sich durch die Instanzen. Seine Argumentation: »Während die Veranstaltung des Beschwerdeführers zu keinem Zeitpunkt eine Beeinträchtigung der religiösen Betätigung von Christen darstellte, wurde durch das städtische Veranstaltungsverbot die weltanschauliche Betätigung der Mitglieder des bfg München im höchsten Maße beeinträchtigt.«

2016 – also neun Jahre nach der fraglichen Feier – urteilte schließlich das Bundesverfassungsgericht in dieser Sache.[7] Es erklärte das Verbot der »Heidenspaß-Party« für nichtig. Zwar sei der besondere Stilleschutz des Karfreitags als gesetzlicher Feiertag durch die verfassungsrechtlichen Regelungen gerechtfertigt, allerdings müsse der Gesetzgeber Möglichkeiten für Ausnahmen vorsehen, wenn »eine dem gesetzlichen Stilleschutz zuwiderlaufende Veranstaltung ihrerseits in den Schutzbereich der Glaubens- und Bekenntnisfreiheit (Art. 4 Abs. 1 und 2 GG) oder der Versammlungsfreiheit (Art. 8 Abs. 1 GG) fällt«. Mit anderen Worten: Obwohl der Karfreitag und die anderen stillen christlichen Feiertage de facto nur noch für einen Bruchteil der Bevölkerung überhaupt von Bedeutung sind, rüttelt auch das Bundesverfassungsgericht bisher nicht an diesem das Christentum privilegierenden Teil der deutschen Gesetzgebung. Es hebt lediglich hervor, dass für Angehörige anderer Religionsgemeinschaften und nichtreligiöser Weltanschauungen Ausnahmen möglich sein müssen. Immerhin ein kleiner Erfolg, aber noch weit entfernt von einer zeitgemäßen Feiertagsgesetzgebung. Und für die wäre es tatsächlich höchste Zeit, denn Deutschland ist kein christlicher Gottesstaat, sondern ein säkularer Verfassungsstaat.

Doch wie könnte eine solche zeitgemäße Feiertagsgesetzgebung denn überhaupt aussehen? Ohne jede Frage brauchen Menschen freie Tage, um sich vom Arbeitsstress zu erholen. Doch ist es heute noch wirklich angemessen, christliche Feste als Grundlage für solche staatlich besonders geschützten Feiertage zu nehmen? Unsere Gesellschaft wird zunehmend weniger religiös und immer vielfältiger. Schon jetzt ist die größte »weltanschauliche« Bevölkerungsgruppe mit 44 Prozent (2022, fowid) die der Konfessionsfreien.[8] Die Mitglieder der beiden christlichen Großkirchen machen – wie bereits erwähnt – inzwischen weniger als die Hälfte der Bevölkerung aus (zusammengenommen 48 Prozent, 2022, fowid). Hinzu kommen christliche Minderheiten wie Orthodoxe, die Weihnachten und Ostern zu anderen Zeiten feiern als Protestanten und Katholiken, außerdem Juden, Muslime und Mitglieder weiterer Religionsgemeinschaften. Insgesamt sind hierbei übrigens nur noch rund sechs Prozent der Bevölkerung als praktizierende Gläubige anzusehen.

Eine sinnvolle Maßnahme könnte es deshalb sein, christliche Feiertage abzuschaffen und stattdessen jedem Arbeitnehmer die entsprechende Zahl an Tagen als – staatlich finanzierte – zusätzliche Urlaubstage zu gewähren. Tiefgläubige Christen könnten sich dann am Karfreitag frei nehmen, um intensiv um ihren Religionsgründer zu trauern, Muslime, um das Zuckerfest zu feiern, und Atheisten, wann immer sie wollen, um eine nette Urlaubsreise mit Freunden zu unternehmen. So würde Glaube in Deutschland endlich zu dem, was er in einem säkularen Staat stets sein sollte: Privatsache.

Der Amtsrichter, die Verfassung und das Kreuz

Obwohl das Bundesverfassungsgericht in seinem **Kruzifixbeschluss** die Verfassungswidrigkeit von Kreuzen in öffentlichen Räumen des Staates festgestellt hat, gehört sie weiterhin vielerorts zum Inventar. Eine andauernde Missachtung höchstrichterlicher Rechtsprechung, die bislang ohne Konsequenzen blieb. Chronologie eines permanenten Verfassungsbruchs.

Ralf Feldmann ist das, was man einen umtriebigen Menschen nennt. Er hat Jura, Geschichte und Politik studiert, danach promoviert. Ab 1976 arbeitete er als Richter in Bochum, zunächst am Land-, später am Amtsgericht. Ein engagierter Jurist, der nicht nur Urteile sprach, sondern sich auch um den Zustand der Justiz sorgt, beispielsweise wenn es um die Frage geht, welchen Wert Verfassungsgerichtsurteile haben, wenn sie selbst von der Justiz ignoriert werden. Er schrieb dazu zahlreiche Aufsätze, verfasste Petitionen und machte Eingaben, kurzum, er galt im nordrhein-westfälischen Justizkosmos irgendwann als innerbetrieblicher Querkopf. Mittlerweile ist er (Jahrgang 1949) im Ruhestand, oder richtiger, im Unruhestand. Als streitbarer Richter i.R. veröffentlicht er weiterhin Aufsätze und hält Vorträge, etwa über die Notwendigkeit weltanschaulicher Neutralität des Staates und seiner Justiz. Im Oktober 2023 war er als Referent bei einer Zoom-Videokonferenz des AK Säkulare Sozialdemokrat*innen Düsseldorf dabei. Sein Thema: die Causa Heusch. Dabei ging – und geht es noch immer – in einer Art Daueraufführung um eine Justizposse in Nordrhein-Westfalen – und doch um einen exemplarischen verfassungsrechtlichen Sündenfall.[1]

Der Präsident des Düsseldorfer Verwaltungsgerichts, Andreas Heusch, ließ im Jahre 2010 am Tag der Deutschen Einheit im Haupttreppenhaus des Gebäudes ein Kreuz anbringen, gewissermaßen als persönliche Antwort des gläubigen Katholiken auf den Kruzifixbeschluss des Bundesverfassungsgerichts von 1995 zur Verfassungswidrigkeit von Kreuzen in öffentlichen Räumen des Staates.

In seinem Beschluss beanstandete das höchste deutsche Gericht – am Beispiel eines Kreuzes in einer staatlichen Pflichtschule – einen Verstoß gegen ein institutionelles Staatsprinzip: die Pflicht des Staates zur Neutralität gegenüber den unterschiedlichen Religionen und Weltanschauungen, weil es seit der Weimarer Reichsverfassung und bestätigt durch das Grundgesetz keine Staatskirche mehr gibt.

Die Neutralitätspflicht des Staates als »Heimstatt aller Staatsbürger« folge zudem auch aus der am Gleichheitssatz orientierten Auslegung des Grundrechts auf Glaubens- und Weltanschauungsfreiheit in Artikel 4 Absatz 1 des Grundgesetzes (GG). Danach sei es dem Einzelnen überlassen, zu entscheiden, welche religiösen Symbole er anerkenne und verehre und welche er ablehne. Das gebe ihm zwar kein negatives Recht, im gesellschaftlichen Bereich mit seinen unterschiedlichen Weltanschauungen von religiösen Äußerungen anderer verschont zu bleiben, wohl aber »in einer vom Staat geschaffenen Lage, in der der einzelne ohne Ausweichmöglichkeiten dem Einfluss eines bestimmten Glaubens, den Handlungen, in denen er sich manifestiert, und den Symbolen, in denen er sich darstellt, ausgesetzt ist«.

Und: Der Artikel 4 GG verbürge keinen Anspruch auf Glaubensunterstützung durch den Staat, sondern zwinge den Staat zur Neutralität gegenüber den verschiedenen Religionen und Bekenntnissen. Der Staat, in dem Anhänger unterschiedlicher oder gar gegensätzlicher religiöser und weltanschaulicher Überzeugungen zusammenleben, könne die friedliche Koexistenz nur gewährleisten, wenn er selbst in Glaubensfragen Neutralität bewahre, sich am Gleichheitssatz orientiere und jede Identifikation mit Religionen und Weltanschauungen vermeide.[2] Der Bayerische Verwaltungsgerichtshof sieht das in seiner Entscheidung zu

Söders Kreuzerlass nun genauso: Die Anordnung, im Eingangsbereich aller Landesbehörden gut sichtbar ein Kreuz aufzuhängen, verstoße gegen das »objektiv-rechtliche Neutralitätsgebot des Staates«. Wer das tut, bricht die Verfassung.

Was nun? Hätten nicht schon längst landesweit die Kreuze in Gerichten, Rathäusern und öffentlichen Behörden abgehängt werden müssen? Widerstand formierte sich damals gegen den Bundesverfassungsgerichtsbeschluss, angefacht und unterstützt von Kirchen und Politik. Vor allem Katholiken waren erzürnt. Nicht nur im konservativ-katholischen Bayern artikulierte und formierte sich öffentlicher Protest. Viele sahen in dem Beschluss schon einen Vorboten des Untergangs des christlichen Abendlandes. Justizministerinnen und Justizminister weigerten sich landesweit, gegen Kreuze initiativ zu werden, griffen aber – außer in Bayern – auch nicht ein, wenn in Gerichten aus eigenem Antrieb Kreuze abgehängt wurden. Der Kampf um das Kreuz wurde von Land zu Land, von Stadt zu Stadt mit unterschiedlichem Elan ausgetragen, mitunter einigte man sich im stillen Einvernehmen – auf eine stillschweigende Missachtung höchstrichterlicher Rechtsprechung. Freilich, es gab auch geradezu feindselige Auseinandersetzungen. Als 2016 der Präsident des Amtsgerichts Saarbrücken etwa die dort noch vorhandenen Kreuze durch Landeswappen ersetzen ließ, dachte die damalige Ministerpräsidentin Kramp-Karrenbauer nach einem Gespräch mit dem Bischof von Trier öffentlich über ein Kreuzaufhängungsgesetz nach, ohne dies weiterzuverfolgen. Immerhin konnte sie damit kurzzeitig ihre konservative Wählerschaft besänftigen.

Auch in Nordrhein-Westfalen, besonders in Gebieten mit überwiegend katholischer Bevölkerung wie im Sauerland und Münsterland, in Paderborn und am Niederrhein, blieben Kreuze an den Wänden in Amts- und Landgerichten hängen. Daran hat sich bis heute wenig geändert. Auch 28 Jahre nach dem Kruzifixbeschluss sind Gerichtssäle im Land noch immer mit Kreuzen bestückt. Die höchstrichterliche Vorgabe, weltanschauliche Neutralität in Gerichten zu wahren, wird konsequent und andauernd ignoriert. Landesgesetze zur weltanschaulichen

Neutralität in Gerichten verbieten inzwischen zwar das Kopftuch, aber Kreuze dürfen bleiben. Nordrhein-Westfalen ist kein Einzelfall. Der gleichheitswidrige Zwang, unter dem Kreuz das Kopftuch abnehmen zu müssen, wird von München bis Hannover stereotyp mit der Herabstufung des Kreuzes auf ein kulturelles Symbol begründet, während allein das Kopftuch aktives religiöses Bekenntnis mit erheblicher Außenwirkung sei. Das Bundesverfassungsgericht sieht das anders.

Zurück nach Düsseldorf, zur Causa Heusch und zur rheinischen Kreuzgeschichte. Dort sprach sich Anfang 2010 der Landgerichtspräsident dagegen aus, seine neuen Gerichtsgebäude wieder mit den traditionellen Kreuzen auszustatten, anfangs mit voller Unterstützung der Oberlandesgerichtspräsidentin. Widerspruch kam umgehend von Kirchenvertretern, auch mit dem düsteren Totschlagargument, zuletzt hätten die Nazis die Kreuze im Land entfernt. Der klerikale Protest führte zu Gesprächen am runden Tisch, die mit einem rheinischen Kompromiss endeten: Die Kreuze blieben abgehängt, das große aus dem Schwurgerichtssaal wurde öffentlichkeitsfern im Amtsgericht untergebracht. Für den Präsidenten des Düsseldorfer Verwaltungsgerichts, Andreas Heusch, war das freilich kein Kompromiss, sondern die Kapitulation vor einem religionsfeindlichen Zeitgeist. Im Haupttreppenhaus »seines Amtshabitats« ließ er daraufhin ein Kreuz anbringen, was nicht nur eine Missachtung höchstrichterlicher Rechtsprechung war, sondern auch eine trotzige Antwort des frommen Hausherrn auf die gesamte Kreuzkontroverse. Das Kreuz hängt bis heute.

Und das mochte Richter Feldmann nicht hinnehmen:

> *»Mit der Kreuzerhöhung nimmt der Präsident des Verwaltungsgerichts das ihm anvertraute Gericht für ein extralegales und extrakonstitutionelles Glaubensbekenntnis in Anspruch. Das ist zugleich politische Meinungsäußerung eines hohen Amtsträgers: vordergründig im Streit um religiöse Symbole in öffentlichen Räumen des Staates, vor allem aber auch eine grundsätzliche Meinungsäußerung zu den weltanschaulichen Grundlagen politischen und gerichtlichen Handelns –*

und zwar mit Mitteln, die ihm von Amts wegen zur Verfügung stehen. Als religiöses oder auch ›nur‹ kulturelles Symbol wirbt das Kreuz allgemeinpolitisch für die mit ihm verbundenen christlichen Ideologien und Richtigkeitsvorstellungen zur Gestaltung von Staat und Gesellschaft. Deshalb versammeln sich christliche Parteien in ihren eigenen Räumen unter dem Kreuz. Wenn ihre Anhänger dagegen in öffentlichen Räumen des Staates Kreuze aufhängen, verletzen sie nicht nur die staatliche Pflicht zu weltanschaulicher Neutralität, sondern auch das Gebot der politischen Neutralität im Amt.«

Niemand, sagt der ehemalige Richter, käme ernsthaft auf die Idee, das Logo oder Symbol einer politischen Partei als Sinnstifter in Räumen des Staates zur Schau zu stellen. Das Kreuz aber sei verfassungsrechtlich kein privilegiertes Symbol.

Die Demonstration von Glaubensdominanz der Staatsakteure gegen Nichtgläubige mit staatlichen Mitteln verletze Glaubensfreiheit und Gleichheitssatz. Es gehe aber auch um politische Ideologiedominanz und die Verletzung »der Chancengleichheit von Menschen anderer Weltanschauung im demokratischen Willensbildungsprozess«. Das Kreuz als religiöses oder auch nur kulturelles Symbol werbe mit Blick auf Staat und Gesellschaft für die mit ihm verbundenen christlichen Parteien und Denkweisen, die allerdings nicht immer grundgesetzkonform seien, moniert Richter Feldmann.

Tatsache ist: Die Missachtung des Grundgesetzes und des Bundesverfassungsgerichts wurde bislang nicht allein seitens der Landesregierung – egal welcher Couleur – parteiübergreifend akzeptiert. Ob unter Peer Steinbrück, Jürgen Rüttgers, Hannelore Kraft, Armin Laschet oder dem jetzigen Ministerpräsidenten Hendrik Wüst – keine Ermahnung aus dem Justizministerium, keine Wortmeldung aus den Parteien. Die politische Klasse gab und gibt sich irritierend unbeteiligt. Und aus der Justiz? Gab es Proteste, klare Forderungen? Wie stand und steht es um die Verteidigung ihrer eigenen verfassungsrechtlichen Verantwortung? Gewissermaßen um die Selbstverteidigung ihrer demokratischen Rolle?

Um es klar zu sagen: Das verhaltene Reagieren – oder ist es treffender, hier von Nichtreagieren zu sprechen? – grenzt an demokratieverachtende Gleichgültigkeit. In jedem Fall haben wir es mit einer Ignoranz zu tun, an der der Rechtsstaat Schaden nimmt. Ralf Feldmann, der den Justizkosmos und dessen klerikale Verknüpfungen aus jahrzehntelanger Praxis bestens kennt, stellt ernüchtert fest:

> *»Schon zehn Jahre lang kann sich der Düsseldorfer Verfassungsbruch nahezu unangefochten behaupten. Unter dem Justizpersonal stieß die Kreuzaktion damals auf ein kontroverses Echo. Verwaltungsgerichte arbeiten ›nahe am Grundgesetz‹. Verfassungs- und Gesetzesbindung der Justiz gehören zu seinen Kernelementen. Jeder Richter und jede Richterin hat eine individuelle, dem Amt geschuldete Grundverantwortung dafür, dass sie eingehalten werden. Es stimmt sehr nachdenklich, dass offenbar niemand einzeln oder zusammen mit anderen diese Verantwortung entschieden und nachhaltig wahrgenommen hat, als der Gerichtspräsident in öffentlicher Inszenierung die Verfassung brach. Wären der Kruzifixbeschluss und die Besinnung auf die eigene verfassungsrechtliche Grundverantwortung für Verfassung und Recht nicht Anlass genug gewesen, die Arbeit in einem Gericht, das religiöses Bekenntnis zur Schau stellt, schlicht zu verweigern? Oder ein kreuzfreies Gericht einzuklagen, gestützt auf einen verfassungsrechtlich begründeten Anspruch, sein Amt in einem verfassungsgemäß ausgestatteten Gericht auszuüben?«*

Und weiter:

> *»Hätten nicht zumindest die örtlichen und überörtlichen Richter- und Personalräte darauf dringen müssen, die Aktion rückgängig zu machen, die für verfassungstreue, insbesondere nichtgläubige Beschäftigte eine Zumutung war? Warum haben sie gegen die autoritäre Aktion des Präsidenten kein Mitbestimmungsrecht bei der verfassungskonformen Gestaltung des Arbeitsplatzes Gericht reklamiert oder bis*

zur höchsten Ebene zumindest auf der einfachen Beteiligung daran bestanden? Das Personalvertretungsgesetz und das Richtergesetz ermöglichen das. Allerdings hatte sich bereits 2007 der vom Deutschen Richterbund dominierte Hauptrichterrat der ordentlichen Justiz in Nordrhein-Westfalen – dort kommen Kreuze in Gerichtssälen noch häufiger vor – geweigert, darüber mit der christdemokratischen Justizministerin, seiner früheren Vorsitzenden, auch nur in eine Erörterung einzutreten, weil die Sache lediglich ein bürgerrechtliches Anliegen sei.«

Außerdem fragt Richter Feldmann:

»Wie kommt es eigentlich, dass Teile der Politik über Parteigrenzen hinweg – aber auch Akteure der Justiz – die Letztentscheidungs-Kompetenz des Verfassungsgerichts nicht anerkennen und sich damit über das fundamentale Prinzip der Gewaltenteilung hinwegsetzen?« Und: »Warum fiel und fällt es den Angehörigen der juristischen Berufe und ihren Organisationen so schwer, für weltanschauliche Neutralität im Erscheinungsbild der Gerichte und damit für unsere Verfassung aktiv einzutreten?«

Den entscheidenden Grund dafür, dass sich Kreuze im Gericht gegen die Verfassung behaupten, sieht Ralf Feldmann darin, dass die Menschen, die im Gericht ihr Recht suchen oder dort arbeiten, fast immer andere Sorgen haben, als sich über ein religiöses Symbol zu beschweren, vor allem, weil sie es sich nicht mit jemandem verderben wollen, der für sie wichtig ist: die Rechtsuchenden mit dem Richter oder der Richterin, das Justizpersonal mit dem Präsidenten oder – je nach Ambition – mit dem Ministerium. »Justizintern spiegelt sich darin das Grundübel wider, dass die Unabhängigkeit der Justiz in ihrer Binnenstruktur vom Ministerium über die Gerichtsleitungen durch hierarchische Lenkungs-, Weisungs- und Eingriffsmöglichkeiten begrenzt ist. Wenn ein Präsident, der über dienstliche Beurteilungen erheblichen Einfluss auf berufliche Karrieren justizinterner Kritiker nehmen kann, sich auch noch über die Ansätze binnendemokratischer Mitbestimmung autoritär hinwegsetzt, bleibt selbst sein Verfassungsbruch intern folgenlos«, so Feldmanns Fazit.

Ein betrübliches Fazit. Wenn Politik und Justiz nicht bereit sind, das zu akzeptieren, was das Bundesverfassungsgericht als Verfassungsrecht erkennt, dann befinden wir uns in einer demokratiegefährdenden Schieflage. Polen oder Ungarn haben diesen Weg in den letzten Jahren beschritten. Keine guten Vorbilder für unser Land. Ein Gedanke, der nicht nur den ehemaligen Richter Ralf Feldmann aus Bochum umtreibt.

Nachtrag 1

Andreas Heusch, der gottesgläubige Präsident des Verwaltungsgerichts Düsseldorf, wäre gern noch Präsident des Landesverfassungsgerichts geworden und ebenso Präsident des Oberverwaltungsgerichts (OVG) Münster: dort am personalpolitischen Schalthebel der Verwaltungsjustiz. Im Jahr 2020 war er im Konsens des Landtags bereits Vizepräsident des Verfassungsgerichts geworden und justizintern galt er als künftiger OVG-Präsident für die meisten als »gesetzt«. Dagegen schrieb Ralf Feldmann seinen zornigen Artikel »10 Jahre Verfassungsbruch am Verwaltungsgericht Düsseldorf. Zugleich ein Plädoyer gegen den weiteren Aufstieg des Präsidenten« und suchte säkulare Unterstützung in der Politik. Was die Präsidentschaft des Landesverfassungsgerichts angeht, kam Heusch kurz vor der Wahl im Landtag die Zustimmung der SPD-Fraktion abhanden und damit die nötige Zweidrittelmehrheit. Die SPD verübelte ihm dabei nicht seinen religiösen Verfassungsbruch, sondern seine zunehmend polarisierenden Beiträge zu politischen Streitfragen. Daraufhin zog er seine trotz allem weiterhin sehr aussichtsreiche Bewerbung um die OVG-Präsidentschaft zurück. Das traf die CDU/FDP-Landesregierung unvorbereitet, an deren Ende der CDU-Justizminister Peter Biesenbach schließlich doch noch seinen Besetzungsvorschlag mit einem respektablen Ministerialbeamten paraphieren konnte. Diesen Vorschlag lehnte Justizminister Benjamin Limbach (Grüne) in der neuen schwarzgrünen Landesregierung ohne Begründung ab. Und hier beginnt die besondere, katholische Pointe der Geschichte: Limbach, selbst katholisch, favorisierte nach der Aufgabe des Kreuzpräsidenten aus Düsseldorf die frühere langjährige Cheflobbyistin des deutschen Katholizismus für das höchste Richteramt – nach einem gemeinsamen Abendessen mit ihr. Seine Favoritin war von 2011 bis 2020 als Ministerialrätin vom Landesjustizministerium dem Kommissariat der katholischen deutschen Bischöfe zugewiesen.

Richter Ralf Feldmann lässt das nicht ruhen. Das war rechtswidrig, schreibt er an Ministerpräsident Wüst:

> *»Die Zuweisung hätte nach § 20 Beamtenstatusgesetz nur erfolgen dürfen, wenn dafür ein dienstliches oder öffentliches Interesse bestanden hätte. Es spricht nichts dafür, dass der weltanschaulich neutrale Staat ein legitimes Interesse daran haben könnte, einer Kirche für ihre Propaganda- und Lobbyarbeit mit einer Staatsbeamtin auszuhelfen. Es ist gefestigte Rechtsprechung des Bundesverfassungsgerichts, dass der Staat und seine politischen Akteure im politischen Wettbewerb keine staatlichen Sachmittel für oder gegen Parteien oder Einzelne einsetzen dürfen. Dieses der politischen Chancengleichheit geschuldete Prinzip gilt umso mehr für die langjährige Ausleihe von persönlicher ›Woman-Power‹ einer Beamtin, die ihrer Kirche mit ihrer Zuweisung im gesellschaftlichen und staatlichen Bereich Einfluss verschaffen sollte.*
>
> *Es wäre aber Verfassungsbruch, wenn ihr der Staat für solche Glaubenspropaganda oder auch für ihren beharrlichen Widerstand gegen die nach dem Grundgesetz gebotene Ablösung der Staatsleistungen für die Kirchen mit Beamten helfen würde.*
>
> *Die rechtswidrige Zuweisung von Frau J. wird nicht auf Initiative des damaligen Justizministers zustande gekommen sein, sondern auf ihren Wunsch und die Bitte der katholischen Kirche. Eine solche gemeinsame, über lange Jahre fortgesetzte Verletzung des Beamtenrechts spricht auf Seiten der Bewerberin bereits ganz grundsätzlich gegen ihre Qualifikation zur OVG-Präsidentin.*

Dem grünen Justizminister war die Glaubensstrenge seiner Favoritin aus ihrer Lobbyarbeit nicht unbekannt. Der Fortbestand des Werbeverbots für Atreibungen zum Beispiel war für sie ein Anliegen des Lebensschutzes.«

Ralf Feldmann appellierte an den Ministerpräsidenten: »Weltanschauliche Neutralität ist eine Grundbedingung der Justiz. ... Konfessionelle Ämterpatronage vergiftet sie. Das können Sie noch verhindern.« Nur ein unfrommer Wunsch an den Katholiken mit Kanzlerambitionen, der sich gern als konservativ mit dem Zusatz »modern« beschreibt? Sicher ein politischer Lackmustest.

*

Nachtrag 2

In Bayern können Kreuze in öffentlichen Gebäuden weiterhin hängen bleiben. Das entschied im Dezember 2023 das Bundesverwaltungsgericht Leipzig.

Im April 2018 hatte das bayerische Kabinett auf Initiative des damals frisch zum Ministerpräsidenten aufgestiegenen Söder den Kreuzerlass beschlossen. Selbst von den Kirchen kam Kritik. Sie warfen Söder vor, das christliche Symbol für Wahlkampfzwecke zu missbrauchen. Im Juni 2018 trat der Erlass in Kraft. Er betraf eine Änderung der Allgemeinen Geschäftsordnung für die Behörden des Freistaates Bayern (AGO). Darin heißt es in Paragraf 28: »Im Eingangsbereich eines jeden Dienstgebäudes ist als Ausdruck der geschichtlichen und kulturellen Prägung Bayerns gut sichtbar ein Kreuz anzubringen.«

Gegen den Erlass hatte der religionskritische Bund für Geistesfreiheit (bfg) geklagt. Er sieht durch die Kreuzpflicht das staatliche Neutralitätsgebot verletzt. Vor dem Bayerischen Verwaltungsgerichtshof (VGH) hatte der bfg 2022 eine Niederlage erlitten. Das Bundesverwaltungsgericht Leipzig folgte dieser Argumentation und verwarf die Klage auf Entfernung der angebrachten Kreuze als unbegründet. Diese stellten »zwar für den objektiven Betrachter ein zentrales Symbol des christlichen Glaubens dar«, befand das Gericht. Sie verletzten die Kläger jedoch in keiner eigenen von Artikel 4 des Grundgesetzes umfassten Freiheitsgewährleistung. Auch das grundrechtliche Diskriminierungsverbot wegen des Glaubens in Verbindung mit dem verfassungsrechtlichen Grundsatz der weltanschaulich-religiösen Neutralität des Staates werde nicht verletzt. Nach dem »Kontext und Zweck der Verwendung des Kreuzsymbols« identifiziere sich der Freistaat Bayern durch die Aufhängung von Kreuzen nicht mit christlichen Glaubenssätzen, teilte das Gericht mit. Vielmehr solle es »Ausdruck der geschichtlichen und kulturellen Prägung Bayerns« sein. Dass Kreuze im Eingangsbereich von Behörden angebracht würden, stehe der »Offenheit des Staates gegenüber anderen Bekenntnissen und Weltanschauungen nicht im Weg«.

Der Bund für Geistesfreiheit will das nicht akzeptieren. Er wird sich nun an das Bundesverfassungsgericht in Karlsruhe wenden.[3]

Der »Dritte Weg« ins Abseits

Ob in Krankenhäusern, Pflegeheimen, Schulen oder in der Kita: Für fast 1,5 Millionen Beschäftigte in kirchlicher Trägerschaft gelten Streikverbot und zahlreiche Sonderregelungen. Warum aber wird das **kirchliche Arbeitsrecht** nicht dem staatlichen Arbeitsrecht angeglichen, obwohl der Staat die Einrichtungen fast zu 100 Prozent finanziert?

Buxtehude? Ja, Buxtehude, oben im flachen Norddeutschland. Die Stadt darf sich Hansestadt nennen und davon gibt es nicht allzu viele im Land. Knapp 40.000 Menschen leben hier, und sie sind stolz auf ihre geschichtsträchtige, schmucke Altstadt, lieben das grüne weite Umland, und die frische, wilde Nordsee ist keine 100 Kilometer entfernt.

Die Menschen fühlen sich wohl in Buxthut, wie die Einheimischen ihre Stadt plattdeutsch nennen. Auf den gelben Ortsschildern steht es selbstbewusst unter dem offiziellen Stadtnamen. Das Institut für niederdeutsche Sprache in Bremen hat dazu seinen Segen gegeben. Es soll ja mit rechten Dingen zugehen, wenn es neben Buxtehude auch noch ein Buxthut gibt.

Alles könnte also hier seinen gewohnten Gang gehen. Doch es rumort in der Idylle, der plattdeutsche Stadt- und Landfrieden ist nachhaltig gestört: Einer Erzieherin der Kita Wilde Hummeln im nahen Sprengel Ottensen wurde im Juli 2023 fristlos gekündigt. Der Grund: Sie war aus der Kirche ausgetreten. Die Kita gehört zum Evangelischen Kindertagesstätten-Verband Buxtehude. Und dort gelten Regeln, die das Allgemeine Gleichbehandlungsgesetz oder Artikel 12 des Grundgesetzes (Freiheit der Berufswahl) aushebeln. Viele Kita-Eltern sind entsetzt:

»Wie kann es sein, dass eine Erzieherin, die von den Eltern, aber vor allem von den Kindern, geschätzt wurde, gehen musste?«[1] Angesichts des eklatanten Fachkräftemangels müsse man doch für jede gute Erzieherin dankbar sein. Die Situation ist wie überall im Land: dramatisch. Viele offene Stellen, aber keine pädagogischen Fachkräfte. Auf der Jobplattform jooble.de finden sich unter der Rubrik »Erzieher/Pädagogen-Stellenangebot Buxtehude« 381 Joboffertén. Nur: Es meldet sich niemand.

Kirchenaustritt als Grund für eine fristlose Kündigung? Die Eltern wollen das nicht hinnehmen. Sie wenden sich an Pastor Thomas Haase, den Vorsitzenden des Kitaverbands. Der antwortet in einer ausführlichen Stellungnahme – nüchtern, in vorbildlichem Kirchenamtsdeutsch –, aus der wir hier gerne zitieren:

> *»Kitas in kirchlicher Trägerschaft haben ein christliches Profil und vertreten christliche Grundwerte, mit denen sich auch die Mitarbeitenden identifizieren sollten. Daher ist eine Mitgliedschaft in einer christlichen Kirche grundsätzlich Voraussetzung für eine Beschäftigung.*
>
> *In der Praxis gibt es vereinzelt Ausnahmen von dieser Einstellungsvoraussetzung. So werden nach sorgfältiger Einzelfallprüfung Personen angestellt, die nicht Mitglied einer Kirche sind, die der Arbeitsgemeinschaft christlicher Kirchen in Niedersachsen (ACKN) beziehungsweise einer anderen Religionsgemeinschaft angehören. Alle Mitarbeitenden können sich mit den Werten der Kirche identifizieren und respektieren das christliche Menschenbild. Da in Zeiten des Fachkräftemangels Bewerbende ihren Arbeitgeber aussuchen können, ist jede Bewerbung bei einer konfessionsgebundenen Einrichtung auch ein Ausdruck der Identifikation mit christlichen Wertvorstellungen.*
>
> *Dem Kindertagesstätten-Verband und dem Kirchenkreis ist eine konfessionelle Bindung im Bereich der frühkindlichen Bildung wichtig und ein zentrales Beschäftigungsmerkmal, vor allem bei Leitungspersonal, das nochmals eine besondere Verantwortung trägt. Sollte es während eines bestehenden Anstellungsverhältnisses einer Erzieherin/eines Erziehers zu einem Kirchenaustritt kommen, so sieht das Kirchenge-*

setz der Landeskirche Hannover eine fristlose Kündigung vor. In diesen Fällen ist keine Ausnahmeregelung vorgesehen. Daher wird nach Bekanntwerden das Gespräch gesucht und erläutert, dass aufgrund des kirchlichen Arbeitsrechts eine Weiterbeschäftigung in unserem Kindertagesstätten-Verband nicht mehr möglich ist, so dass der Mitarbeiterin/dem Mitarbeiter die arbeitsrechtlichen Konsequenzen immer auch bewusst sind.«[2]

Ja, so ist das, wenn christliche Wertvorstellungen auf die Wirklichkeit treffen. Es bleibt bei der fristlosen Kündigung. Jenseits kirchenrechtlicher Fragen gibt es noch etwas, was die Eltern verärgert: Die Kinder hätten nicht einmal die Möglichkeit gehabt, sich von der gefeuerten Erzieherin zu verabschieden. Was in anderen Kitas Standard ist, Abgänge pädagogisch aufzufangen, den Kindern zu erklären, scheint in diesem Fall unwichtig gewesen zu sein. Vielleicht deshalb, weil es einfach keine überzeugende kindgerechte Erklärung gibt.

Buxtehude ist kein Einzelfall. Seit Jahren klagen Kirchenbeschäftigte gegen ihre Kündigungen, selten mit Erfolg. Erinnert sei an den Fall eines Chefarztes eines katholischen Krankenhauses, der sich durch sieben Instanzen erfolgreich gegen eine Kündigung wegen Verstoßes gegen die katholische Morallehre (Scheidung und Eingehen einer neuen Ehe) klagen musste. Nach Urteilen zugunsten des Chefarztes bei den Arbeitsgerichten erhob der kirchliche Arbeitgeber Verfassungsklage. Das Bundesverfassungsgericht hob das Urteil auf und verwies die Sache an das Bundesarbeitsgericht zurück. Die Entscheidung vom Oktober 2014 steht bis heute als Beleg für die fragwürdige Verquickung von Staat und Kirche im Bereich des Arbeitsrechts, stellenweise liest sich das Urteil wie ein katholischer Katechismus.[3]

Die Kirche kann knallhart sein, wenn es um ihre Ausnahmestellung geht, die ihr juristisch im Arbeitsrecht noch immer zugestanden wird. In beiden großen Kirchen gilt im Arbeitsrecht der sogenannte »Dritte Weg«. Rechtliche Grundlage dafür ist das im Grundgesetz verankerte Selbstbestimmungsrecht der Kirchen. Beim »Dritten Weg« sind beispielsweise Streiks und Aussperrungen verboten, die Kirchenmitgliedschaft gilt für viele Positionen als Einstellungs- und Beschäftigungskriterium. Kirchliche Sonderrechte, staatlich akzeptiert.

Kitas in kirchlicher Trägerschaft wie die »Wilden Hummeln« in Buxtehude werden zwar als christliche Einrichtungen in Eigenregie betrieben, doch ohne Mittel von Land und Kommune gäbe es sie nicht, nicht eine einzige hierzulande. Sie alle werden beinahe zu 100 Prozent aus öffentlichen Steuereinnahmen finanziert. Ob Kita, Einrichtungen in anderen sozialen Bereichen, etwa in der Jugendarbeit, der Suchtprävention und der Altenpflege, oder Beratungszentren vielfältiger Art in kirchlicher Trägerschaft: Der Staat bezahlt. Warum aber wird das kirchliche Arbeitsrecht dann dem staatlichen Arbeitsrecht nicht angeglichen? Tatsache ist: An die 1,5 Millionen Arbeitnehmerinnen und Arbeitnehmer in kirchlichen Einrichtungen sind auch im Jahre 2023 noch immer Beschäftigte minderen Rechts. Ein unhaltbarer Zustand.

Dabei hatte die Bundesregierung angekündigt, kirchliche Sonderrechte einschränken zu wollen – freilich in Zusammenarbeit mit den Kirchen: »Gemeinsam mit den Kirchen prüfen wir, inwiefern das kirchliche Arbeitsrecht dem staatlichen Arbeitsrecht angeglichen werden kann. Verkündigungsnahe Tätigkeiten bleiben ausgenommen«, heißt es im 2021 beschlossenen Koalitionsvertrag. Man achte dabei auf das Selbstbestimmungsrecht der Kirchen, erläuterte dazu der Bundestagsabgeordnete und religionspolitische Sprecher der SPD, Lars Castellucci, denn: »… das ist verfassungsrechtlich geschützt. Unser Ziel ist es daher, notwendige Reformen im Dialog mit den Kirchen voranzutreiben.«[4]

Ähnlich verlautbarte der Bundestagsabgeordnete Konstantin von Notz. Der kirchenpolitische Sprecher der Grünen ließ wissen:

> *»Wir wollen das kirchliche Arbeitsrecht reformieren, um es auf die Höhe der gesellschaftlichen Realitäten und Lebensverhältnisse zu bringen … die Reform muss dem besonderen Verhältnis von Staat und Kirche umfassend Rechnung tragen und das im Grundgesetz verankerte Selbstbestimmungsrecht der Kirchen in einen angemessenen Ausgleich mit den berechtigten Interessen der Beschäftigten bringen.«*[5]

Status quo statt Abschaffung, »Reförmchen« statt Reform. Ingrid Matthäus-Maier, Juristin und ehemalige langjährige SPD-Bundestagsabgeordnete, widerspricht Castellucci und von Notz hinsichtlich ihrer Grundannahme eines kirchlichen Selbstbestimmungsrechts in arbeitsrechtlichen Dingen vehement:

> *»Die Kirchen berufen sich bezüglich ihres vermeintlichen Selbstbestimmungsrechts auf § 137 der Weimarer Reichsverfassung, der in Artikel 140 des Grundgesetzes der Bundesrepublik Deutschland übernommen wurde. Dort steht aber ausdrücklich: ›Jede Religionsgesellschaft ordnet und verwaltet ihre Angelegenheiten selbständig innerhalb der Schranken des für alle geltenden Gesetzes‹. Von einem Selbstbestimmungsrecht ist also keine Rede, lediglich von einem Selbstordnungs- und Selbstverwaltungsrecht, und zwar – das ist wichtig – innerhalb der Schranken des für alle geltenden Gesetzes.«*

Die angekündigte Zusammenarbeit mit den Kirchen sieht Matthäus-Maier skeptisch:

> *»Wenn die Kirchen in diese Reform einbezogen werden, ist schon jetzt klar, dass in diesem Bereich nicht das juristisch Notwendige geschehen wird. Die Kirchen wollen weiterhin selbst darüber bestimmen, was in ihrem Rechtskreis geschieht, sie haben nie von sich aus auf etwas verzichtet – warum also sollten sie es jetzt tun?«*[6]

Und die Gewerkschaft? Dort hat man zwar mittlerweile erkannt, dass die Arbeitnehmerrechte ausnahmslos gestärkt werden müssen und dass es nicht beim Prüfauftrag allein bleiben darf. So wünscht sich ver.di eine ausnahmslose Tarifpartnerschaft mit den kirchlichen Arbeitgebern, die es bislang nicht gibt, weil es wegen des »Dritten Wegs« nicht möglich ist. Im Mai 2023 hat die Gewerkschaft eine Petition auf den Weg gebracht, deren zentrale Forderungen – »Schluss mit Diskriminierung wegen privater Entscheidungen: Streichung der

Sonderregeln für Kirchen im Allgemeinen Gleichbehandlungsgesetz (§ 9 AGG)« und »Volle Mitbestimmung auch für Kirchenbeschäftigte: Streichung gesetzlicher Ausnahmen (u.a. §118 Abs. 2 Betriebsverfassungsgesetz)« – sich diesmal direkt an den Gesetzgeber richten.

Auch die beiden Kirchen haben sich angesichts der öffentlichen Debatten in kleinen Schritten bewegt. Im November 2022 haben die deutschen Bischöfe eine neue »Grundordnung des kirchlichen Dienstes im Rahmen kirchlicher Arbeitsverhältnisse« vorgelegt. Künftig soll damit der »Kernbereich privater Lebensgestaltung, insbesondere Beziehungsleben und Intimsphäre«, kirchenrechtlichen Bewertungen entzogen werden, heißt es dort. Für eine zweite Ehe oder eine gleichgeschlechtliche Beziehung droht auch für katholische Beschäftigte nicht mehr die Kündigung.

»Vielfalt in kirchlichen Einrichtungen ist eine Bereicherung«, betont der rechtliche Leitfaden nun. Beschäftigte dürfen demnach nicht aufgrund von Herkunft, Geschlecht, Religion, Behinderung, Alter, sexueller Identität und Lebensform diskriminiert werden. Grundsätzlich sollen für alle Beschäftigten unabhängig von ihrer Kirchenzugehörigkeit nun die gleichen Regeln gelten, lediglich im pastoralen und katechetischen Dienst sowie bei Personen, die das kirchliche Profil einer Einrichtung prägen, wird die Zugehörigkeit zur katholischen Kirche verlangt. Keine grundlegenden Veränderungen aber gibt es im Bereich des kollektiven Arbeitsrechts, wo die Kirche weiterhin auf den »Dritten Weg« setzt und das Betriebsverfassungsgesetz nicht anwendet. Auch künftig bleiben somit Streiks und Verhandlungen von Tarifverträgen ausgeschlossen, die Kirche verzichtet auch nicht auf eigene Mitarbeitervertretungsordnungen und eine eigene kirchliche Arbeitsgerichtsbarkeit für das kollektive Arbeitsrecht. Kurzum: Es bleibt vieles, wie es war, ganz im gewohnten Reformduktus der katholischen Kirche. Auch die Veränderungen in der evangelischen Kirche (Mitarbeitsrichtlinie der EKD vsl. 2023, Mitarbeitervertretungsgesetz der EKD vsl. 2023 etc.) sind vor allem eines: kosmetische Maßnahmen. Die Bundesregierung unterlässt es wie angekündigt, kirchliche Sonderrechte einzuschränken. Eine fragwürdige Komplizenschaft von Staat und Kirche findet hier seine Fortsetzung – auf Kosten der Beschäftigten. Kein guter Zustand im Rechtsstaat.

Im Täuschungslabyrinth

Missbrauch- und Finanzskandale haben die katholische Kirche erschüttert. Das Reformprojekt »Synodaler Weg« soll den Ausweg aus der Krise weisen, Reformen anstoßen. Doch der Widerstand dagegen ist groß – unter Bischöfen und im Vatikan. Wie lange machen das die Gläubigen noch mit?

Das katholische Bodenpersonal ist Männersache. Etwa 1,2 Milliarden Menschen unterstehen einem rein männlichen Klerikerkartell, das gerade einmal 0,4 Prozent der Katholiken ausmacht. Das Epizentrum der Macht ist an Papst, Kardinäle und Bischöfe gebunden: ganze 0,00041 Prozent. Sie allein deuten und verkünden die verbindlichen Lehrgrundlagen, setzen sie um in kirchliche Dogmen und Gesetzgebung. Die Mehrheit der Gläubigen schuldet ihnen Folgsamkeit und Gehorsam – umgekehrt sind die Kirchenmänner ihren gläubigen Laien in keiner Weise rechenschaftspflichtig. Ein klares Machtgefüge: Laien dürfen beten und hoffen, Kleriker bestimmen und entscheiden. Von Demokratie mag man hier nicht unbedingt sprechen. Die katholische Kirche ist eine weltabgewandte, grundrechteverletzende Männerdomäne: starr, autoritär, machtbewusst. Doch die Gläubigen wollen glauben und sie tun das gerne gemeinsam – trotz allem. Das »Haus Kirche« als sinnstiftende Heimstatt im Hier und Jetzt und vielen Versprechungen fürs Jenseits.

Kirchlich gebundene und organisierte Gläubigkeit schwindet, das belegen jedenfalls rückläufige Mitgliederzahlen. Das hat mit aktuellen Skandalen zu tun (Missbrauchsskandalen, Finanzskandalen), aber auch mit einem Gesellschafts- und Menschenbild, das an Bindekraft verliert. In Deutschland haben allein im vergangenen Jahr 2022 mehr als 440.000 Menschen die beiden großen Kirchen verlassen. Bei den Katholiken kehrten 221.000 Menschen der Kirche den Rücken, bei den Protestanten waren es rund 220.000 Menschen. Im überwiegend katholischen Österreich verließen etwa 58.000 Personen die katholische Kirche. Nun fällt nicht jeder, der das »Haus Kirche« verlässt, gleich von Gott und Glauben ab. Eines aber wird deutlich: Das Vertrauen in das göttliche Bodenpersonal bröckelt rasant.

Die Vertrauenskrise dürfte sich vor allem wegen der stockenden Aufarbeitung von Missbrauchsskandalen weiter fortsetzen. Im Erzbistum Köln etwa führte der Umgang mit den Missbrauchsfällen zu einer Welle von Kirchenaustritten. Wochenlang gab es wegen Überlastung der Ämter Anfang dieses Jahres keine Termine mehr. Zweifelnde Mitglieder wenden sich ab, denken über einen Austritt nach. Engagierte klerikale Laien wollen endlich Änderungen, Mitsprache und Transparenz. Sie wollen sich nicht mehr mit den üblichen »Dialog«-Inszenierungen befrieden lassen, wo in »gemeinsamen Beschlüssen« Partizipation simuliert, ihnen aber in Wahrheit nur eine unverbindliche Meinungsäußerung eingeräumt wird: ein Stimmrechtsplacebo.

Mittlerweile hat die klerikale Machtzentrale in Rom die Aufmüpfigkeit ihrer engagierten Schäfchen wahrgenommen. Papst Franziskus hat verlauten lassen, er wolle die Kirche für mehr Mitsprache von Laien öffnen und dazu einen »synodalen Prozess« anstoßen. »Die Kirche Gottes ist zu einer Synode zusammengerufen«, heißt es in einem im Vatikan vorgestellten Dokument zur Vorbereitung auf die Weltbischofssynode 2023. Unter Synodalität wird verstanden, dass auf möglichst breiter Basis unter Einbeziehung von Nichtklerikern über die Zukunft der Kirche beraten wird.

Das Zentralkomitee der deutschen Katholiken (ZdK) applaudierte pflichtbewusst. Seit Jahren übt sich das Laienforum in bravem Gehorsam. Ein pflegeleichtes Laienforum, finanziell und personell abhängig von den Bistümern, das in der Vergangenheit vor allem die Interessen des Klerus vor allzu vehementen Zugriffen der Gläubigen schützte. Georg Bätzing, Vorsitzender der Deutschen Bischofskonferenz, sprach denn auch von einem Meilenstein. Eine fromme Lüge. Es geht schlichtweg darum, den aktuellen Kritikhochdruck durch allerlei Gesprächsinszenierungen zu kanalisieren, indem sich Laien weiterhin beteiligt fühlen sollen, ohne allerdings mitentscheiden zu können. Die Ausrufung von Offenheit und Teilhabe als klerikale Marketingstrategie. Der Claim: »Synodaler Weg«. Dabei bringt es inhaltlich nichts Neues, verfestigt das Vorhandene: die Position der Frau, die kirchliche Sexualmoral, den Umgang mit Macht und die priesterliche Ehelosigkeit, Missbrauch und Korruption. Alle Themen werden seit Jahren diskutiert – ohne nennenswerte Änderungen.

Es braucht ein solides Resilienzpolster, viel Verdrängungskunst und große Demütigungsbereitschaft, um sich in dieser machtbewussten Männerdiktatur heimisch zu fühlen. Für einen Außenstehenden, gar Ungläubigen, ist nicht zu übersehen, dass hier eine autoritär-hierarchische Struktur als »Gemeinde« und »Christengemeinschaft« rhetorisch vernebelt wird. Trotz allem: Das Kirchenvolk bleibt mehrheitlich noch hoffnungsfroh, gehorsam und duldsam. Auch die engagierten Klerikalen.

Darüber hat Norbert Lüdecke ein erhellendes Buch geschrieben, das Struktur und Systematik der kirchlichen Placebodebatte eindrucksvoll seziert.[1] Der sogenannte »Synodale Weg«, so urteilt der Autor, ist nichts anderes als eine große (Selbst-)Täuschung der katholischen Laien – und ein Täuschungsmanöver der Kirchenmänner, kompromisslos inszeniert, um innerkirchlichen Protest und Reformgedanken zu neutralisieren. Bleibt die Frage: Warum machen das die engagierten Laien und die hoffnungsfrohen Gläubigen eigentlich mit?

Lüdecke, Professor für Kirchenrecht an der Universität Bonn, spannt einen weiten Bogen: von der hierarchischen Einhegung des Laienengagements, etwa durch die Gründung des Zentralkomitees der deutschen Katholiken in den frühen 1950er Jahren, über die Würzburger Synode in den 1970er Jahren, als westdeutsche Bistümer die Laien zum Dialog einluden, wo es dann viele Beschlüsse und Abstimmungen gab, aber nicht jede Stimme gleiches Gewicht besaß, bis zum heutigen »Synodalen Weg«. Dort – so Lüdecke beinahe ketzerisch – lassen sich »engagierte Laien auf ein betreutes Diskutieren ein, bei dem sie sich in den ohnehin überschaubaren Debattenphasen noch von liturgischen Feiern und sogenannten ›EinHalten‹ unterbrechen lassen«.

Lüdecke ist ein scharfsinniger Autor. Schon 2018 veröffentlichte er einen Aufsatz über den Umgang der Kirche mit ihren Missbrauchsverbrechen, der weithin Beachtung fand. Darin führte er auch eine Mängelliste auf, die das skandalöse Beharren der Kirche auf Bestimmungen und Strukturen belegt, die sexuellen Missbrauch nicht nur nicht verhindern helfen, sondern ihn begünstigen oder gar fördern. Er nannte das Katholische Kirchenrecht, das den sexuellen Missbrauch Minderjähriger immer noch als »vergleichsweise leichten Verstoß gegen die Zölibatspflicht« wertet und die kanonische Strafe weitgehend dem Ermessen eines kirchlichen Richters überlässt. An die Kleriker, aber auch an alle Katholiken, appellierte er eindringlich: »Sie müssen sich entscheiden, was für Sie mehr zählt. … Wenn Sie effektive Mittel scheuen, etwas an dem zu ändern, über das Sie sich empören, dann sollten Sie aufhören und sich mit der ›Übergriffigkeit des Systems‹ abfinden.«[2]

Es gebe innerkirchlich keine Kultur politischer Verantwortung, kritisierte er: »Die derzeitigen deutschen Diözesanbischöfe haben ihr Amt mehrheitlich nach 2010 angetreten. Fast alle waren sie vorher in anderen diözesanen Ämtern verantwortlich tätig, überwiegend mit Zuständigkeiten für Personal- und insbesondere Kleriker-Angelegenheiten. Und dennoch will keiner so viel gewusst haben, dass er sich verantwortlich zu fühlen hätte?« [3] Daran hat sich bis heute wenig geändert. Ein klerikales Täterkartell hat ein System aus Verschweigen und Vertuschen etabliert – ob in Deutschland, in Österreich oder anderswo. Missbrauchsverbrechen frommer Kirchenmänner geschahen weltweit. Doch die Mehrzahl der katholischen Gläubigen hat es hingenommen.[4]

In seinem Buch fragt Lüdecke: Warum machen die Gläubigen bei dieser aktuellen Partizipationssimulation, die diesmal unter dem Claim »Synodaler Weg« firmiert, erneut mit? »Gibt es Faktoren, die Katholiken den Blick auf die kirchliche Realität verstellen, oder vielleicht eine spezifisch katholische Disponierung, diese Realität gar nicht sehen zu wollen? ... Ist ihre Angst, sich von einer reformunfähigen Kirche distanzieren zu müssen, größer als ihr Leiden an der real existierenden Kirche?« Beinahe lakonisch konstatiert er, dass das Kirchenvolk auf diese Weise weiterhin gut betreut durch ein »Potemkin'sches Sydonaldorf« schreitet, »in dem vor allem eines praktiziert wird: die alte katholische Unterwerfungshaltung gegenüber den Kirchenherren«. Kurzum: Es wird alles bleiben, wie es ist. Die Kirche ist unreformierbar. »Sie reden über die Glückseligkeit im Jenseits, wollen aber die Macht im Diesseits«, sagt Christopher Hitchens. Es könnte als Motto für die angekündigte Synodalität des Vatikans stehen.

Im Untertitel des Buches wird gefragt: *Haben Katholiken die Kirche, die sie verdienen?* Ja!, möchte man da antworten. Niemand muss freiwillig an der Kirche leiden. Die Seelenpein kann ein Ende finden – durch Kirchenaustritt. »Wer diesen Weg aus der selbst gewählten Unmündigkeit heraus scheut, der sollte mit Klagen aufhören und sich mit dem System abfinden«, schreibt Lüdecke. Alle katholischen Gläubigen, die auf das warme All-inclusive-Sinnstiftungsangebot ihrer Kirche nicht verzichten wollen, verweist er auf Esther Vilar, die schon vor vielen Jahren von katholischen Frauen verlangt hatte: »Werdet erwachsen und seid religiöse Selbstsorger und Sinnfinder.« Norbert Lüdecke hat ein kenntnisreiches und argumentstarkes Buch geschrieben. Es beschreibt schonungslos die Schieflage der Kirche. Aufklärender Lesestoff im besten Sinne und erhellende Lektüre für alle, die an der Kirche zweifeln und verzweifeln. Freilich: Das Drama seiner Selbsttäuschung muss der gläubige Mensch selbst beenden.

Lob des Laizismus

Der Staat ist gefordert, sich religionspolitisch neu zu orientieren. Das staatliche **Neutralitätsgebot** muss angesichts wachsender kultureller, ethnischer und religiöser Vielfalt endlich Verfassungswirklichkeit werden. Die Grundsätze des säkularen Staates müssen verteidigt werden.

»Der Islam gehört zu Deutschland«, ließ vor Jahren ein Bundespräsident die Deutschen wissen, dem danach – freilich aus ganz anderen Gründen – nur eine kurze Amtszeit beschieden war. Hatte er recht? Das deutsche Religionsverfassungsrecht garantiert hierzulande allen muslimischen Bürgerinnen und Bürgern, ihren Glauben frei ausüben zu können. Dass es de facto vor allem die beiden großen christlichen Kirchen vielfach begünstigt und ihnen einen Sonderstatus einräumt, wird niemand bestreiten. Die meisten Deutschen, Gläubige wie Ungläubige, finden das richtig. Muslimische Glaubensadvokaten monieren – ebenfalls erwartbar – die damit einhergehende Diskriminierung und Ausgrenzung. Dabei soll der Staat doch vor allem in Religionsbelangen eines sein: neutral. Aus religiösen Belangen sollte er sich heraushalten. Er tut es nicht.[1]

Die Trennung von der Kirche, die Distanz zu Religionen und die Hinwendung zum Vernunftdenken sind die wichtigsten Errungenschaften des modernen Verfassungsstaates. Eine andere Frage ist, ob der Staat Religion in ihrer öffentlichen Präsenz fördern soll – und damit, indirekt, eine Mehrheitsreligion bevorzugt. Anders stellt sich die Situation für die nicht kirchlich gebundenen Menschen, immerhin jetzt schon etwa 50 Prozent der Bevölkerung, dar. Sie weisen auf die dauernden Verstöße gegen die staatliche Neutralität hin. Dabei geht es nicht darum, die Kirchen aus dem gesellschaftlichen Leben zu verbannen, sondern um die Beendigung verfassungswidriger »Verpartnerungen«, von denen sich vor allem die beiden großen Kirchen Sondervorteile vor anderen Religions- und Weltanschauungsgruppen gegenüber der pluralistischen Religions-Konkurrenz versprechen.

Der Islam mag zwar zu Deutschland gehören, doch seine – religiöse! – Rolle in der gesellschaftlichen Alltagswirklichkeit ist allenfalls an einzelnen Orten (etwa in Städten wie Berlin, Köln, Duisburg) signifikant hoch. Insgesamt leben (2021) nur 2,9 Millionen (3,5 Prozent der Bevölkerung) konfessionsgebundene Muslime in Deutschland. Dennoch: Der Islam wird selbstbewusster und sichtbarer, nicht nur in Deutschland. Er konfrontiert Europas Verfassungsstaaten mit neuen Konflikten.

Fest steht: Eine integrationsbedingte Pluralisierung der religiösen Geografie hat die bewährte, traditionelle Arbeitsteilung zwischen Kirche und Staat hierzulande in Schieflage gebracht. Deutschland hat sich zu einer multireligiösen und multikulturellen Gesellschaft entwickelt, in der der Anteil der Konfessionslosen stetig wächst und in der konfessionslose Gläubige ebenso leben wie atheistische Bürger. Konkurrierende religiöse Akteure kämpfen um Glaubenswahrheiten, um Einfluss und staatliche Subventionen. Zu den kaum mehr überschaubaren Konfliktfeldern und notorischen Streitfällen, den zahlreichen Prozessen und Urteilen (Kruzifix und Kopftuch im Klassenzimmer oder im Gerichtssaal, das Tragen der Burka, Badeburkini für muslimische Mädchen, Zulassung des Schächtens, Mohammed-Karikaturen, Beschneidung) kommen weitere verfassungsmäßige Streitpunkte hinzu, etwa die Debatten um Schwangerschaftsunterbrechung oder Sterbehilfe, um den Gottesbezug in der Präambel des Grundgesetzes.

Der säkulare Verfassungsstaat ist also vielfältig gefordert, eine befriedende, freiheitliche Verfassung mit einer innerweltlichen Begründung zu stützen und zu verteidigen. Das oft zitierte Diktum des

Staats- und Rechtsphilosophen Ernst-Wolfgang Böckenförde vom säkularen Staat, der seine eigenen Voraussetzungen nicht garantieren könne, wird hier immer wieder einem Wirklichkeitstest unterzogen.[2] Der Staat ist gefordert, sich religionspolitisch neu zu orientieren. Doch wie das Neutralitätsgebot des Staates angesichts wachsender kultureller, ethnischer und religiöser Vielfalt vorangetrieben, wie Grundsätze des säkularen Staates verteidigt werden können, darüber besteht wenig Einigkeit.[3]

Kann Frankreich hier Vorbild sein? Bei unseren Nachbarn existiert ein religionsverfassungsrechtliches Modell, dem das Prinzip der Laizität, also der strengen Trennung zwischen Religion und Staat, zugrunde liegt. Der Begriff »Laïcité« wurde 1871 vom französischen Pädagogen und späteren Friedensnobelpreisträger Ferdinand Buisson geprägt, der sich vor allem für einen religionsfreien Schulunterricht einsetzte. Anders als in Frankreich, wo Laizität primär dazu dienen soll, den Staat vor dem als schädlich angesehenen Einfluss der katholischen Kirche zu schützen, wird die Trennung von Kirche und Staat in vielen westlichen Ländern praktiziert. Diese sind zwar von ihrer Verfassung her nicht explizit laizistisch, doch gilt in unterschiedlichem Ausmaß die Neutralität des Staates in religiösen und weltanschaulichen Belangen. Ein Dutzend Länder haben den Laizismus in ihren Verfassungen verankert, in Europa Frankreich und Portugal. Die französische Verfassung von 1958 proklamiert im ersten Artikel unter anderem: »Frankreich ist eine unteilbare, laizistische, demokratische und soziale Republik. Sie gewährleistet die Gleichheit aller Bürger vor dem Gesetz ohne Unterschied der Herkunft, Rasse oder Religion. Sie achtet jeden Glauben.«

Der Laizismus ist für Frankreich Garant für die Wahrung der Rechte eines jeden Einzelnen. Auf der offiziellen deutschsprachigen Internetseite des Präsidialamts heißt es:[4]

> *»Das laizistische Wesen der Republik steht an der Schnittstelle zwischen Glaubensfreiheit und dem Prinzip der Gleichheit der Bürger vor dem Gesetz.*

Es steht jedem frei, zu glauben oder nicht zu glauben, ungeachtet seiner Ansichten und seines Glaubens, und seine Religion auszuüben, solange dies nicht gegen die öffentliche Ordnung verstößt. Laizismus (auch Laizität) ist nicht die Unterdrückung der Religion, sondern vielmehr ein Garant für die Wahrung der Rechte jedes Einzelnen.

Er garantiert nicht nur die Freiheit, eine Religion auszuüben, sondern auch die Freiheit von Religion. Niemand kann demnach zur Einhaltung religiöser Dogmen oder Auflagen gezwungen werden.

Zur Laizität zählt auch die Neutralität des Staates gegenüber allen Religionen, aber keinesfalls die Entfernung aller Hinweise auf Religionen aus dem öffentlichen Raum. Grundlage dafür ist die Trennung von Kirche und Staat, und diese Unabhängigkeit setzt einen Dialog voraus.

Der Laizismus ist also einer unserer wichtigsten Grundsätze, das Kernstück einer harmonisch funktionierenden Gesellschaft und der Mörtel für den Zusammenhalt eines geeinten Frankreichs.«

Neutralität zeigt sich im Verbot religiöser Bezüge im öffentlichen Raum – etwa in staatlichen Schulen. Entsprechend gibt es in Frankreich keinen Religionsunterricht. Das Tragen von religiösen Symbolen wie Kreuz, Kippa oder Kopftuch ist Schülern auf dem Schulgelände seit 2004 per Gesetz untersagt. Eines der Hauptziele der entschiedenen Verfechter der Laizität ist es daher, wie der französische Bildungsminister Gabriel Attal formulierte, sicherzustellen, dass beim Betreten eines Klassenzimmers niemand in der Lage sein sollte, die Religion der Anwesenden zu erkennen.[5]

Der französische Staat subventioniert auch keine christlichen Großevents wie Kirchentage, es gibt keinerlei religiöse Bekenntnissendungen oder Gottesdienst-Liveübertragungen im staatlichen Rundfunk und in TV-Kanälen, es wird kein eigenes kirchliches Arbeitsrecht akzeptiert – und undenkbar, dass der Staat den Religionsgemeinschaften seine Verwaltungsstrukturen zur Erhebung von Mitgliedsbeiträgen in Form von Kirchensteuern zur Verfügung stellt. Auch müssen sich französische Religionsgemeinschaften in Form privatrechtlicher Vereine organisieren und können gegenüber dem Staat keinerlei Ansprüche geltend machen. So soll die Gleichheit aller Staatsbürger umgesetzt, die »Unteilbarkeit des Staatskörpers garantiert« und verhindert werden, dass im öffentlichen Raum »persönliche religiöse Vorlieben zu Bevorzugungen oder Benachteiligungen führen« und sich jemand »durch die religiöse Bekundung Dritter gestört fühlt«.[6]

Kurzum: In Frankreich ist Religion reine Privatsache und als solche im Gesetz von 1905 festgeschrieben. Betrachtet man das Wesensprinzip der »Laïcité« unter dem Aspekt der Garantie von Religionsfreiheit, so gibt es zwischen Anspruch und Wirklichkeit durchaus eine »alltagskompatible« Übereinstimmung. Das 2010 verabschiedete Verbot der Verschleierung des Gesichts im öffentlichen Raum (»Burkaverbot») etwa steht in dieser Tradition. Doch es gibt auch Abweichungen – und diese sind keineswegs neu, sondern bestanden bereits 1905. So existieren bis heute gültige institutionalisierte Verflechtungen, die die Grenzen einer strikten Trennung von Kirche und Staat verschwimmen lassen. Auch nimmt das beim französischen Innenministerium angesiedelte Bureau central des cultes (Zentrales Kultusbüro) eindeutig religionspolitische Aufgaben wahr, wenn es Priester oder Seelsorger für Armee oder Justizvollzug ernennt. Ebenso verfügt es über steuer- und verwaltungsrechtliche Entscheidungsbefugnisse, zum Beispiel bei der Genehmigung von Steuererleichterungen für Religionsgemeinschaften oder bei der Abwicklung von Spenden und Schenkungen. Ferner unterstützt der französische Staat auch weiterhin die Errichtung religiöser Bauten, trotz des offiziellen Verbots durch das Gesetz von 1905 (Artikel 2). Allerdings nur indirekt, etwa mithilfe von Erbpachtverträgen oder Quersubventionierungen wie der Finanzierung von angegliederten Kulturzentren.[7] Das Prinzip der Laizität hat also mehrere Facetten und wird seit jeher in der Praxis weniger strikt ausgelegt, als sein theoretisches Konzept fordert. Jahrzehntelang war diese Ambivalenz kein Problem. Auch nicht hinsichtlich des Islams, wie die staatlich initiierte Gründung des französischen Muslimrates, des Conseil français du culte musulman (CFCM), im Jahr 2003 oder die indirekte finanzielle Unterstützung des Baus der Moschee von Créteil oder des Centre des cultures de l'islam (ICI) durch die Stadt Paris unterstreichen.[8]

Seit der Islam an gesellschaftspolitischer Präsenz im Land gewinnt (Stichworte: Moscheebau, konfessionelle Privatschulen, Feiertage, Bestattungsfragen, Speisevorschriften), gerät das Wesensprinzip der Laizität immer mehr an seine Grenzen. Nicht zuletzt prägen zahlreiche Gewalt- und Terroranschläge fanatischer islamischer »Gotteskrieger«, die für sich reklamieren, »im Namen Allahs« zu handeln, durchaus die öffentliche Wahrnehmung des Islams. Im Vordergrund der anlässlich dieser Entwicklungen heftig geführten nationalen Debatte steht aber interessanterweise nicht die Frage, wie Islam und Laizität künftig in Einklang gebracht werden könnten. Vielmehr appelliert die Mehrheit der Politiker an die Angst der Bevölkerung vor einem Verfall nationaler Werte und des gesellschaftlichen Zusammenhalts und begründet so die neuerliche Betonung der strikten Trennung von Religion und Zivilgesellschaft.

Eine exemplarische Auseinandersetzung darüber, wie es um Frankreichs Laizität bestellt ist, löste im Sommer 2023 das neue Abaya-Verbot aus, das nun in Frankreichs öffentlichen Schulen gilt.[9] Eine Abaya ist ein fuß- bis bodenlanges, hochgeschlossenes, langärmeliges Überkleid, das von muslimischen Frauen vor allem im Nahen Osten und in Nordafrika getragen wird. Das Verbot wird von einigen als Angriff auf die Religionsfreiheit eingestuft. Andere sehen darin eine Verteidigung der Laizität, der republikanischen Werte und der Gleichberechtigung der Geschlechter. Wie schon bei der Kopftuch- und Burkadebatte empören sich Politiker (und Politikerinnen) der Rechten beispielsweise darüber, dass eine Frau auf der Zuschauertribüne eines Regionalparlaments ein Kopftuch trägt. Eine unabhängige Beobachtungsstelle für Laizismus widersprach den Beschwerdeführern und betonte, dass Privatpersonen, die den Staat nicht repräsentieren, in öffentlichen Einrichtungen religiöse Symbole tragen dürfen. Auch wurde darüber diskutiert, ob eine Mutter, die ihre Kinder auf einem Schulausflug begleitet, ihr Kopftuch abnehmen muss. Die Debatte war und bleibt aufgeladen. Linke Gruppen reagierten wie so oft reflexartig und verurteilten Verteidiger der Laizität pauschal als »islamophob und integrationsfeindlich«. Doch diesmal war selbst die Linke in Bezug auf das Abaya-Verbot gespalten. *Le Figaro* berichtete von einer Umfrage, wonach bei den Sympathisanten der Sozialistischen Partei eine überwältigende Mehrheit von 75 Prozent das Abaya-Trageverbot in Schulen befürwortet.

Das Tragen religiöser Symbole im öffentlichen Raum ist Privatpersonen in Frankreich grundsätzlich nicht verboten, sondern fällt unter die als Menschenrecht garantierte Religionsfreiheit. Einschränkungen ergeben sich – wie bei anderen Menschenrechten auch – allenfalls, wenn die öffentliche Ordnung dadurch gestört zu werden droht. So erließ Frankreich im Jahr 2011 ein Gesetz, das die Verhüllung des Gesichts im öffentlichen Raum verbietet. Kritiker verurteilten das als »antimuslimisch«, weil nur ein kleiner Bruchteil der Musliminnen sich vollverschleiern würde. In der Begründung der Ausnahme wird auf die öffentliche Ordnung verwiesen:

> *»Das Verbot der Gesichtsverschleierung im öffentlichen Raum zielt darauf ab, die Werte der Republik und des Zusammenlebens, vor allem im Sinne der Gesellschaftsregeln, dauerhaft zu sichern. … Die Gleichheit von Mann und Frau in allen Lebensbereichen ist in der französischen Verfassung verankert. Für den Gesetzgeber bedeutet die freiwillige oder unfreiwillige Verschleierung des Gesichtes einen Bruch mit dem Gebot der Gleichheit, bei dem die Frau ausgeschlossen wird und eine untergeordnete Rolle einnimmt. Diese ausschließende Verbergung wird empfunden als Ausdruck für den Rückzug einer Gruppe aus der Gesellschaft bzw. für die Verweigerung, sich als Teil einer offenen Gesellschaft zu betrachten.«*[10]

Der Europäische Gerichtshof für Menschenrechte (EGMR) hielt in seinem Urteil vom 1. Juli 2014 das französische Verhüllungsgesetz für menschenrechtskonform. Zwar wies der EGMR einen Teil der Argumente des französischen Staates zurück und hielt fest, dass die Gleichstellung von Mann und Frau kein hinlängliches Motiv sei, um ein Verbot des Ganzkörperschleiers im öffentlichen Raum zu rechtfertigen, aber er erachtete das angefochtene Verbot im Hinblick auf das Ziel, das gesellschaftliche Zusammenleben zu erhalten, für verhältnismäßig:

> *»So gesehen versucht der belangte Staat, einen Grundsatz der zwischenmenschlichen Kommunikation zu schützen, der seiner Ansicht nach essentiell für den Ausdruck nicht nur des Pluralismus ist, sondern auch der Toleranz und der geistigen Großzügigkeit, ohne die es keine demokratische Gesellschaft gibt. Es kann daher gesagt werden, dass die Frage, ob es erlaubt sein sollte, an öffentlichen Orten einen Gesichtsschleier zu tragen, eine Wahl der Gesellschaft darstellt.«*[11]

Die Debatte um das Abaya-Verbot verdeutlicht exemplarisch die Problemstellung: Wie soll ein laizistisches Land mit der Religion seiner Einwanderer umgehen? Soll er Zugeständnisse an die religiösen Bedürfnisse machen oder braucht es eine flexiblere, weniger strikte Form der Laizität, die vor allem den Frieden in der Gesellschaft in den Mittelpunkt stellt? Für Verfechter des Laizismus ein Graus. Sie halten daran fest: Das staatliche Neutralitätsgebot muss angesichts wachsender kultureller, ethnischer und vor allem religiöser Vielfalt klar und strikt verteidigt werden.

Und Deutschland? Für einen strikten Laizismus müsste die Verfassung an vielen Stellen geändert werden. Politische Mehrheiten dafür sind unwahrscheinlich, die Einflüsse christlicher Eliten in den staatlichen Gewalten zu stark. In Deutschland sind Religion und Glaube nicht Privatsache, sondern eine öffentliche, politische Angelegenheit. Es gilt jedoch der Grundsatz: Erst der Bürger, dann der Gläubige. FDP-Chef Christian Lindner sagt, das Christentum sei nicht die deutsche Staatsreligion, sondern »ein persönliches Bekenntnis der Bürger«, und erinnert daran, dass wichtige, bis heute gültige Verfassungsprinzipien gegen den

Widerstand der Kirchen erkämpft worden seien. Bei den Sozialdemokraten gibt es einen Arbeitskreis Säkularität und Humanismus in der SPD (AKSH), bei den Grünen einen Säkularen Arbeitskreis.[12] Sie alle wollen laizistische Themen auf die politische Agenda setzen und in Parteigremien und draußen am Wahlstand für eine konsequente Trennung von Staat und Kirche kämpfen. Kein leichtes Vorhaben: Kirchenlobbyisten sind in allen Parteien gut vernetzt. Die klerikalen Politallianzen sind robust und einflussreich. Kurzum: Es bleibt viel zu tun auf dem Weg in eine laizistische Verfassungswirklichkeit.

Noch einmal Frankreich: Hierzu ist ein ebenso kenntnisreiches wie aktuelles Buch erschienen, das hier unbedingt ausgiebig Erwähnung finden soll. Geschrieben hat es die französische Journalistin und Filmemacherin Caroline Fourest.[13] Ihre Streitschrift möchte uns an die Trennung des Weltlichen vom Religiösen erinnern, gerade weil die fundamentalistische Verschmelzung von beidem vielerorts hoch im Kurs steht. Notwendiger denn je, so die Autorin, ist eine »laizistische Wachsamkeit«. Fourest klärt auf: Schon der Begriff »Laizismus« wird vielfach unterschiedlich definiert und gedeutet. Im Arabischen wird er häufig mit Atheismus verwechselt, während die englischsprachige Welt ihn mit »Säkularismus« gleichsetzt. Häufig einigt man sich darauf, darunter die Trennung von religiösen und zivilen Räumen zu verstehen, ohne jedoch auf einer rigiden Separierung beider Bereiche zu bestehen.

Laizismus ist für die Autorin gleichzusetzen mit der unbedingten Leidenschaft für Gewissens- und Weltanschauungsfreiheit. Keine Religion soll staatlich bevorzugt werden. Laizität schafft ein gesellschaftliches Gleichgewicht, das den Kräften des religiösen Dogmatismus in einem jahrhundertelangen Kampf abgerungen wurde. Doch das französische Modell, um das es in diesem Buch zentral geht, steht – wie die Debatte um das erwähnte Abaya-Verbot zeigt – von vielen Seiten unter heftiger Kritik. Höchste Zeit also für dessen Verteidigung, meint Fourest, die sich selbst als »Charlie-Hebdo-Linke« bezeichnet. Mit klarer Sprache und rhetorischer Verve verweist sie darauf, dass sich ihr Land in einem fanatischen, mörderischen Religionskampf befindet, was hierzulande gerne ignoriert wird: Zwischen 1979 und 2021 gab es 82 islamistische Attentate mit über 330 Toten. Eine Schreckensbilanz. Fourest plädiert für eine hörbare, offensive Gegenwehr.

In dieser brisanten Melange aus Terror, Hass, Gleichgültigkeit, Rechtfertigung und gegenseitiger Schuldzuweisung stehen auch die Grundsätze und Grundwerte des Laizismus unter Beschuss. Zwar findet der Laizismus in der öffentlichen Meinung Frankreichs weitgehende Zustimmung – und doch hat er viele Feinde, auch viele falsche Freunde. Ob Extremisten, Nationalisten oder Identitäre, alle bedienen sich seiner. Von der Rechten und der extremen Rechten jahrhundertelang bekämpft, wird er nun als Waffe zur Verteidigung des christlichen Abendlandes gegen den Islam benutzt. Fourest verwahrt sich hier gegen jede Form vereinnahmender Instrumentalisierung, die, wie etwa Marine Le Pens Rassemblement National, laizistische Argumente im Kampf gegen Islam und Islamismus einsetzt, dabei »die Neutralität der laizistischen Schule beschwört und eine christlich-klerikale Idee von Nation verteidigt. Das Gegenteil der republikanischen Idee von Gleichheit und Brüderlichkeit, welche der Laizismus ist.«[14]

Die Linke hingegen traue sich nicht, sich offensiv laizistischer Argumente zu bedienen, weil sie befürchte, damit den grassierenden Rassismus zu stärken, moniert Fourest. Einer der kursierenden Einwände lautet, dass der Laizismus gegen religiöse Minderheiten wie Muslime gerichtet sei. Etwa in der Debatte um das Tragen des Kopftuchs. Die Autorin wendet sich gegen diese selektive Wahrnehmung, kritisiert die so argumentierende Identitätslinke, die etwa Frauendiskriminierung innerhalb religiöser Minderheiten relativiere oder verharmlose. Die »neuen Antirassisten« von links seien »eher proislamisch, Anhänger des Opferwettstreits zwischen Juden, Arabern und Schwarzen, und manchmal äußern sie sich auch rassistisch gegenüber Juden und verachten Homosexuelle«.[15]

Die Frage, ob sich das Modell des französischen Laizismus als Strukturprinzip demokratischer Verfassungsstaaten eigne oder aber religiösen Radikalismus eher begünstige, beantwortet Fourest mit klarer Kante:

Nein, der Laizismus führt keineswegs zur Radikalisierung. Und die in angelsächsischen Ländern geäußerte Kritik, er habe zur islamistischen Radikalisierung in Frankreich beigetragen, kontert sie mit dem Einwand, dass das Nachbarland Belgien »prozentual doppelt so viele Dschihadisten hervorgebracht« habe, obwohl das Land »stärker kommunitaristisch als republikanisch organisiert« sei.

In diesem Zusammenhang widmet sich die Autorin in einem umfangreichen Exkurs der laizistischen Wirklichkeit in den USA, die exemplarisch für eine unterschiedliche Auffassung der Trennung von Religion und Staat steht. Sie weist darauf hin, dass ein Vergleich mit den Vereinigten Staaten, wo nur ein Hundertstel der Bevölkerung dem Islam anhänge, unter dem Aspekt der Radikalisierungsfrage eigentlich absurd sei. Ohnehin: Im Hinblick auf die Haltung des Laizismus trenne Frankreich und die Vereinigten Staaten mehr als ein Ozean. In Frankreich werden staatliche Behörden als Beschützer des Individuums vor dem Druck und der Einflussnahme religiöser Gruppen gesehen, während in den USA religiöse Gruppen als Beschützer des Individuums vor staatlichen Eingriffen gelten. Maßnahmen, die in Frankreich zum Schutz der Gleichheit und der Gewissensfreiheit getroffen werden, gelten in den Vereinigten Staaten als Verletzung der Religionsfreiheit, als Angriff auf die Bürgerrechte. Hier lauert also eine Menge von Missverständnissen und falschen Vergleichen: von der Anti-Sekten-Gesetzgebung bis hin zu gesetzlichen Verboten religiöser Symbole in öffentlichen Einrichtungen und Schulen.

In den abschließenden Kapiteln beschreibt Fourest noch einmal die aktuelle Situation in Frankreich und die daraus resultierende Notwendigkeit der Verteidigung der laizistischen Gesellschaft. Sie unterscheidet dabei zwischen freien und staatsbürgerlichen Bereichen. Unter dem Motto »Der Laizismus schützt uns – schützen wir ihn« geht sie auf zentrale gesellschaftliche Problemfelder ein und liefert überzeugende Argumente für überfällige Gesetzesänderungen und Reformen, die notwendig sind, um Rechte und Pflichten in einer multireligiösen Gesellschaft neu zu justieren. Kernfragen des Laizismus betreffen etwa die Finanzierung von Glaubensgemeinschaften sowie die religiöse Neutralität des Schulsystems. Erstere lehnt Fourest entschieden ab. In der Neutralität der öffentlichen Schulen sieht sie ein zentrales Element des Laizismus. Die Nichteinmischung seitens der Religion hat einen großen Stellenwert. Dies gilt gleichermaßen auch für Hochschulen. Für die deutsche Leserschaft liefert das Buch viel diskussionswürdigen Stoff, deshalb sei es hier so ausführlich gewürdigt. Auch wer nicht alle Ein- und Ansichten der Autorin teilt, wird die Streitschrift mit Gewinn lesen. »Der Laizismus ist kein Schwert, sondern ein Schild«, schreibt Caroline Fourest am Ende ihres Buches. Es ist ein kluges Plädoyer für eine Trennung von Weltlichem und »Heiligem«. Wir sollten es als Leitfaden lesen.

Ein imaginäres Verbrechen

Gotteslästerung ist kein Relikt der Inquisition, sie ist auch heute hoch aktuell. Von Pussy Riot bis Charlie Hebdo: Unter dem Etikett **»Blasphemie«** werden Menschen weltweit verfolgt und ermordet. Auch hierzulande gilt sie noch als strafwürdiges Verhalten.

Ein bärtiger Mann mit Turban hält seinen Kopf zwischen den Händen. Er weint oder ist sehr verärgert. In der Sprechblase steht: »Schon hart, wenn einen Idioten lieben ...!« Die Zeilen über der Zeichnung erläutern: »Mohammed beklagt sich. Er wird von Fundamentalisten überrollt!« Der Prophet beklagt sich also über die Haltung seiner fanatischen Anhänger. Eine Titelseite von *Charlie Hebdo*, dem französischen Satiremagazin: provokant, schrill, bunt. Nicht jeder muss über diese Karikatur schmunzeln, jeder darf sich beleidigt fühlen. In einer aufgeklärten, freien Gesellschaft nennt man so etwas politische Karikatur. Und die Charlie-Hebdo-Redaktion macht davon Woche für Woche Gebrauch, gegen selbstgefällige Politiker, korrupte Wirtschaftsbosse, bigotte Moralwächter – besonders aber gegen religiöse Fanatiker. So auch auf der zitierten Titelseite aus dem Jahr 2006, die Kurt Westergaard gewidmet war, der wegen seiner Karikaturen in der dänischen Tageszeitung *Jyllands-Posten* von Fundamentalisten mit dem Tod bedroht worden war. Damals waren die dänischen Karikaturisten beschuldigt worden, den öffentlichen Frieden zu gefährden. Eine skandalöse Umkehrung des Täter-Opfer-Prinzips. Denn nicht die an Leib und Leben bedrohten Zeichner gefährdeten den öffentlichen Frieden, sondern die religiösen

Fanatiker, die in ihrem Wahn Hunderte von Menschen töteten, nur weil sie unfähig waren, auf satirische Kunst, wie sie in einer offenen Gesellschaft legitim ist, in angemessener Weise zu reagieren.

Neun Jahre später, nach zahlosen Karikaturen und Titelseiten, die Charlie Hebdo der Katholischen Kirche und den Papst, ebenso wie allerlei moslemischen Allah-Eiferern und sonstigen religiösen Irrläufern immer wieder »gewidmet« hatte, – drangen am 7. Januar 2015 zwei moslemische Terroristen in die Redaktionsräume der Zeitschrift ein und ermordeten elf Menschen (darunter ein zum Personenschutz abgestellter Polizist, ein weiterer Polizist wurde von den Mördern auf ihrer Flucht erschossen). Eine bestialische Tat. Frankreich stand unter Schock. Doch es meldeten sich auch zahlreiche französische linke Intellektuelle zu Wort, die die »Verantwortungslosigkeit« des Satiremagazins beklagten. Sie machten Charlie Hebdo letztlich selbst für das mörderische Inferno verantwortlich, weil Zeichnungen im Blatt immer wieder islamfeindlich gewesen seien.[1]

Frankreich hat den Blasphemie-Paragraphen, dieses »imaginäre Verbrechen« (Jacques de Saint Victor) schon 1871 abgeschafft, doch es ist kein Relikt der Inquisition.[2] Sie ist ein Phänomen der Gegenwart: Weltweit rechtfertigen Islamisten Gewalt, Brandstiftungen und Morde wegen angeblicher Herabwürdigung des Korans oder des islamischen Propheten Mohammed mit dem Verweis auf das islamische Recht und die islamische Überlieferung. Sie verfolgen, terrorisieren und ermorden Andersgläubige und Ungläubige – auch in Europa. Zuletzt in Paris, Nizza und Wien, als Allahs verwirrte Bodentruppen ihren mörderischen Amoklauf fortsetzten. Es ist der blutige Begleitrahmen eines Prozesses, der seit einigen Jahren im Gange ist: der Einschüchterung des Denkens, der Bekämpfung des Rechts auf freie Meinungsäußerung, einschließlich des Rechts auf Spott.

Koran contra Verfassung: »Heilige Schriften« aus vormodernen Zeiten, die von einer göttlich vorgegebenen Gebots- und Verbotsordnung ausgehen, die für alle Zeiten festlegt, welches Verhalten Männer, Frauen und Kinder zu zeigen haben, kollidieren mit unseren rechtsstaatlichen Normen.

Wo aber kämen wir hin, wenn wir es vom Einverständnis religiöser Fanatiker abhängig machen würden, ob ein Kunstwerk, ein Theaterstück, ein Film gezeigt werden darf oder nicht, weil er den Propheten Mohammed herabstuft, beleidigt oder der Lächerlichkeit preisgibt. Ohnehin – darauf verweist Michael Schmidt Salomon – »ist es ein sonderbares Phänomen, dass Männer, die die Steinigung einer vermeintlichen Ehebrecherin mit müdem Achselzucken hinnehmen, aber schluchzend in sich zusammensinken, wenn sie hören, dass ihr Prophet satirisch auf die Schippe genommen wurde. Erklären lässt sich dies nur mit der partiellen Denk- und Entwicklungshemmung, die mit religiöser Indoktrination einhergeht. Hätten die Demokraten früherer Zeiten angesichts der massiven religiösen Proteste, mit denen sie zu kämpfen hatten, religiösen Eiferern und fundamentalistischen Gottes-Advokaten nachgegeben, würden in Europa womöglich noch heute die Scheiterhaufen brennen. ...«[3]

Nein, die Kunst- und Meinungsfreiheit kann in einer offenen, demokratischen Gesellschaft nicht aus Rücksicht auf religiöse Fanatiker eingeschränkt werden, dies käme einer Belohnung gleich. Wir müssen darauf bestehen. religiöse Sonderrechte und Befindlichkeiten, die im Widerspruch zur säkularen Rechtsordnung stehen, nicht zu tolerieren.

Doch Charlie Hebdo hat einmal mehr gezeigt: Gotteslästerung ist keineswegs ein Relikt von gestern, ebenso keineswegs ein »Vergehen«, dass nur moslemische Gläubige entzürnt. Ob die Punk-Gebete von Pussy Riot, die *Satanischen Verse* Salman Rushdies oder Mohammed-Karikaturen von Charlie Hebdo: Ihre Urheber wurden unter dem Etikett »Blasphemie« traktiert, verfolgt, bedroht – getötet.

Nach dem barbarischen Mordanschlag auf Charlie Hebdo kehrte ein heftiger Streit um ein Blasphemieverbot zurück, der schon nach der Ermordung des niederländischen Filmemachers Theo van Gogh 2004 begonnen hatte. Pochten früher nur ultrareligiöse und konservative Kreise auf unbedingte Einhaltung der »Gewissens- und Religionsfreiheit« (deren Einschränkung ja nirgendwo propagiert wird, allenfalls das Recht, Religionen, ihre Dogmen und Verkünder zu kritisieren oder diese zu verspotten), machen sich heute auch progressive, antirassistische Bewegungen für die Einschränkung oder Abschaffung der Meinungsfreiheit stark. In der Beschwörung des »Respekts vor religiösen Anschauungen« waren sich alle Religionsvertreter einig: die Adepten des Katholizismus, die Vertreter des Islams oder orthodoxen Judentums – sie alle reklamierten »Respekt«. Sie beharren auf einen Blasphemie-Paragraphen.

Die Ermordeten von Charlie Hebdo waren noch nicht bestattet, da war man hierzulande, etwa bei der CSU, bereits der Meinung, dass der deutsche »Gotteslästerungsparagraph« nicht etwa abgeschafft, sondern verschärft werden müsse. Gottes-Terroristen und einige konservative Politiker waren also offenbar der Ansicht, dass »Gotteslästerung« bestraft werden soll. Lediglich das Strafmaß war noch strittig. Tragik oder Groteske? Sie glaubten, das Kruzifix verteidigen zu müssen – und lieferten damit verblendeten Allah-Fanatikern ungewollt, krude Rechtfertigungsformeln für deren Hass und Verfolgungseifer. In Anbetracht der Fraglichkeit, ob man in Deutschland einen Witz über den Propheten machen darf, durften sich die Muslim-Fundis legitimiert fühlen.

Wer Meinungsfreiheit für wichtiger hält als religiöse Empfindlichkeit und dies öffentlich klar und laut vertritt, der sieht sich – zumal als Politiker – persönlichen Angriffen ausgesetzt. Als sich Präsident Emmanuel Macron nach der islamistisch motivierten Ermordung des Geschichtslehrers Samuel Paty zur Meinungsfreiheit bekannte und die Veröffentlichung von Mohammed-Karikaturen verteidigte, flogen weltweit bei Muslimen die Sicherungen raus. Macron-Puppen und -Bilder gingen in Flammen auf. »Den Tatbestand der Störung des öffentlichen Friedens dürfte Macron also erfüllt haben. Sein Glück, dass Frankreich im Gegensatz zu Deutschland keinen derartigen Religionsschutz mehr kennt und seit über hundert Jahren Staat und Kirche voneinander getrennt hält«, kommentierte Alexander Neubauer im *Spiegel.*[4]

Hierzulande wird »mit Freiheitsstrafe bis zu drei Jahren oder mit Geldstrafe bestraft«, »wer öffentlich oder durch Verbreiten von Schriften den Inhalt des religiösen oder weltanschaulichen Bekenntnisses anderer in einer Weise beschimpft, die geeignet ist, den öffentlichen Frieden zu stören«. Es ist also durchaus erlaubt, den gekreuzigten Jesus als »Balkensepp« zu bezeichnen, wenn dadurch keine Christenmenschen in weltlichen Aufruhr geraten. Nur der »öffentliche Friede« darf dadurch nicht gestört werden. Kurzum: »Es kommt weniger auf die Verunglimpfung selbst an als auf die mögliche Reaktion der Gläubigen.«[5]

Dabei handelt es sich um eine groteske Umkehrung des Täter-Opfer-Prinzips, denn selbstverständlich wird der öffentliche Friede nicht durch kritische Karikaturen gestört, sondern durch religiöse Fanatiker, die nicht hinnehmen wollen, dass ihr Prophet kritisiert, lächerlich gemacht oder verhöhnt wird. Das aber ist in einer freien Gesellschaft erlaubt. Wir leben nicht in einem Gottesstaat. Um diesen Punkt zu untermauern, reichte die Giordano Bruno Stiftung schon am 8. Januar 2015, einen Tag nach dem Anschlag auf Charlie Hebdo, eine Petition zur Abschaffung von Paragraph 166 des Strafgesetzbuches beim Petitionsausschuss des Deutschen Bundestages ein. Zwar erhielt sie mehrheitlich die Zustimmung aller Bundestagsfraktionen, dennoch wurde sie im November 2015 vom Ausschuss abgelehnt – dank der CDU/CSU-Mehrheit.[6] In der Begründung hieß es, der Paragraph 166 StGB sei im Jahr 1969 »im Bemühen um weltanschauliche Neutralität in einer pluralistischen Gesellschaft neu gefasst und dabei zum Teil grundlegend umgestaltet worden«. Seitdem schütze er »nicht mehr Religion und Weltanschauung als solche, auch nicht das religiöse Gefühl, sondern den öffentlichen Frieden«.[7]

Die Geschichte der Gotteslästerung hat der Historiker Gerd Schwerhoff eindrucksvoll durchforstet.[8] Kenntnis- und faktenreich zeigt er, was Blasphemie in unterschiedlichen Epochen und Kulturen ausmachte, was sie bewirkte, wer sie beging und welchen Repressionen und Strafen diese Personen ausgesetzt waren. Spannend schildert er, warum Menschen seit mehr als 2.000 Jahren Gott, Propheten oder Heilige beleidigen und warum diese Worte und Taten die Gemüter so sehr erregen. Von der Antike (mit Judentum und frühem Christentum) über das Mittelalter und die frühe Neuzeit (mit Inquisition, Ketzerei und Reformation) bis zur Aufklärung und den aktuellen Konfrontationen im Spannungsfeld zwischen Christentum, Laizismus und Islam beschreibt Schwerhoff eine schauderhafte Kulturgeschichte zwischen Verfolgung, Bestrafung und Tolerierung, die deutlich macht: Die Geschichte der Blasphemie ist immer auch ein Spiegelbild der Machtverhältnisse und deren politischer Implikationen. Während die einen auf die Meinungsfreiheit pochen, sehen viele Gläubige den Tatbestand der Blasphemie erfüllt.[9]

Können Gott und der Glaube überhaupt beleidigt werden? Deckt die Meinungsfreiheit jede Äußerung ab? Braucht Religion den Schutz durch den Staat? Es gehört zu den bitteren Erfahrungen der jüngeren Zeit, dass auch in Deutschland ein kleiner Teil der Muslime die Werte der Aufklärung ablehnt. Umso absurder ist es, dass unser Rechtssystem für diese Integrationsverweigerer einen Paragraphen bereithält, der sie in ihrem Wahn zu bestärken scheint.

So hatte ein geflüchteter Iraner in Stuttgart regelmäßig Kundgebungen veranstaltet, bei denen er das Mullah-Regime im Iran kritisierte. Dabei hatte er auch Mohammed-Karikaturen und Charlie-Hebdo-Titelseiten verwendet. Er wurde am 31. Oktober 2020 erstmals bedroht und angegriffen und musste deshalb die Flüchtlingsunterkunft wechseln. Am 27. November 2020 wurde er zu einem Gespräch eingeladen. Die Säkulare Flüchtlingshilfe hat ihn begleitet. Teilnehmer waren die Integrationsbeauftragte der Stadt Stuttgart, die Kriminalpolizei, der Staatsschutz und Betreuer der Flüchtlingsunterkunft. Die Integrationsbeauftragte der Stadt Stuttgart und die Kriminalpolizei zeigten kein Verständnis für die Kundgebungen des geflüchteten Ex-Muslims. Man nahm als Motiv Muslimfeindlichkeit an – ein Phänomen, dessen Bekämpfung von der Kriminalpolizei und der Stadt als staatliche Aufgabe betrachtet wurde.

Die Zielrichtung des »Sensibilisierungsgesprächs« war, dass der Geflohene diese Kundgebungen einstellt. Der aber setzte sie fort und erhielt Polizeischutz, wenn er angemeldet hatte, Mohammed-Plakate zu zeigen. Der Polizeischutz erfolgte zunehmend widerwillig und die Sympathie der Polizei war eher auf Seiten der aufgebrachten muslimischen Passanten. Als der Ex-Muslim am 16. Oktober 2021 – dem ersten Jahrestag der Ermordung des französischen Lehrers Samuel Paty – seine Kundgebung ohne den angeforderten Polizeischutz startete und tatsächlich von Muslim-Fundis angegriffen wurde, zeigte ihn die Kriminalpolizei wegen Verstoßes gegen den sogenannten Blasphemie-Paragraphen 166 StGB an. Am 4. Juli 2022 wurde er in erster Instanz verurteilt – schließlich am 27. Oktober 2022 in zweiter Instanz freigesprochen.[10]

Der Fall zeigt, es fehlt ein eindeutiges Signal des Gesetzgebers: Meinungsfreiheit erlaubt ausdrücklich jede Form der Gotteslästerung – auch dann, wenn gläubige Kläger das als bösartige Beschimpfung und Häme empfinden. Das entscheidende Problem hat der Deutsche Bundestag bisher nicht erfasst: Zwar stimmt es, dass Paragraph 166 StGB die bloße Kritik oder Beschimpfung einer Religion nicht mehr unter Strafe stellt, sondern nur solche Formen der Kritik, die geeignet sind, den öffentlichen Frieden zu gefährden. Dies sei der Fall, wenn sich Personen in ihren »religiösen Gefühlen« verletzt fühlten. Doch paradoxerweise führt gerade dieser Schutz des öffentlichen Friedens zu seiner Gefährdung. Die paradoxe Logik erklärt, warum nur Verfahren wegen Religionsbeschimpfung eingeleitet werden, niemals jedoch wegen Beschimpfung nichtreligiöser Weltanschauungen.

Freigeister und Ungläubige, darauf weist Michael Schmidt-Salomon hin, neigen ohnehin nicht zum Ruf nach der Justiz, wenn sie beleidigt werden. »Sie wertschätzen die Prinzipien der offenen Gesellschaft und sie wissen, dass die Freiheiten nicht zum Null-Tarif sind. Nur weil sie selbst bereit sind, abweichende Meinungen – ja, auch die Verhöhnung ihrer Weltsicht – zu ertragen, gibt es diese Freiheit.«[11] Diese Grundlektion in Toleranz haben religiöse Fanatiker nicht gelernt, was mitunter zu irritierenden Verhaltensmustern führt: Wenn Frauen wegen falschen Tragens eines Kopftuchs drangsaliert, verfolgt, misshandelt und inhaftiert werden, erhebt sich kein Protest, wenn jedoch eine harmlose Karikatur ihren Propheten zeigt, gehen die Fanatiker auf die Barrikaden. Sie zünden Fahnen an, skandieren wüste Drohungen, schwören Rache.

Kurzum: Es ist an der Zeit, den Paragraphen 166 StGB abzuschaffen, den mittelalterlichen Gotteslästerungsparagraphen aus unserem Strafrecht zu streichen. In Merkels Regierungszeit (2005 bis 2021) gab es hierfür keine Mehrheit im Bundestag. Der jetzigen Ampelregierung aus SPD, FDP und Grünen, die mit dem Motto »Mehr Fortschritt wagen« einst ihr Regierungsprogramm überschrieb, bleibt nicht mehr viel Zeit. Am 7. Januar 2025 jährt sich der Mordanschlag auf die Redaktion von Charlie Hebdo zum zehnten Mal. Es wäre ein überfälliger Schritt, ein Bekenntnis für eine offene Demokratie abzulegen. Und für einen starken Rechtsstaat.

Nachtrag

»Joe Biden beendete seine Rede mit den Worten. ›May God save the planet‹. Das fand ich als Konzept dünn. Sich auf Gott zu verlassen hat doch noch nie funktioniert. Gott hat die große Pest nicht verhindert, den Dreißigjährigen Krieg nicht und auch nicht die Erfindung der Leggins in Größe 58!«. [12]

Man muss nicht lustig finden, was der Kabarettist Dieter Nuhr in einem Interview geäußert hat, aber es gibt Staaten auf dieser Welt, da würden Herr Nuhr, der Interviewer und der Herausgeber des *ZEIT Magazins* dafür angeklagt werden, sie kämen ins Gefängnis oder würden hingerichtet werden. Wer über Allah oder den Propheten Mohammed Witze macht, verwirkt sein Leben. Im Iran sind im Mai 2023 zwei Männer wegen des Vorwurfs der Blasphemie hingerichtet worden. Nach Angaben der staatlichen Nachrichtenagentur *IRNA* wurden die Angeklagten im Gefängnis der zentraliranischen Stadt Arak gehängt. Ein Gericht in Saudi-Arabien verurteilte einen Mann zum Tode, weil er sich vom Islam abgewendet und den Propheten Mohammed und dessen Tochter Fatima in einem Video auf der Online-Plattform *Keek* beleidigt haben soll. Die saudi-arabische Religionspolizei nahm den Mann in der Stadt Hafar al-Batin im Nordosten des Landes fest. Anschließend wurde er vor ein Schariagericht gestellt. Ein Sprecher des Ministeriums für islamische Angelegenheiten verteidigte das Todesurteil.

Wer in Pakistan der Blasphemie beschuldigt wird, ist von harten Strafen bis hin zum Tod bedroht. Die islamistische Partei Tehreek-e-Labbaik in Pakistan hat nun mit der Regierung vereinbart, die Anti-Terror-Gesetzgebung auch bei Blasphemie anzuwenden. So soll beispielsweise mit dem Counter Blasphemy Wing (CBW) (Flügel zur Bekämpfung von Blasphemie) eine Filterorganisation gebildet werden, die im Rahmen der Federal Investigation Agency (FIA) blasphemische oder unmoralische Inhalte in Sozialen Medien aufspürt – damit man deren Urheber ermitteln kann – und löschen lässt.[13]

*

Im August 2023 war es in Schweden und Dänemark bei Kundgebungen mehrfach zu mutmaßlichen Beschädigungen oder Verbrennungen des Korans gekommen. In der islamischen Welt reagierte man mit scharfen Protesten auf die Koranverbrennungen in Schweden. Der iranische Staatschef Ajatollah Ali Khamenei drohte mit der »härtesten Strafe« für die Entweihung des Korans und verkündete, dass sich Schweden durch Unterstützung der Verantwortlichen »in die Schlachtordnung für den Krieg gegen die muslimische Welt« eingereiht habe.

Die islamischen Organisationen Hisbollah, Al Shabaab und Al Qaida riefen ihre Anhängerschaft zu Anschlägen im Land auf, so Charlotte von Essen, die Leiterin des schwedischen Nachrichtendienstes Säkerhetspolisen (Säpo), auf einer Pressekonferenz. Zudem bestehe eine anhaltende Gefahr von rechtsextremen Attentaten. Die Säpo-Chefin geht davon aus, dass die neue Gefahrenlage noch über einen längeren Zeitraum bestehen bleibt. Wie Ministerpräsident Ulf Kristersson mitteilte, seien bereits geplante Anschläge entdeckt und vereitelt sowie mehrere Personen festgenommen worden. Auch die schwedischen Streitkräfte haben ihre Alarmstufe aufgrund von Drohungen erhöht, während Großbritannien und die USA ihre Staatsbürger vor Reisen in das Land gewarnt haben.

Die nun geltende Warnstufe 4 (auf einer ansteigenden Skala von 1 bis 5) wird von den Behörden dann ausgerufen, wenn sie »eine konkrete Gefahr für das Land« sehen und »die Wahrscheinlichkeit hoch ist, dass

Akteure die Absicht und die Fähigkeiten zum Verüben von Anschlägen haben«. Zuletzt war dies für einige Monate 2015 und 2016 der Fall, als der Islamische Staat seine Anhänger zu Attentaten in Europa aufgefordert hatte.

Dass die öffentliche Verbrennung des Korans in Schweden im Rahmen der Versammlungs- und Demonstrationsfreiheit rechtens ist, hat erst kürzlich ein schwedisches Gericht entschieden. Indessen prüft das Land gegenwärtig, auf welchem rechtlichen Wege gegen Koranverbrennungen vorgegangen werden kann. … [14]

Allah, der Staat, die Linke und die Aufklärung

Die Linke scheut das Thema Islam und islamistische Gottesmänner beschwören »Respekt« und »Toleranz«. Der **Islamophobie-Vorwurf** soll Kritiker mundtot machen. Galt nicht Religionskritik spätestens mit Voltaire einmal als Selbstverständlichkeit? Auch konservative Politiker verteidigen Religion statt Aufklärung.

»Allahu Akbar, Gott ist groß!«, rufen sie. Über 200 Menschen sind gekommen, um an der Beisetzung eines jungen Mannes teilzunehmen, der wenige Tage zuvor, am 16. Oktober 2020, den französischen Lehrer Samuel Paty grausam getötet hatte. Hier in seiner Heimat im Nordkaukasus wird viel getrauert. Nicht um das Opfer und seine Angehörigen, sondern für den Mörder, der nach dem tödlichen Angriff von der Polizei erschossen worden war. Er ist ein Märtyrer für sie.

Nur wenige Tage zuvor hatte der Achtzehnjährige den 47-jährigen Lehrer nahe einer Schule im Pariser Vorort Conflans-Sainte-Honorine auf offener Straße enthauptet. Patys »Verbrechen«: In einer Unterrichtsstunde zur Meinungsfreiheit hatte er Mohammed-Karikaturen aus der Satirezeitschrift *Charlie Hebdo* gezeigt. Er hatte versucht, seinen Schülern zu verdeutlichen, was freies Denken in Frankreich bedeutet, einem Land, das die Freiheit des Wortes über die Glaubenssätze der Religion stellt. Paty wollte Denken lehren, nicht Glauben.

Der Anschlag hatte über Frankreichs Grenzen hinaus Entsetzen ausgelöst. Während einer Trauerfeier in der Universität Sorbonne verteidigte Präsident Macron die Veröffentlichung religionskritischer Karikaturen und Texte – und erntete dafür keineswegs nur Zustimmung.

Im Gegenteil: Sowohl in Frankreich als auch weltweit gab es ablehnende, ja aggressive Stimmen. Aus der Türkei meldete sich umgehend Recep Tayyip Erdoğan und nannte Macrons Behauptung »respektlos und eine regelrechte Provokation«. Ein sunnitisches Rechtsinstitut namens Al Azhar in Kairo verurteilte Macrons Aussagen als »rassistisch und dazu geeignet, die Gefühle von zwei Milliarden Muslimen in der Welt entflammen zu lassen«. Kurz darauf entflammten Proteste in muslimisch geprägten Ländern und es kam zu Boykottaufrufen gegen Frankreich.

Anfang November, nur wenige Wochen später, wurde in Nizza ein Mann eingeäschert, dessen grausamer Tod die Öffentlichkeit erneut erschütterte. Dem Küster der Kirche Notre-Dame de l'Assomption war am 29. Oktober vor dem Altar von einem islamistischen Terroristen die Kehle durchschnitten worden. Eine barbarische Tat. Doch auch diesmal gab es fanatische Islamisten, die diesen Meuchelmord – ebenso wie die Enthauptung von Samuel Paty zuvor – aus den Quellen des Islams zu rechtfertigten versuchten. Ging nicht schon der Prophet Mohammed so mit seinen Feinden um? Im Koran heißt es über den Umgang mit Ungläubigen: »Ich werde denjenigen, die ungläubig sind, Schrecken einjagen. Haut sie und schlagt ihnen (mit dem Schwert) auf den Nacken. ...«

Die Liste der sogenannten Schwertverse im Koran ist lang und oft kommen darin die Worte »kämpfen« und »töten« vor. Es sind Verse, die dazu aufrufen, gegen »Ungläubige« Krieg zu führen. Das Köpfen und Durchtrennen der Kehle ist keine Erfindung des Dschihad des 21. Jahrhunderts. Ähnliche Berichte von Aufforderungen zur Gewalt durchziehen die Frühgeschichte des Islams. Fanatische junge Männer sehen darin heute noch eine Handlungsanweisung. Sie wollen sich als »wahre Muslime« stilisieren – auch wenn ihre Gewaltexzesse Menschenleben fordern. Der Einwand, hier würden die Quellen des Islams falsch interpretiert, hilft wenig. Die Anstifter der jungen Terroristen fühlen sich berechtigt, ihren Propheten »mit dem Schwert« zu verteidigen und »Ungläubige« zu ermorden. Wer den wahnhaften Fundamentalismus kritisiert, der setzt sich dem Vorwurf aus, den Islam generell zu kritisieren – wie auch den Propheten Mohammed. Er wird der Islamophobie bezichtigt.

Dann der 2. November 2020, Allerseelen in Wien: Am Zentralfriedhof wird der Verstorbenen gedacht. Auf der Partymeile Bermudadreieck in der Innenstadt aber, im wahren Leben, sterben an diesem Abend fünf Menschen binnen neun Minuten. Der Mörder, ein junger Mann mit österreichischem Pass, wird von einer Eliteeinheit der Polizei nur wenige Minuten nach seinem Amoklauf mit einem gezielten Schuss getötet. Am Finger trägt er einen Ring mit dem Siegel des Propheten Mohammed. Nur Stunden vor dem Mordschlag hatte er – bewaffnet mit Sturmgewehr, Pistole und Machete – auf Instagram der Terrororganisation Islamischer Staat (IS) die Treue geschworen.

Paris, Nizza, Wien – es waren allesamt Kriegserklärungen gegen Menschen, gegen Ideen, gegen Prinzipien, die seit der Aufklärung fester Bestandteil unserer freien Gesellschaft sind. Blutgetränkte Attacken, Einschüchterungen des Denkens, des selbstverständlichen Rechts auf Kritik an Glauben, an Göttern und ihren Propheten. Das Recht auf Meinungsfreiheit, das Recht auf Spott, einschließlich des Rechts auf schlechten Geschmack – all das gehört in freien Gesellschaften zum verfassungsgarantierten Grundrecht. Führende Politiker bekannten sich demonstrativ zur Verteidigung der Meinungsfreiheit, präsentierten sich telegen in Nachrichtensendungen und Talkshows und gaben sich gleichzeitig als Verfechter des »Respekts vor Religionen«.

Doch das war ein beschämendes, ambivalentes Spiel. Bei manchem Politiker tarne »sich die Angst als Respekt«, vermutete Salman Rushdie, dessen Werk *Satanische Verse* schon vor mehr als drei Jahrzehnten Anlass war, ihn mittels einer »Fatwa« zum Tode zu verurteilen. Begründet wurde diese Fatwa damit, das Buch sei »gegen den Islam, den Propheten und den Koran«. Religions- und Staatsführer Chomeini rief die Muslime in aller Welt zur Vollstreckung auf und setzte ein Kopfgeld von einer Million US-Dollar aus. Rushdie war gezwungen, sich Jahre seines Lebens auf der Flucht zu verstecken. Der religiöse Wahn hat Kontinuität.

Nun, im Herbst 2020, erinnerte Emmanuel Macron an das Grundrecht. Er sprach von der Freiheit der Rede und des Denkens. Ein Plädoyer für Meinungsfreiheit. Dass er nicht mit Zuspruch aus der islamischen Welt rechnen konnte, auch nicht aus den muslimischen Communities in Europa, war erwartbar. Ernüchternd – nein, skandalös: Er erhielt kaum Rückendeckung für seine Äußerungen in seinem Land.

Auch nicht aus Deutschland. Keine öffentlich wahrnehmbare, eindeutige Unterstützung: nicht von Politikern, nicht von den Leitartiklern großer deutscher Zeitungen (bis auf wenige Ausnahmen, etwa der *Süddeutschen Zeitung*). Kaum eine Redaktion druckte die Karikaturen (über die Paty aufklären wollte) nach, nirgendwo gab es Solidaritätsdemonstrationen. Allein die Vertreter anderer Religionen bekundeten ihre Anteilnahme, selbstredend im Namen des Herrn, durch Anrufung himmlischer Mächte »gegen Terror, woher auch immer ...«. Gottesmänner lieben das Ungefähre und das Allgemeine. Sie scheuen klare Worte. Von religiösem Morden wollen sie nicht reden. In ihren Beschwörungsformeln geht es viel um »Respekt und Akzeptanz«, wenig um Wahn und Barbarei. »Ihr einziger Anspruch ist Friedfertigkeit, die sie selbstverständlich auch dem Islam attestieren, der Religion, die den ›Unfriedfertigen‹ das Rechtfertigungsarsenal für ihre Terrortaten liefert«, konstatierte der Kolumnist Frank A. Meyer treffend.[1] Und die liberalen linken Intellektuellen? Auch sie schwiegen.

Warum schweigt die politische Linke, präziser: das links-liberal-grüne Moralmilieu, wenn die Werte der Aufklärung durch fundamentalistische Islamisten bedroht werden? Wie ist es möglich, dass einer sich als emanzipatorisch verstehenden Linken ausgerechnet in der Auseinandersetzung mit dem Islam die Sprache abhandenkommt (die sie damit der Rechten überlässt)? Man sollte meinen, für Aufklärung und Freiheit zu kämpfen, gehöre zur politischen DNA der kulturell-politischen Linken. Doch weit gefehlt.[2]

Pochten früher nur ultrareligiöse und konservative Kreise auf unbedingte Einhaltung der »Gewissens- und Religionsfreiheit« (deren Einschränkung ja nirgendwo propagiert wird, allenfalls das Recht, Religionen, ihre Dogmen und Verkünder zu kritisieren oder diese zu verspotten), machen sich mittlerweile auch progressive, antirassistische Bewegungen für die Einschränkung oder Abschaffung der Meinungsfreiheit stark.

Das Bündnis zwischen Religionsvertretern und progressiven Denkern sagt viel aus über die geistige dogmatische Verwandtschaft. Alle diese Bedenkenträger äußern, dass die Laizität achtenswert sei, »solange sie alle religiösen Anschauungen« akzeptiere. Dabei hat der Laizismus stets die Gläubigen, nie aber eine einzige Religion beschützt.

Wir dürfen hier festhalten: Religiöse Anschauungen sind keine Meinungen, sondern Glaubensbekenntnisse – und darüber lässt sich nur schwer diskutieren: Entweder ich glaube oder ich glaube nicht. Aber Verbote, etwa den Propheten darzustellen, fallen, wie jedes Lehrgebäude, in die Rubrik des Meinungsstreits und müssen sich alle Kritiken und Debatten, ja auch Spott und Häme, gefallen lassen.

Wir müssen aber auch konstatieren: Viele halten politische Karikaturen, in denen Propheten und Götter nach Gusto des Zeichners »sichtbar« gemacht werden – wie verzerrt, lächerlich, peinlich, hämisch und geschmacklos auch immer – für strafwürdige Blasphemie und Charlie Hebdo für eine islamophobe, rassistische Zeitung. Ein heuchlerischer Vorwurf.

In einer Streitschrift,[3] die Chefredakteur Charb (Stephane Charbonnier) erst zwei Tage vor seiner Ermordung beendet hatte, wandte er sich gegen den Vorwurf, sein Magazin würde Angst und Aggression »gegen den Islam« entfesseln. Die Tonalität des Textes ist wie immer provokant, polemisch, sarkastisch. Ein unerschrockenes, beeindruckendes Plädoyer für Meinungsfreiheit und gegen jegliche Zensur.

Charb sollte recht behalten, denn nur wenige Monate später, nach den Massakern vom November 2015 im Club Bataclan und in den Straßencafés des 11. Bezirks, meldeten sich alle großen links-liberalen Geister der Republik zu Wort, so wie er vorausgesagt hatte. Für Alain Badiou erklärten sich die Morde aus »der Leere und Verzweiflung, bedingt durch die aggressive Dominanz des westlichen Kapitalismus und der ihm dienenden Staaten«. Ein anderer Philosoph, der viel gelesene und populäre Michel Onfray, ließ wissen, für die Toten sei ausschließlich der französische Staat verantwortlich, da er eine »islamophobe Politik« betreibe und nun ernte, was er gesät habe.

Nach dem Anschlag von Nizza am französischen Nationalfeiertag, dem 14. Juli 2016, als ein Attentäter mit einem LKW in eine Menschenmenge raste, äußerte sich auch Jean-Luc Nancy, der zu den bekanntesten Philosophen der Gegenwart nicht nur in Frankreich zählt: »Wir müssen uns selbst anklagen, wir müssen endlich unser unstillbares und universelles Streben nach Macht stoppen. Wir müssen die verrückten LKWs unseres angenommenen Fortschritts stoppen und demolieren, unsere Dominanz-Phantasien und die kommerzielle Gewinnsucht.«

Man könnte fragen: Hat den Mann eine gravierende Schwindsucht erfasst und seinen Geist vollends vernebelt? Die Opfer sollen für ihr Schicksal selbst verantwortlich sein. Was verbirgt sich dahinter? Ist es grenzenloser Zynismus, grobe Dummheit oder ein tiefsitzender Selbsthass? In jedem Fall eine Ermutigung für weitere mörderische Gotteskrieger.[4]

Im März 2021 mussten zwei Universitätsprofessoren in Grenoble um ihr Leben fürchten, weil Studenten ihre Namen in großen Lettern an das Unigebäude plakatierten und sie der »Islamophobie« bezichtigten.[5]

»Faschisten in unseren Hörsälen! Professor K. Entlassung! Die Islamophobie tötet!«, stand an der Fassade. Auch in den sozialen Netzwerken hielten die von der Studentengewerkschaft UNEF unterstützten Aktivisten den beiden Professoren islamfeindliche Haltungen vor. Ausgangspunkt war eine Diskussion unter Studenten und Lehrkräften darüber, ob für ein geplantes Seminar zum Thema Gleichheit die Islamophobie gleichrangig mit Antisemitismus und Rassismus im Titel stehen sollte. Einer der beiden Professoren äußerte sich gegenüber den Medien, es treffe ihn schwer, dass etwa 80 Prozent seiner Professorenkollegen ihm ihre Unterstützung verweigerten oder heuchlerisch verlauten ließen, er habe ja selbst zu der Polemik beigetragen. »Ich habe wirklich keinen Kreuzzug gegen den Islam geplant. Ich wollte nur das Konzept der Islamophobie kritisch hinterfragen«, sagte er.[6]

Wer den gegenwärtigen Islam als eine frauenfeindliche, doktrinäre und rassistische Ideologie brandmarkt, wird gern des Rassismus und als »islamophob« verdächtigt, auch hierzulande. Die Linke hat den Begriff

»Islamophobie« zum Verteidigungskampfbegriff gegen jede Kritik am Islam gemacht. Cinzia Sciuto, in Deutschland lebende Korrespondentin der italienischen kulturpolitischen Zeitschrift *MicroMega*, beschreibt ein simples Experiment, um den instrumentellen Charakter des Wortes Islamophobie zu verdeutlichen:

> *»Ersetzen wir das Wort ›Islam‹ durch ›Christentum‹ und warten mal ab, was passiert. ... Auf Demonstrationen sieht man seit jeher aggressiv anti-religiöse und blasphemische Schilder und Slogans, was die (christliche) Kirche gewiss nicht erfreut. Man kann diese Slogans unangebracht, unangemessen, geschmacklos und noch vieles mehr finden, aber bisher wurde noch niemand, der sie präsentiert hat, der ›Christophobie‹ bezichtigt. ...«*[7]

Während die Kritik an den Kirchen und am Christentum – inklusive derber Witze über Papst und Klerus – als legitim anerkannt ist, wird Kritik am Islam mit dem Vorwurf der Islamophobie zum Schweigen gebracht, gerne mit dem Hinweis, dass es sich dabei um die Religion einer Minderheit handle, die häufig rassistischer Diskriminierung ausgesetzt sei.

Fest steht: Die orthodoxe Islamtheologie der Gegenwart verweigert und bekämpft noch immer eine historisch-kritische Lesart des Korans – auch hierzulande. Das hat zur Folge, dass Mohammed, der alte Verkünder der Offenbarung und Staatsmann seiner Zeit, von militanten Fundamentalisten als unantastbarer, unkritisierbarer Heilsbringer angesehen wird. Über ihn zu lachen gilt als Verbrechen. Und so werden die Schwertverse aus fernen Epochen weiter als Handlungsanweisung gelesen – von jungen Männern, die sich als »wahre Muslime« stilisieren, auch wenn ihre Gewaltexzesse Menschenleben fordern. Sie fühlen sich berechtigt, ihren Propheten »mit dem Schwert« zu verteidigen.

Und die Linke? Sie schweigt. Ihr kritisches Weltbewusstsein – ansonsten jederzeit und allerorten abrufbar – kommt zum Erliegen. »Man will keinen Beifall von falscher Seite, will um jeden Preis weiter an die Harmlosigkeit religiöser Überzeugungen glauben. ...«[8]

Galt nicht Religionskritik spätestens mit Voltaire einmal als Selbstverständlichkeit? Gibt es Rettung aus dem linken Toleranzdelirium? Vielleicht kann hier die Lektüre von Ruud Koopmans weiterhelfen.[9]

Der Niederländer ist Direktor der Abteilung »Migration, Integration und Transnationalisierung« am Wissenschaftszentrum in Berlin und beschäftigt sich seit Jahren mit den strukturell-politischen Problemen islamischer Länder und dem grassierenden, systemimmanenten Fundamentalismus. Koopmans stellt die Frage, was Muslime und Nichtmuslime selbst tun können, um den Fundamentalismus zu schwächen und liberale, reformorientierte Kräfte innerhalb des Islams zu fördern. Zentral für den Beitrag zu einer Lösung sei es, so Koopmans, anzuerkennen, dass die Hauptursache für die Probleme der islamischen Welt nicht außerhalb des Islams – beim westlichen Kolonialismus, bei der Islamophobie –, sondern in der Mitte der islamischen Gesellschaft selbst liege, in Form einer weit verbreiteten intoleranten Glaubensauffassung, die mit Hass und Gewalt gegen Andersgläubige und Ungläubige einhergeht. Hier sieht er auch die massiven Integrationsprobleme konservativ-religiöser Muslime in westlichen Einwanderungsgesellschaften, die zu einem erheblichen Teil auf die gleichen religiösen Ursachen – etwa die ungleiche Behandlung der Frauen, die soziale Distanz zu Andersgläubigen – zurückgingen. Und in diesem Zusammenhang nennt er diverse Islamverbände, deren religiöse Basisarbeit und öffentliche Verlautbarungen nur selten mit einer liberalen, weltoffenen, demokratischen Gesellschaft in Einklang zu bringen sind. So zitiert er beispielsweise aus einer Predigt mit dem Titel »Der hohe Rang bei Allah: Das Märtyrertum« – nicht aus einer Predigt vor 200 Jahren in einem fernen Land, sondern aus einer Predigt, die 2014 in einer deutschen Moschee verlesen wurde:

»Keiner, der das Paradies betritt, möchte zurück auf die Erde. ... Nur der Shahid (der Märtyrer), er möchte zurück und wieder den Märtyrertod sterben, wenn er sieht, welches Ansehen und welchen Rang er hier im Paradies genießt. Diese Frohbotschaft war es, die unseren Propheten und seine Gefährten und später auch unsere Vorfahren beseelte und sie von einer zur nächsten Front trieb, um diesen hohen Rang zu erreichen. Rein für den Weg Allahs, um Seinen Namen zu verbreiten. Für das Land und die Landsleute.«[10]

Dieser Text, der von den jungen fanatischen Attentätern in Paris, Berlin, Nizza und Wien als Aufforderung und Berufung verstanden wird, wurde bundesweit in den Moscheen der größten deutschen muslimischen Organisation DITIB verlesen. DITIB (Türkisch-Islamische Union der Anstalt für Religion) ist direkt der türkischen Religionsbehörde Diyanet unterstellt, ihre Predigten werden zentral festgelegt und von Imamen verlesen, die aus der Türkei nach Deutschland entsendet und vom türkischen Staat bezahlt werden.[11]

Der größte deutsche Moscheeverband darf solche Botschaften verkünden – und dennoch an der Deutschen Islamkonferenz teilnehmen, einer vielleicht gut gemeinten, aber mehr als zweifelhaften Konstruktion, die gewissermaßen als nationaler »runder Tisch«, als politische Integrationsplattform vom Bundestagspräsidenten ins Leben gerufen wurde. Dort sitzt auch ein Vertreter des Zentralrats der Muslime in Deutschland, dessen Name strategisch an den des Zentralrats der Juden in Deutschland angelehnt ist und suggerieren möchte, er sei so etwas wie der legitime Vertreter aller Muslime in Deutschland. Tatsächlich aber vertritt diese Organisation eine kleine Minderheit von etwa einem Prozent der deutschen Muslime.

Dafür ist dieser Zentralrat in der öffentlichen Debatte umso präsenter. Zwar ruft er klar und unmissverständlich die hier lebenden Muslime zur Verfassungstreue auf und verurteilt Attentäter und fundamentalistische Fanatiker. Doch zu den Mitgliedsorganisationen gehören auch die vom Verfassungsschutz beobachteten Zusammenschlüsse OGD (Islamische Gemeinschaft Deutschland) und ATIB (Union Türkisch Islamischer Kulturvereine in Europa), ein nationalistischer Verein, der beispielsweise anlässlich der Resolution des Bundestags von 2016, in dem der Völkermord an den Armeniern während des Ersten Weltkriegs verurteilt wurde, empört mitteilte:

»Wir sind entsetzt darüber, dass der Deutsche Bundestag sich dazu hergeben konnte, am 2.6.2016 gegen das türkische Volk und dessen Vergangenheit eine Entscheidung zu treffen, die noch nicht einmal historisch untermauert ist und allein auf Verleumdungen und Lügen basiert. … Wer hat Ihnen das Recht gegeben, über das türkische Volk ein Urteil zu fällen?«[12]

Der Zentralrat hat sich von diesen Worten nicht distanziert. Die Bekenntnisse zur Toleranz und zum Grundgesetz klingen hohl, solange man sich nicht von solcherlei türkisch-nationalen Verbalattacken löst und solange man sich nicht von verfassungsfeindlichen und antisemitischen Extremisten unter dem eigenen Dach trennt. Ob DITIB oder Zentralverband der Muslime – sie reden lieber über Islamunterricht als über Radikalismus, lieber über Imam-Ausbildung als über Frauenrechte. Der Staat biedert sich den Vertretern des politischen Islams in dieser Konferenz an – und ignoriert alle Warnungen und Vorschläge der kritischen Stimmen.

Für Hamed Abdel-Samad ein unerträglicher Zustand. Der 1972 in Ägypten geborene Schriftsteller und Aktivist, Sohn eines konservativen Imams, der als Student nach Deutschland kam, Politikwissenschaften studierte, setzt sich seit Jahren kritisch mit dem Islam auseinander. Davon handeln seine Bücher. Der Mann ist einer der prominentesten Islamkritiker hierzulande. Er sagt, er sei Islamkritiker, aber er gilt als Islamfeind. Vor allem unter Muslimen, aber auch unter Teilen der »aufgeklärten« Linken. Es ist grotesk: Er, der vor Jahren nach Deutschland kam, um in einer freien, offenen Gesellschaft zu leben, kann sich heute im Land nur noch mit Polizeischutz in gepanzerten Fahrzeugen bewegen. Voltaire brauchte im katholischen Frankreich des 18. Jahrhunderts keine Leibwächter im Kampf gegen den katholischen Fanatismus. Hamed Abdel-Samad braucht sie. Im Oktober 2019 hatte ich mit ihm und dem Philosophen Michael Schmidt-Salomon über die »Weltanschauliche Neutralität zwischen Politik, Staat und Verfassung« im Deutsch-Amerikanischen Institut in Heidelberg diskutiert. Gut besucht und noch besser bewacht, unter dem Schutz von fünf Personenschützern, ohne die Hamed Abdel-Samad nirgendwo mehr öffentlich auftreten kann. Eine beklemmende, befremdliche Wirklichkeit.

Nach den Morden im November 2020 trat der prominente Politikwissenschaftler und Publizist Hamed Abdel-Samad aus der Deutschen Islamkonferenz aus, der er beinahe zehn Jahre angehört hatte. In einem offenen Brief an den damaligen Innenminister Horst Seehofer (CSU) schrieb er:

> *»Als ich vor zehn Jahren in dieses Forum eingeladen wurde, hatte ich die Hoffnung, Teil eines ehrlichen Dialogs über den Islam in Deutschland zu werden. Doch seit dieser Zeit konnten die Islamverbände alle kritischen Themen, die von kritischen Stimmen auf den Tisch gebracht wurden – wie etwa das Thema Radikalisierung von jungen Muslimen oder die Stellung der Frau – von der Tagesordnung verbannen. Am Ende blieben nur die Themen, die nur für die orthodoxen Verbände und nicht für die Gesamtgesellschaft von Relevanz sind, wie Imam-Ausbildung, Islamunterricht und muslimische Seelsorge. Ich stellte fest, dass die staatlichen Vertreter ebenfalls keine kritischen Stimmen hören wollen. …*
>
> *Ja, lieber Herr Innenminister, ich mache auch die Islamkonferenz für die politische Aufwertung von DITIB und dem Zentralrat der Muslime verantwortlich und somit mitverantwortlich für den Aufbau von Erdoğan-Kult und für die Stärkung des politischen Islam! Und ich halte die Unterstützung dieser Vereine nicht nur für eine Veruntreuung von Staatsgeldern, sondern auch für eine Gefahr für die Innere Sicherheit.«*[13]

Eine weitere Teilnahme an der Deutschen Islamkonferenz lehnt er ab. Sein Resümee: »Die Islamkonferenz ist für mich ein Fall für den Bundesrechnungshof!« Ein durchaus wichtiger Hinweis: Zwar hat der Bundesrechnungshof keine politischen Entscheidungen zu beurteilen. Aber er kann den wirtschaftlichen und bestmöglichen Einsatz der Haushaltsmittel prüfen und Transparenz schaffen: über Ziele, eingesetzte

Mittel und Ergebnisse. Die staatliche Finanzierung von geistlichem und sonstigem Personal für Moscheegemeinden ist genauso im Mandat der Rechnungshöfe erfasst wie Steuervergünstigungen und jegliche Transfereinkommen aus öffentlichen Haushalten, zum Beispiel Finanzhilfen und zweckgebundene sowie zweckungebundene Zahlungen.

Das Innenministerium nennt als ein Ziel, die Abhängigkeiten der islamischen Gemeinden vom Ausland zu reduzieren und einen »in Deutschland verorteten Islam zu befördern«. Dieses Ziel ließe sich mit kostengünstigeren Alternativen erreichen. Vermutlich lässt es sich sogar nur mit Alternativen erreichen. Wie integriert man den großen Anteil der fünf Millionen Menschen in Deutschland, die einen Migrationshintergrund aus islamischen Mehrheitsgesellschaften haben, jedoch nicht durch die Islamverbände vertreten sind und nicht deren Moscheen aufsuchen? »Muslime sollten nicht über den Islam integriert werden, sondern über Arbeit, Kultur, Freiheit, die Begeisterung für die Aufklärung und für die Werte der deutschen Gesellschaft«, sagt Abdel-Samad.[14] Sein Standpunkt liegt ganz auf dem neuesten Stand der Integrationsforschung – nicht aber auf der Linie der Islamkonferenz des Jahres 2020. Die Schriftstellerin und Aktivistin Necla Kelek kritisiert, es würde nicht hinterfragt, ob die finanzielle Förderung dem Grundsatz der »Neutralität des Staates« in religiösen Angelegenheiten entspricht. Es wäre zudem für den Steuerzahler kostengünstiger, »wenn die Regierung sich auf Kontrolle beschränkt oder Voraussetzungen formuliert hätte, die ein Geistlicher erfüllen muss, wenn er in einer Moschee in Deutschland predigen will«. Keleks Einwände sind durchaus relevante Punkte für den Prüfungskatalog der externen staatlichen Finanzkontrolle.[15]

Um welche Summen geht es? Die damalige Bildungsministerin Anja Karliczek (CDU) hatte angekündigt, in den nächsten Jahren die Imam-Ausbildung mit 44 Millionen Euro zu fördern. Ein Empfänger: das Islamkolleg Deutschland e.V. Dahinter steht der Zentralrat der Muslime, dessen Vorsitzender Aiman Mazyek ist, der ein klares Bekenntnis zu den individuellen Menschenrechten scheut und für den die Unterordnung von Rechtsnormen aus Koran, Sunna und den Scharia-Regelungen unter das Grundgesetz »sehr schwierig und bislang unmöglich« ist. Im Ergebnis: Während im Haushalt des Bundesinnenministeriums bestimmte Planungssummen noch nachvollzogen werden können, sind die Mittel und Wege, mit denen der Staat die Ziele des politischen Islams von ZMD, DITIB, Ahmadiyya bis hin zum Islamischen Zentrum Hamburg (IZH) und anderen Organisationen fördert, vielfältig und verschlungen. Öffentliches Geld wird üppig über Moscheegemeinden und Islamverbände ausgeschüttet und vom Staat derart wenig im Hinblick auf Wirtschaftlichkeit kontrolliert, dass mit den Überschüssen die Gehälter von Imamen oder anderem Moscheepersonal bezahlt werden können.

Die Islamfunktionäre jedenfalls dürfen zufrieden sein. Sie wurden und werden auf der einen Seite mit politischer Aufwertung und Steuergeld konditioniert und auf der anderen als Steigbügelhalter für die Ziele des politischen Islams eingespannt. Die politischen Islamfunktionäre haben gelernt, dass es für sie am erfolgversprechendsten ist, sich als wesentlicher Teil des Problempotenzials zu positionieren, zu dessen Lösung sie sich dann dem deutschen Staat gegen Entgelt anbieten. Kritische Köpfe wie Hamed Abdel-Samad, Ahmad Mansour, Necla Kelek, Lamya Kaddor, Ruud Koopmans, Seyran Ates, Susanne Schröter oder Mouhanad Khorchide würden der Islamkonferenz guttun.[16] Doch ihre Beteiligung scheitert am Einspruch der etablierten Islamfunktionäre.

Fatalerweise ist ein großer Teil der bundesdeutschen Linken bislang sprachlos. Sie sollte ihr unangenehm auffälliges Schweigen beenden. Es steht der Vorwurf im Raum, in linken Weltbildern gebe es »richtige« und »falsche« Opfer oder Täter. Und auch wenn dieser Vorwurf polemisch und pauschal daherkommen mag, so kann doch der Eindruck entstehen, dass da ein Funke Wahrheit im Spiel ist.

Samuel Schirmbeck, ehemaliger *ARD*-Korrespondent in Nordafrika, hat auf diese fragwürdige linke Einäugigkeit hingewiesen. In einer Streitschrift nennt er Punkte linker Ignoranz:

- Die Linie exkulpiert den Islam vom Terror islamischer Fanatiker, der »nichts mit dem Islam zu tun« habe.

- Die Linke stellt Religionsfreit über Freiheit von Religion.
- Die Linke unterstützt religiöse Penetranz im staatlich neutralen Raum eines säkularen Staates durch Befürwortung des »Kopftuches« für muslimische Lehrerinnen.
- Die Linke akzeptiert das Verbot von Gewissens- und Religionsfreiheit für Muslime.
- Die Linke überlässt die Homosexuellen in der muslimischen Welt tatenlos ihrem Schicksal.
- Die Linke relativiert muslimischen Judenhass.

Das linke Schweigen – so Schirmbeck – ist ignorant und beschämend. Und es wird ausgenutzt. Es ermöglicht den Fundamentalisten einerseits und Funktionären der muslimischen Verbände andererseits, den öffentlichen Diskurs und das kollektive Bewusstsein zu besetzen. Beispielsweise wenn sie – aufgerufen und organisiert von DITIB und anderen Islamverbänden – auf die Straße gehen. Nicht gegen den Terror irrsinniger Glaubensbrüder oder für Meinungs- und Religionsfreiheit, noch weniger aus Solidarität mit den Opfern und deren Angehörigen. Ihr demonstrativer Abwehrmechanismus: »Es ist nicht unsere Schuld, wir müssen uns nicht rechtfertigen.«[17]

Immerhin: Nach den neuerlichen Attentaten in Paris, Nizza und Wien im Herbst 2020 haben auch einige linksstehende Prominente das Schweigen kritisiert. Kevin Kühnert, heute SPD-Generalsekretär, sprach von einem »blinden Fleck der Linken« und gab der Debatte in einem Gastkommentar auf *Spiegel Online* einen Schub.[18] Kurz darauf sprang ihm Linksfraktionschef Dietmar Bartsch bei. »Die Linke sollte ihre falsche Scham ablegen«, forderte er in einem Interview.[19] Bartsch machte eine ähnliche Ursache wie Kühnert für die linke Zurückhaltung im Umgang mit Islamismus aus: die Furcht, damit Rechten Zündstoff zu liefern. Selbst in der Linksfraktion des Deutschen Bundestags wurde ein Antrag behandelt, der sinnbildlich für den Streit steht, der im gesamten linken Spektrum hörbar ist. Es geht um heikle Fragen: Misst die Linke mit zweierlei Maß bei extremistischer Gewalt? Schaut sie bei islamistischem Terror lieber weg, anders als etwa bei rechter Gewalt? Ist sie zu unkritisch gegenüber dem politischen Islam?

»Antimuslimischen Rassismus und Diskriminierung von Musliminnen und Muslimen in Deutschland entgegentreten« – so war der Antragsentwurf überschrieben, den 13 Abgeordnete der Linken im Bundestag unterzeichnet hatten, in dem sie auf sieben Seiten islamfeindliche Straftaten, Gewalt und Stigmatisierungen anprangerten.[20] Der Bundestag möge diese verurteilen – »wie jedes Verbrechen, das vorgeblich im Namen einer Religion geschieht«. Zugleich solle sich das Parlament aber dagegen verwehren, »dass die schrecklichen Taten dazu genutzt werden, einen Generalverdacht gegen alle Muslime zu schüren«.

Der Antragentwurf offenbarte das ganze Dilemma linker Weltsicht in der Islam-Frage: Einerseits müssen sie klar machen, dass Anti-Muslimismus ebenso menschenverachtend ist wie Antisemitismus. Andererseits können sie nicht ignorieren, dass in der muslimischen Community noch immer vormoderne, patriarchale Werte von zentraler Bedeutung sind.

Der linke Publizist Jakob Augstein schrieb in seiner *Spiegel Online*-Kolumne: »Mit Religion hat das nichts zu tun. Wenn die Straße brennt und der Mob regiert, schämt sich der Glaube. … Diese Gewalt ist keine Sache der Religion, sondern eine der Politik.«[21]

Diese Aussage ist Ausdruck des altlinken Glaubens, dass es sich bei der Religion lediglich um einen Nebenwiderspruch innerhalb des politisch-ökonomischen Systems handelt. Tatsächlich aber ist der religiöse Glaube im Islam eine nicht nur eigenständige, sondern die herausragende Größe im sozialen System. Religion wird nicht von politischen und ökonomischen Kräften beeinflusst, sondern übt selbst unmittelbar Einfluss auf die politischen und ökonomischen Verhältnisse aus. Deutlicher: Religion macht die Vorgaben für Politik, diktiert die Gesetze der Justiz und wirkt in alle gesellschaftlichen Bereiche hinein. Sie bestimmt den Alltag der Menschen.

Islamistische Gewalt freilich kritisieren die Linksabgeordneten lediglich in einem Halbsatz. Der Antrag – wen wundert's – ist selbst in den eigenen Reihen hochumstritten. Sevim Dagdelen monierte in einem Brief an ihre Fraktionskollegen, der Antrag »atmet den Geist« reaktionärer Islamverbände. Ihr Appell: »Wir müssen aufhören, Islamismus gegen Rassismus auszuspielen.« Die Partei dürfe »nicht die Augen davor verschließen, dass der politische Islam auch in Deutschland auf dem Vormarsch ist«. Der Text ihrer Genossen schweige zur islamistischen Ideologie.

Nun meldeten sich – endlich! – auch die Grünen. Robert Habeck forderte eine konsequente Haltung im Kampf gegen militante Islamisten. »Nach wie vor zählt der Islamismus zu den gravierendsten Bedrohungen für die innere Sicherheit aller freien Gesellschaften«, sagte er der *Süddeutschen Zeitung*.[22] In seiner Partei gehört Habeck seit längerem zu denen, die neben Forderungen nach einer toleranten Gesellschaft auch immer wieder die Sorge geäußert haben, dass liberale Demokratien gefährlich unter Druck geraten könnten durch Radikalisierung und islamistischen Terror. Schönfärberei hält er für fehl am Platz, das hat er in den vergangenen Jahren immer wieder zu erkennen gegeben. Gerade Menschen, die sich für Weltoffenheit einsetzten, hätten auf diesem Feld viel zu verlieren. Mit Blick auf die Arbeit von Sicherheitsbehörden und Justiz forderte er, Islamismus »mit der ganzen Härte des Gesetzes« zu verfolgen. Gefährder, also Personen, die nach Einschätzung der Behörden zu schweren Anschlägen bereit sind, müssten »konsequent und engmaschig überwacht werden«. Auf europäischer Ebene sei eine »abgestimmte Definition des bislang unbestimmten Gefährderbegriffs nötig«. Neue Töne aus dem grünen Toleranzuniversum.

Es ist an der Zeit, dass Grüne und Linke ihre falsche Scham ablegen und ihre Zurückhaltung im Umgang mit dem politischen Islam hierzulande aufgeben. Sie müssen das Wort erheben, weil es auch und insbesondere ihre proklamierten Werte sind, die bei ausnahmslos jedem islamistischen Terroranschlag mit Füßen getreten und mit Sprengsätzen in die Luft gejagt werden. Es genügen ein paar Karikaturen, unliebsame Blogeinträge oder ein Roman und die Zeichner und Verfasser riskieren ihr Leben. Der Hass und die Wut der Gotteshüter sind grenzenlos.

Sie bilden die militante Fraktion des Islams. Sie glauben, ihren Propheten verteidigen und rächen zu müssen. Mit Terror und Mord.

In Stockholm verbrannte ein irakischer Flüchtling im Juli 2023 zum wiederholten Mal öffentlich den Koran, zuvor hatte er die heilige Schrift des Islams mit Füßen getreten, Seiten herausgerissen. In Dänemark waren es Rechtsextreme, die den Koran in Brand steckten. Ein Video zeigt, wie eine Frau ihnen das Buch noch entreißen will und dann von Männern mit dem Schriftzug »Fuck Islam« auf dem Rücken zu Boden gerungen wird. Die einschreitende Polizei gibt den Koran schließlich den Neonazis zurück. Die islamische Welt reagierte empört.

Als Reaktion auf diese öffentlichen Koranverbrennungen wurde im Sommer 2023 die schwedische Botschaft in Bagdad von aufgebrachten Islamfanatikern gestürmt. Auf den Bildern, die im Internet kursierten, sah man Männer, die triumphierend die Arme in die Luft strecken. Sie tanzen, schwenken die irakische Flagge. Man sah, wie Teile des schwedischen Botschaftsgebäudes brannten. Die Regierungen beider Länder erwogen deshalb, Koranverbrennungen zu verbieten. Das führte zu einer anhaltenden, leidenschaftlichen Debatte über »demokratische Eckpfeiler und Grenzen«.[23]

Große Teile der dänischen Opposition stellten sich gegen Pläne der Regierung, Koranverbrennungen in bestimmten Fällen zu untersagen. Sieben der neun Oppositionsparteien – von der linken Einheitsliste (EL) bis zur rechtspopulistischen Dänischen Volkspartei (DF) – erklärten gemeinsam, Freiheitsrechte müssten stets größeres Gewicht haben als »religiöse Dogmen«. Die Regierung solle daher ihre Position überdenken. So las man es auch in den Leitartikeln liberaler schwedischer Tageszeitungen: »Nicht alles, was legal ist, ist auch angemessen«, am Ende aber gehe es doch vor allem darum, »unsere freien und offenen Gesellschaften zu verteidigen«, das war der allgemeine »veröffentlichte« Tenor.[24]

Koranverbrennungen mögen »vulgär« sein, aber sie seien als freie Meinungsäußerungen von der liberalen Verfassung geschützt, meint auch Hamed Abdel-Samad:

»Muslime beanspruchen Glaubensfreiheit in Europa, lehnen aber andere freiheitliche Grundrechte ab. So etwa das Recht der Muslime auf Autonomie des eigenen Körpers und sexuelle Selbstbestimmung sowie das Recht der Islamkritiker, die Religion zu kritisieren. Schweden und Dänemark erwägen nun Schritte, um Koran-Verbrennungen in Zukunft strafrechtlich verfolgen zu können. Einerseits wollen sie die Gefühle der Muslime nicht verletzen, andererseits geht es ihnen um die innere Sicherheit und um die politischen wie auch wirtschaftlichen Beziehungen zu islamischen Staaten. Das ist die falsche Antwort, sie öffnet das Tor zur Hölle. Der Staat darf die Meinungsfreiheit nicht einschränken, in der Hoffnung, die Gefühle der Muslime und die innere Sicherheit zu schützen. In diesem Kampf um die Meinungsfreiheit darf die Grundlage nicht verloren gehen. Denn wenn der Staat das Demonstrationsrecht zum Schutz der inneren Sicherheit einschränkt, ist das ein Kniefall vor Provokateuren und radikalen Islamisten.«[25]

So sieht es auch Wolfgang Sofsky:

»Es ist nicht entscheidend, ob sie die Grundsätze ihrer Religion angeblich missverstanden haben oder ob sie sie nur anders verstehen als die Mehrheit der Gläubigen und Exegeten. Sie rechnen sich selbst dieser Religion zu, ja, halten sich selbst für die wahren Gläubigen, für die Avantgarde des Islam.«[26]

Die Vorfälle in Schweden und Dänemark beleuchten grundlegende Probleme, die die Beziehungen zwischen Muslimen und dem Westen seit langem belasten. Gegenseitiges Misstrauen, Gewalt im Namen der Religion und die abnehmende Bedeutung der Freiheit. Auch wenn die allermeisten Muslime die terroristischen Untaten verabscheuen, der Kreis religiöser Gesinnungsgenossen ist groß, zu groß. Das sollten wir nicht hinnehmen: Es geht um den Kampf gegen Fanatismus, gegen Terror und religiöse Anmaßung und um die Verteidigung der Weltlichkeit unseres demokratischen Verfassungsstaates.

Nachtrag 1

Am 7. Oktober 2023 fielen palästinensische Terroristen in Israel ein, folterten, vergewaltigten und ermordeten über 1.400 Menschen, schändeten noch die Leichen und verschleppten über 250 Menschen auf ihr Territorium, vom neun Monate alten Baby bis zur 85-jährigen Greisin – und auf den Straßen westlicher Länder demonstrieren Hunderttausende, nein: nicht gegen, sondern für Gaza und gegen die Bestrebungen der israelischen Armee, die Geiseln zu befreien und die tödliche Gefahr des Dschihadismus an seiner südlichen Grenze zu eliminieren.

Dass in vielen deutschen Städten Menschen auf die Straßen gingen, um die Brutalität zu bejubeln, löste nun – zu Recht – Entsetzen aus. Doch die Frage ist: Sollte es uns überraschen? In den letzten Jahren hat sich eine einflussreiche und lautstarke »Anti-Israel-Koalition« gebildet. Sie setzt sich zusammen aus bestimmten radikalen islamistischen Gruppen, aber auch aus Mitgliedern der pseudoprogressiven neuen Linken.

Es gab Pro-Palästina-Demonstrationen in Berlin, Hamburg, Frankfurt und München. Überall wurden Symbole gezeigt, die den verbotenen Zeichen des Islamischen Staats und der Taliban ähnelten. Anfang November zogen in Essen mehr als 3.000 Teilnehmer durch die Innenstadt. Frauen und Kinder liefen am Ende des Protestzuges, und bei der Abschlusskundgebung standen sie an einer anderen Stelle als die Männer, berichtete die Polizei. Essens Oberbürgermeister Thomas Kufen (CDU) zeigte sich empört: »Nur schwer erträglich. Islamisten, Antidemokraten und Judenhasser ziehen geschützt durch das deutsche Grundgesetz durch Essen. Den Initiatoren ging es offensichtlich weniger um das Leid der Menschen im Gaza-Streifen, sondern viel mehr um die Verbreitung radikalislamistischer Parolen.«

Bundesinnenministerin Nancy Faeser (SPD) nannte die Zustände bei der Protestdemo »unerträglich«. »Was wir da sehen mussten, ist mit unserem Verständnis von Demokratie, mit unserer Vorstellung des friedlichen Zusammenlebens in unserer demokratischen Gesellschaft nicht vereinbar«, ließ sie verlautbaren.[27] Jeder dürfe in Deutschland seine Meinung frei äußern und friedlich demonstrieren. »Wir tolerieren nicht, dass ein islamischer Gottesstaat auf unseren Straßen propagiert wird«, sagte Faeser. Wer Freiheitsrechte derart missbrauche, um Straftaten und Hass zu propagieren, könne sich nicht auf den Schutz der Meinungsfreiheit berufen. Die Teilnehmer waren vor allem junge Menschen, viele mit Migrationshintergrund. Besonders stark ausgeprägt war (daran hat sich bis heute nichts geändert) die pro-palästinensische Haltung unter Muslimen. Und überdeutlich drängt sich die Frage auf: Wie steht es eigentlich um den Antisemitismus bei Muslimen? Nicht nur in den arabischen, auch in vielen Ländern der westlichen Welt, besonders in Deutschland, lässt sich eindeutig konstatieren, dass der Anteil der Muslime bei antisemitischen Einstellungen überdurchschnittlich hoch ist, das sagt der Extremismusforscher Armin Pfahl-Traughber. Er stellt fest: »Je höher die Identifizierung mit dem Islam, desto höher sind auch die antisemitischen Einstellungen verbreitet.«[28]

Aussagen wie diese lösen schnell einen »Islamophobie«- oder »antimuslimischer Rassismus«-Vorwurf aus, besonders innerhalb der politischen Linken, die sich als »antiimperialistisch« bezeichnet. Tatsache ist: In der Linken – hier als das Spektrum links von Grünen und SPD gemeint – ist überwiegend eine israelfeindliche Haltung festzustellen. »Apartheid«, »Kolonialismus«, sogar »Genozid« sind Begriffe der Skandalisierung, darauf verweist Pfahl-Traughber.[29] Auch nach dem Hamas-Terror hielt sich die sich »antiimperialistisch« gebende Linke mit Kritik auffallend zurück. Beklemmend sind dabei die Doppelstandards, kritisieren doch viele Linke angebliche oder tatsächliche israelische Menschenrechtsverletzungen. Auch in den Hamas-Massakern wollten (und wollen) viele Linke vor allem eines sehen: die Folge der Palästinenser-Unterdrückung.

»Ja, aber …« – eine relativierende Reaktion, die zwar »kritisch gemeint« ist, aber angesichts des Ausmaßes der Brutalität bei Folterungen, Morden und Vergewaltigungen ein irritierendes Maß an Inhumanität zeigt. Bei dieser gewollten politischen Blindheit gegenüber dem terroristischen Islamismus verraten viele Linke ihre ansonsten so häufig beschworenen Prinzipien: Aufklärung und Individualität, Frauen- und

Homosexuellenrechte, Religionskritik und Vernunft. Die österreichische Schriftstellerin und Nobelpreisträgerin Elfriede Jelinek war mit ihrer poetischen Intervention eine der wenigen prominenten Linken, die den Angriff der Hamas auf Israel ohne Wenn und Aber verurteilten.

Nein, sie sind keine Freunde der Menschen im Gazastreifen. Sie sind Freunde der Hamas.

Die Gruppe, die hinter vielen dieser Pro-Palästina-Proteste steht, ist die pro-palästinensische Organisation Samidoun. Ihre Symbole sind seit etwa 2020 nicht nur in Neukölln, München oder Essen zu sehen. Samidoun findet viel Unterstützung bei frustrierten jungen Muslimen, obwohl auch Verbindungen zur deutschen Linken bestehen. Nun hat Olaf Scholz angekündigt, die Organisation verbieten zu wollen.

Alle verurteilen Antisemitismus, doch es bleibt bei üblichen Empörungsritualen. Die Wirklichkeit wird je nach politischem Standort selektiv und verzerrt dargestellt. Eines von vielen Beispielen dafür ist eine offizielle Handreichung für Schulen im grün regierten Baden-Württemberg. Unter der Überschrift »Welche Formen von Antisemitismus gibt es?« listet die Broschüre »christlichen Antisemitismus« und »rassistischen Antisemitismus« auf, während »muslimischer Antisemitismus« nicht vorkommt.

Auch ist auffällig: Selten berichten linke Publikationsorgane kritisch über den Islamismus. »Es dominiert die gemeinsame Feindschaft gegen den angeblichen Imperialismus. Und dieser ›Kampf gegen den Imperialismus‹ führt dann auch aktuell palästinensische Hamas-Anhänger und deutsche Linke auf der Straße zusammen. Ob Letzteren klar ist, wie es ihnen in einer Gesellschaft ergehen würde, die von einem ›islamischen Gottesstaat‹ beherrscht wäre, kann man sich schwerlich vorstellen«, stellt Armin Pfahl-Traughber fest.[30]

In dieser Stimmungslage meldeten sich auch konservative Politiker zu Wort, freilich mit ganz anderen Absichten. So forderte Jens Spahn, Vizevorsitzender der Unionsfraktion im Bundestag, »einen neuen Umgang« mit muslimischen Organisationen in Deutschland und hatte sich dafür eine Empörungsmelange aus Islamisten, Moscheen und Linken ausgedacht. Spahn beklagte eine »unheilige Allianz zwischen den Islamisten und ihren Unterstützern sowie linken und postkolonialistischen Gruppen«.[31]

»Der Rechtsstaat darf nicht wanken«, verlangte Spahn, und deshalb müsse man auch etwas gegen diese kulturelle Prägung tun, denn »wenn wir es nicht schaffen, dass diese vielen Kinder und Jugendliche unsere westlichen, aufgeklärten Werte annehmen, dann möchte ich nicht wissen, wie dieses Land in zehn oder 20 Jahren aussieht«.

Und weil muslimische Gläubige nun einmal in Moscheen gehen, möchte er dort beginnen, gewissermaßen an den prägenden religiösen Wurzeln. »Es geht nicht mehr, dass die größte Zahl der Moscheen aus dem Ausland finanziert wird und Imame Staatsangestellte der Türkei sind. Wir brauchen deutsche Moscheegemeinden, nicht türkische«, sagte Spahn in einem Interview und schlug vor, stattdessen besser mit deutschem Steuergeld einzuspringen, »auch wenn dafür möglicherweise eine Verfassungsänderung nötig ist.«[32]

Der deutsche Steuerzahler soll also die türkische Staatsfinanzierung ersetzen. Weil es für den gläubigen Katholiken selbstverständlich ist, dass der Staat den Kirchen Subventionen, Zuschüsse und Steuererleichterungen, kurz: Millionen öffentlicher Gelder überlässt, plädiert er nun dafür, auch den Moscheebau und -betrieb staatlich zu finanzieren. Wo lebt der Mann?

Jahre zuvor hatte der CDU-Mann sich das noch nicht zu sagen getraut, als DITIB, die zwar ein hier eingetragener Verein, aber dennoch nur eine Agentur der türkischen Religionsbehörde ist, noch gefragter Gesprächspartner führender deutscher Politiker war. Die Merkel-Regierung hätte hier eingreifen können, indem sie es untersagt hätte, den aus Ankara vom türkischen Staat nach Deutschland entsandten Imamen die nötigen Visa zur Ausübung dieses Dienstes auszustellen. Aber dann hätte man einen Konflikt mit Erdoğan aushalten müssen. Und so sorgten DITIB-Imame in ihren 700 Moscheen – akzeptiert und gefördert von deutschen Behörden und Politikern – verlässlich für ein »prägendes« Gesellschafts- und Menschenbild, das Herr Spahn nun geändert sehen möchte. Der CDU-Mann will sich nicht mehr daran erinnern, dass er und seine christdemokratische Partei genau diese Verbände hofiert haben und immer noch hofieren. Sie machten problematische Islamverbände vorbehaltlos zu ihren Partnern und grenzten die Stimmen kritischer Muslime aus.

Nach dem Putschversuch 2016 in der Türkei hatten mehrere Imame in den Moscheen für den türkischen Geheimdienst MIT Informationen über vermeintliche Anhänger der sogenannten Gülen-Bewegung gesammelt. Auch war immer wieder kritisiert worden, dass die DITIB-Gemeinden zu Hinterhöfen der türkischen Regierungspartei AKP verkommen seien. Im Vorfeld der Türkei-Wahl im Mai 2023 hatte die DITIB zwischen Mitte 2021 und Ende 2022 über 600 gemeinsame Veranstaltungen mit AKP-Lobbyorganisationen durchgeführt. Und auch der Hauptkritikpunkt, dass die meisten Imame in den DITIB-Moscheen aus der Türkei geschickt werden und Beamte der Religionsbehörde Diyanet sind, verstummte nicht. Der Vorsitzende der Diyanet, Ali Erbas, hatte zudem immer wieder gegen Israel gehetzt.

Warum sich Herr Spahn erst nach dem Hamas-Terror entsetzt zeigte, ist allein seinem populistischen Opportunismus geschuldet. Mit seinem Vorschlag, der deutsche Staat möge sich an der Moscheenfinanzierung beteiligen, wird deutlich, wie es der wendige CDU-Mann mit dem Verfassungsgebot der Trennung von Staat und Kirche hält. Ähnlich äußerte sich auch ein Parteikollege, CDU-Chef Friedrich Merz. »Diese Imame müssen der deutschen Schulaufsicht und der deutschen Staatsaufsicht unterstellt werden. Dann können sie ein Visum bekommen, aber nicht mehr, wenn sie der DITIB-Behörde unterstellt sind und nur der verantwortlich sind. Das geht nicht«, so Merz in einem *ZDF*-Interview.[33]

Waren nicht die Herren Spahn und Merz in der Vergangenheit wohlwollende Fürsprecher für einen islamischen Religionsunterricht in staatlichen Schulen? Ob DITIB, deutscher Islam- oder Religionsunterricht – als Kritiker hat man die beiden und ihre konservativen Parteifreunde nicht wahrgenommen. Ihre unkritische Islamfreundschaft wollen die beiden heute gerne vergessen machen.

Noch einmal zur Erinnerung: Schon im November 2020 übte Hamed Abdel-Samad lautstark Kritik an der Deutschen Islamkonferenz. Sein ernüchterndes Fazit:

> *»Die Islamverbände konnten alle kritischen Themen, die von kritischen Stimmen auf den Tisch gebracht wurden, von der Tagesordnung verbannen. Am Ende blieben nur die Themen, die nur für die orthodoxen Verbände und nicht für die Gesamtgesellschaft von Relevanz sind, wie Imam-Ausbildung, Islamunterricht und muslimische Seelsorge. Ich stellte fest, dass die staatlichen Vertreter ebenfalls keine kritischen Stimmen hören wollen.«*[34]

Die Resonanz darauf fiel bescheiden aus. Niemand aus der Politik – weder sozial- oder christdemokratisch noch grün, liberal oder links – meldete sich zu Wort. Die parteiübergreifende Devise: Ignorieren, verdrängen, ausblenden.

Die Frage bleibt: Wie integriert man den großen Anteil der fünf Millionen Menschen in Deutschland, die einen Migrationshintergrund aus islamischen Mehrheitsgesellschaften haben, jedoch nicht durch die Islamverbände vertreten sind und nicht deren Moscheen aufsuchen? Wir sollten nicht übersehen: Es gibt hierzulande viele Palästinenser, Araber, Muslime, die gerne hier leben und sich mit einem demokratischen, pluralistischen Staat identifizieren. Von der deutschen Politik werden sie häufig ignoriert, in den deutschen Medien kommen sie kaum vor – auch jene nicht, die sich eindeutige Reaktionen aus der palästinensischen Community auf die Gräueltaten der Hamas gewünscht hätten. Muslimen pauschal Antisemitismus zu unterstellen ist falsch, ebenso wie zu behaupten, im Islam gebe es keinen Judenhass. Wer den organisierten Islam fördert, läuft Gefahr, auch den organisierten Antisemitismus zu fördern.

Wenn Spahn, Merz und Co. als religionspopulistische Stimmenfänger agieren, dient das nicht der Integration. Stattdessen sollten sie das Verfassungsgebot staatlicher Neutralität verteidigen. Wer sich in erster Linie über seine religiöse Identität definiert, wird sich eher von anderen abgrenzen, denn die wichtigste Botschaft steht weder im Koran noch in der Bibel, sondern in unserem Grundgesetz. »Muslime sollten nicht über den Islam integriert werden, sondern über Arbeit, Kultur, Freiheit, die Begeisterung für die Aufklärung und für die Werte der deutschen Gesellschaft«, so Abdel-Samad.[35] Noch einmal: Der Staat ermöglicht und akzeptiert die Ausübung des Glaubens. Sein oberstes Gebot aber heißt: Neutralität. Die gilt es zu verteidigen.[36]

*

Ende September 2023 fand die feierliche Zertifizierung des ersten Absolventenjahrganges von 26 zukünftigen Predigern, Seelsorgern und Gemeindemitarbeitern des Islamkolleg Deutschland mit Sitz in Osnabrück statt. Zweck des Islamkollegs ist die theologisch-praktische Ausbildung von deutschsprachigen Imamen und religiösem Betreuungspersonal für die ansässige Moscheen-Landschaft. Ein »Meilenstein« für das muslimische Leben der Bundesrepublik? Die Deutsche Islamkonferenz (DIK) und das Bundesinnenministerium jedenfalls versprechen sich vom Islamkolleg, mit unabhängigem religiösen Personal radikalen Einflüssen und Auslandsbindungen der Verbandsimame entgegenzuwirken.

Der Kölner Erziehungswissenschaftler Moritz Pieczewski-Freimuth mag ein solches Maß an Wirklichkeits-Ignoranz nicht akzeptieren. Vehement kritisiert er, dass der Staat erneut nicht nur auf die falschen Partner, sondern auch auf die falsche Strategie setzt. Statt Radikalisierung zu bekämpfen, macht er Akteure des Politischen Islam durch die Hintertür salonfähig. Ein Unterfangen, das in Zeiten des grassierenden Islamismus auf deutschen Straßen besonders alarmierend ist.

Das Islamkolleg stehe nicht für Integration und Extremismus-Abwehr, sondern leiste einen fragwürdigen Beitrag zur Stärkung des »Politischen Islams durch die Hintertür«, so der Titel seines Beitrags, dessen zentrale Aussagen hier in Zustimmung des Autors veröffentlicht werden. [37]

Bis heute werden in den meisten deutschen Moscheen Prediger durch Verbindungen zu muslimischen Herkunftsländern bereitgestellt.

Türkische Imame sind meist Beamte der staatlichen Religionsbehörde der Türkei DIYANET. Sunnitische Gemeinden rekrutieren ihre Imame aus Ägypten, Syrien, Katar, Bosnien, Albanien oder nordafrikanischen Ländern. Schiitische Kleriker haben ihre Herkunft oft im Iran oder in anderen schiitischen Regionen. Sie sind meist Mitglieder im Netzwerk der Islamischen Gemeinschaft der Schiiten in Deutschland (IGS), das unter Federführung der Islamischen Republik Iran steht.

Die Auslandsfinanzierung und -bindung der Imame lässt Zweifel an deren Loyalität zur freiheitlich-demokratischen Grundordnung aufkommen.

Also beschloss die Deutsche Islamkonferenz (DIK) unter Leitung des damaligen Innenministers Horst Seehofer 2020 einen Richtungswechsel in der Ausbildung des Moscheepersonals: Imame, Seelsorger und Sozialarbeiter in muslimischen Glaubenshäusern sollten eine Qualifizierung in deutscher Sprache absolvieren, Unabhängigkeit vom Ausland garantieren sowie sich der Lebensrealität von Muslimen in Deutschland anpassen. Als Ausbildungsstätte wurde dafür das Islamkolleg Deutschland mit Sitz in Osnabrück ausgewählt. Das Bundesinnenministerium und das Niedersächsische Ministerium für Wissenschaft und Kultur versicherten eine jährliche Summe von einer Million Euro Mittelzuwendung.

Ein Blick auf die Webseite der Ausbildungsstelle verrät, dass weiterhin zweifelhafte Islamverbände mit im Boot sitzen: Die Islamische Gemeinschaft der Bosniaken in Deutschland (IGBD) und der Zentralrat der Muslime in Deutschland (ZMD) zum Beispiel.

Laut einer Recherche der renommierten Islamismus-Bloggerin Sigrid Herrmann aus dem Jahr 2020 erfordert der unmittelbare Ansprechpartner des Islamkollegs Deutschland namens Esnaf Begic eine kritische Einordnung. Begic war jahrelang ein hoher Funktionär des IGBD, die als Verbindungsverband des Islamkollegs gelistet ist. Einige Moscheen im Organisationsgeflecht der IGBD werden vom

Dieser Nachtrag-Text ist eine komprimierte Zusammenfassung von Moritz Pieczewski-Freimuth, siehe dazu 265

Verfassungsschutz beobachtet und hofieren namhafte Funktionäre der Muslimbruderschaft. Ebenfalls beteiligte sich ein IGBD-Imam an der Gründung des Europäischen Institutes für Humanwissenschaften (EIHW), der Muslimbruderschaft-Kaderschmiede mit Niederlassung in Frankfurt am Main.

Auffallend und kritikwürdig zugleich ist der Schulterschluss des Islamkollegs mit dem Zentralrat der Muslime. Nachdem sich der Zentralrat, vermutlich aufgrund des öffentlichen Drucks, von seinem Gründungsmitglied, der größten deutschen Muslimbruderschaft-Tarnorganisation Deutsche Muslimische Gemeinschaft (DMG) 2022 trennte, besteht die Mitgliedschaft von weiteren Muslimbruderschaftsnahen, Mullahtreuen und türkisch-ultranationalistischen Moscheevereinen unberührt fort. Als mitgliederstärkste Kraft des Zentralrats ist die oben bereits erwähnte ATIB gelistet. Der Verfassungsschutz identifiziert ATIB als Moscheeverein der türkisch-rechtsextremen Grauen Wölfe. Ebenso fand sich bis vor Kurzem das Islamische Zentrum Hamburg (IZH), die Auslandsdependance des klerikal-faschistischen Islamischen Regimes Iran, auf der Mitgliederliste des Zentralrates der Muslime wieder. Nach einer Großrazzia aufgrund von Terrorismusverdacht im IZH setzte der Zentralrat am 16. November 2023 »satzungsgemäß« die Mitgliedschaft kurzerhand aus. Trotz Lossagung von der DMG weisen die Mitgliedschaften vom Islamischen Zentrum Hamburg und vom Rat der Imame und Gelehrten weiterhin Bezüge des Zentralrates zur Muslimbruderschaft auf. Beide Akteure sind bedeutsame Player im deutsch-europäischen Netz der Bruderschaft.[38]

Was das Islamkolleg Osnabrück betrifft: Die Analyse der Partnerverbände des Islamkollegs Deutschland zeigt eine eindeutige Duldung von Vorfeldorganisationen der Muslimbruderschaft (MB) im mitwirkenden Nahbereich der Akademie. Insbesondere die Zusammenarbeit mit dem Zentralrat der Muslime lässt erkennen, dass keine Berührungsängste seitens des Islamkollegs mit Akteuren des sunnitischen Islamismus (MB), ultrarechtem türkischem Nationalismus (ATIB) und Politischem Shia-Islam (IZH) bestehen. Der Öffentlichkeit wird eine deutsche

Imamausbildung unter »gesamtgesellschaftlicher Anerkennung und wechselseitige(m) Respekt« verkauft, während extremistische Funktionäre und Verbände weiterhin Einfluss ausüben.

Die großen türkeistämmigen Verbände DITIB und IGMG lehnen eine Kooperation mit dem Islamkolleg aus Sorge vor staatlicher Einmischung in die Lehrinhalte ausdrücklich ab. Säkulare hingegen kritisieren berechtigterweise die staatliche Übernahme von religionsgemeinschaftlichen Aufgaben und beklagen die mangelnde Neutralität des Staates. Auf die Frage »›Unabhängig‹, von wem?«, muss ehrlich geantwortet werden: Weder von den konservativ-fundamentalistischen Islamverbänden noch vom Staat.

Alt-Bundespräsident Christian Wulff lobte das Islamkolleg als »große(n) Beitrag zur Integration«. Ausgerechnet der Vorsitzende des Zentralrates der Muslime Aiman Mazyek spricht dem Islamkolleg eine Präventionsfunktion gegenüber extremistischem Gedankengut zu. An diesen beiden Aussagen zeigen sich paradigmatisch zwei zentrale Denkfehler der deutschen Integrations- und Islampolitik.

Folgt man der Auffassung des Islamkollegs, so müssten muslimische Zuwanderer bestenfalls von einer muslimischen Gemeinschaft samt islamischen Angeboten aufgefangen und betreut werden. Flüchtlinge und Migranten werden hiernach nicht als Individuen, sondern als Gruppenwesen betrachtet. Im Ergebnis erzielen wir keine Integration von muslimischen Einwanderern in die liberale Gesellschaft, sondern eine in die Strukturen des konservativen Islam. Integration über spaltende statt vereinende Identitätsmerkmale zu regeln, fördert Separation statt Inklusion. Dass diese Abgrenzung im Sinne des Islamkollegs sein kann, zeigt auch das Spektrum ihres religiösen Ausbildungsangebotes: Von Predigtlehre über Seelsorge bis hin zur politischen Bildung, Gemeindepädagogik, Frauen- sowie Jugendsozialarbeit scheint alles im Rundum-sorglos-Paket der muslimischen Betreuung enthalten zu sein. Von Muslimen wird im Integrationsprozess somit keine Anpassungsleistung an die moderne Lebensrealität mehr erwartet, sondern unumwunden eine islamkonforme Parallelwelt als Auffangbecken bereitgestellt.

Der Staat wiederholt Appeasement mit Akteuren des legalistischen Islamismus. Diese sind nicht Teil der Lösung, sondern Teil des Problems. Als wäre das nicht genug, untermauern politische Vertreter das Vorhaben des Islamkollegs noch mit Hoffnungen auf Integration und Extremismus-Abwehr. Ganz im Gegenteil wird hier an einer weiteren Entfremdung muslimischer Bürger von der Mehrheitsgesellschaft gearbeitet.

Im Dezember 2023 ließ das Bundesinnenministerium verlautbaren, die Entsendung von staatlich angestellten Imamen aus der Türkei nach Deutschland solle »schrittweise« beendet werden. Darauf habe man sich mit der türkischen Religionsbehörde Diyanet und dem Verein Türkisch-Islamische Union der Anstalt für Religion (DITIB) verständigt.[39] Innenministerin Faeser nannte die Vereinbarung »einen wichtigen Meilenstein« für die Integration und »die Teilhabe muslimischer Gemeinden in Deutschland«. Die »fachliche Verantwortung« für den Inhalt der Predigten der Imame soll zukünftig nicht mehr bei den türkischen Generalkonsulaten, sondern bei DITIB liegen. Deutschland brauche »Prediger, die unsere Sprache sprechen, unser Land kennen und für unsere Werte eintreten«, so die SPD-Ministerin. Man möchte ihr zurufen: Nein, Deutschland braucht keinerlei Prediger, sondern vor allem eines: staatliche Neutralität. Das klerikale Kartell wird erweitert, diesmal um die moslemische Variante.

Nachtrag 2 (Ende Dezember 2023)

Nicht nur in Berlin, auch in zahlreichen anderen deutschen Städten demonstrieren Menschen gegen Israels Bombardierung des Gazastreifens. Die Bundesregierung wird aufgefordert, sich für einen sofortigen und dauerhaften Waffenstillstand und für die Aufhebung der Blockade des Gaza-Streifens einzusetzen. Zudem müsse die humanitäre Versorgung der Zivilbevölkerung ermöglicht werden. Viele Teilnehmer der Demonstration tragen Palästinensertücher und Plakate, auf denen die Bombardierung Gazas als Kriegsverbrechen verurteilt und »Freiheit für Palästina« gefordert wird.

Wir sollten nicht vergessen: Am Beginn stand der barbarische Terroranschlag der Hamas mit 1.200 Toten und 240 verschleppten Geiseln. Eine andere Antwort darauf als eine militärische konnte es nicht geben. Doch wir sollten nicht ignorieren: auch der schlimmste Terror entlässt eine Demokratie und ihre Armee nicht aus der Pflicht, dabei das Völkerrecht zu achten. Das aber missachtet Israels Regierung. Täglich wird Gaza durch Israels Armee bombardiert. Bisher wurden 19.667 Menschen getötet, mehr als 50.000 verletzt. Es werden nicht die letzten Opfer sein. Seit vielen Wochen sind Hundertausende Menschen auf der Flucht, ihre Heimat liegt in Trümmern. Die von Israel über die Grenzen gelassenen Hilfslieferungen reichen nur für einen Bruchteil der Menschen.

So verliert Israels Kampf gegen den Hamas-Terror an Legitimation.

EPILOG

Das klerikale Kartell und der gottlose Staat

Wir leben in keinem Gottesstaat, sondern in einem Verfassungsstaat. Es herrscht Glaubensfreiheit. Gläubige, Andersgläubige und Ungläubige müssen miteinander auskommen. Notwendig ist ein Kompass dafür, wie das **Neutralitätsgebot des Staates** angesichts wachsender kultureller, ethnischer und weltanschaulicher Vielfalt zu schützen ist.

Es gehört zu unserer freiheitlichen Demokratie, dass Menschen ihr Herz ungestraft an Dinge hängen dürfen, über die andere nur den Kopf schütteln können. Es gibt nicht nur eine Sicht auf die Welt, auf die Wirklichkeit, auf die Sinnhaftigkeit des Lebens – auf das Zweckmäßige, auf das Notwendige. Demokratie heißt: Weltanschauungsfreiheit. Offene Gesellschaften können nicht durch heilige Bücher, sondern nur durch einen Gesellschaftsvertrag geleitet werden, den sie sich selbst gegeben haben – als Republik, als öffentliche Sache, kurz: als Gemeinwesen. Schutzherr und Schutzherrin dieses Gesellschaftsvertrages ist allein eine gesicherte und entschlossen durchgesetzte und verteidigte Rechtskultur. Im Kern beinhaltet sie den Gedanken, dass Individuen zentrale Rechte besitzen: körperliche Unversehrtheit, Meinungs- und Redefreiheit, Recht auf Eigentum – auch die Glaubens- und Gewissensfreiheit, die die Religionsfreiheit als Unterkategorie umfasst. Diese Präzisierung ist notwendig, weil Religionsgesellschaften den Begriff gerne dazu benützen, sich weitergehende Rechte, Sonderrechte oder Privilegien zu sichern. Die Instanz, diese zentralen Rechte des Individuums zu schützen, auch vor dem Missbrauch durch Religionsgesellschaften, ist der Staat. Wir nennen ihn Rechtsstaat. Unser Rechtsstaat ist aber nicht nur ein verbindliches Instrument zum Schutz des Individuums. Er ist auch Garant dafür, Interessengegensätze zu moderieren.

Gerade in Zeiten, in denen unsere Gesellschaft nicht mehr von zwei großen christlichen Religionen geprägt ist, sondern zunehmend von einer multireligiösen Bevölkerungs-Geographie mit einem Anteil an Konfessionsfreien, der sich der 50-Prozent-Marke nähert, ist der Staat gefordert, neue Vereinbarungen zu treffen. Die Zeiten einer »Biokonfessionalität«[1] sind vorbei. »Mehr Verschiedenheit bedeutet potenziell mehr Konflikt.«[2] Im Angesicht religiöser Diversität gilt das Prinzip der Nichteinmischung. Religion ist Privatsache. Sonderrechte und Privilegien für einzelne Religionen sind obsolet. Dasselbe gilt umgekehrt auch für ungebührliche Kontrolle und Benachteiligung von Religion in der Politik, nur wird man diese vergleichsweise selten finden. Der Staat hat den Schutz der Rechte und die Freiheit seiner Bürger zu garantieren und sich darum zu kümmern, dass ein friedliches Miteinander möglich ist.

Unter diesen pluralen Bedingungen kann der Staat keiner Religion mehr das Monopol auf Wahrheit zusprechen. Das hätte er ohnehin nie tun dürfen. Religionen mögen von Wahrheiten handeln, in einer demokratischen Gesellschaft aber geht es um mehrheitsfähige Lösungen, nicht um Deutungen vermeintlicher Realitäten. Darauf hat der ehemalige Bundestagspräsident Norbert Lammert – gewissermaßen als personifiziertes Verfassungsorgan – hingewiesen: »Auf der Basis absoluter Wahrheitsansprüche ist Demokratie gar nicht möglich: Über Wahrheiten lässt sich nicht abstimmen. Und deshalb begründet der demokratische Staat allgemeingültige Entscheidungen nicht über Wahrheitsansprüche, sondern durch Gesetze und Verfahrensregeln.«[3] Gelten soll bei vorliegender Evidenz das, was die Mehrheit für richtig hält. Und es gilt so lange, bis eine neue Mehrheit etwas anderes beschließt. Mit angemessenem Schutz von Minderheiten und – analog zur Wissenschaft – immer nur vorläufig. Denn: »Wahrheitsansprüche sind mit einem demokratisch verfassten System prinzipiell unvereinbar.«

Und Lammert weist darauf hin, dass unsere Verfassung diesen Geltungsanspruch für alle und jeden formuliert, unabhängig davon, ob er am Entstehen dieser Überzeugung beteiligt war oder nicht, unabhängig davon, ob ihm dies besonders vorteilhaft oder eher schwierig oder lästig erscheint. Entscheidend sind ausschließlich die rechtlich formulierten, für alle verbindlichen, gegebenenfalls auch einklagbaren Geltungsansprüche einer Verfassung. Sie allein gibt den verbindlichen Rahmen unseres Zusammenlebens, unseres Gemeinwesens vor – nicht die Bibel, nicht die Thora, nicht der Koran.

»Ich bin gottlos glücklich«, heißt es im Prolog zu diesem Buch, aber auch: »Ich bin Verfassungspatriot.« Meine Überzeugung ist, dass in einem freiheitlichen Verfassungsstaat jeder glauben kann, was er will; allenfalls dann, wenn dieser Glaube zu Religionsgesetzen führt, die für andere nachteilig sind, erhebe ich Einspruch. Warum ich nicht an Gott glaube? Aus vielerlei Gründen. Ich lasse hier mal alles beiseite, was man Religionen und ihren irdischen Machtzentren vorwerfen kann: von der christlichen Inquisition bis zum islamischen Fundamentalismus – um nur zwei Irrläufer herauszugreifen. Religionen sind Menschenwerk – immer unvollkommen. Das aber genügt nicht zur Rechtfertigung des Atheismus, in dessen Namen auch Verbrechen begangen wurden. Nicht Glaube oder Unglaube führt zu Verbrechen, sondern Fanatismus.

Ich verachte jeglichen religiösen Fundamentalismus. Als undogmatischer Atheist halte ich es in Fragen der Gottesexistenz mit dem französischen Philosophen André Comte-Sponville:[4] Ich glaube, dass es Gott nicht gibt. Beweisen kann ich es nicht. Man könnte mir entgegenhalten, ich sei kein Atheist, sondern Agnostiker. Das verdient ein paar Worte der Erläuterung: Atheisten und Agnostiker haben einiges gemeinsam – weshalb sie auch häufig verwechselt werden: Sie glauben nicht an Gott. Der Atheist glaubt, dass Gott nicht existiert. Der Agnostiker indes legt sich hier nicht fest, sondern lässt die Frage offen. Oder anders: Wenn jemand behauptet: Ich weiß, dass es Gott nicht gibt, ist er kein Atheist, sondern ein Dummkopf. Und genauso verhält es sich meiner Ansicht nach, wenn einer sagt: Ich weiß, dass es Gott gibt. Auch er ist ein Dummkopf – einer, der Glauben für Wissen hält.

Glaube und Unglaube müssen in Demokratien miteinander auskommen. Und das ist gut so, weil Überzeugungen ja nicht nur auf religiöse Fragen beschränkt sind, sondern in vielen anderen Lebensbereichen auch moderiert werden müssen. Die Einzigen, die das stört, sind Eiferer und Fanatiker. »Glühende« religiöse Anhänger und Glaubensadvokaten, deren Sehnsuchtsort im jenseitigen Gottesreich liegt. Sie nutzen ihre Religion als Machtausübungsinstrument im Diesseits.

Dass Religionen die Welt unterm Strich zu einem besseren Ort gemacht haben, wird kaum jemand behaupten. Heilige Krieger berufen sich seit Jahrtausenden auf ihre jeweilige Religion, um Andersgläubige und -denkende zu verfolgen oder umzubringen. Die meisten Religionen verweisen zwar auf ein friedliches Miteinander, sie propagieren es wortreich, aber die wenigsten wirken sich dabei friedensstiftend aus. Noch immer tobt der Kampf zwischen Frommen und Ungläubigen, zwischen Gläubigen und Andersgläubigen. Weltliche Herrschaft und organisierter Glaube haben dieses gewaltsame Gefüge im beidseitigen Interesse »domestiziert«, vielfach durch Verfassungen und Gesetze entzerrt und befriedet. Gesellschaft, Staat und Religion müssen miteinander auskommen. Doch die friedliche Koexistenz ist fragil.

Émile Durkheim ging davon aus, dass die Religion in modernen Gesellschaften zunehmend ihre dominante Rolle einbüßt und keine verbindliche Welt- und Sinnstiftung mehr anzubieten vermag; sie verliere ihre Deutungshoheit, aber würde nicht verschwinden.[5] Durkheim hat recht behalten. Religion und Moderne, das ist bis heute ein schwieriges Verhältnis. Denn anders als die soziologischen Klassiker meinten, ist die Macht der Religion und ihrer Institutionen in der postmodernen Gesellschaft zwar eingeschränkt, aber keineswegs gebrochen. In den Sozialwissenschaften wird ebenso von »Säkularisierung« wie von einer »Renaissance der Religionen« gesprochen. Tatsache ist: Es gibt eine anhaltende, ambivalente Spannung zwischen Religion und Moderne.

Der Bedeutungsverlust von Religion und Kirche ist vor allem in Westeuropa sichtbar. Kirchlich gebundene und organisierte Gläubigkeit schwindet, das belegen rückläufige Mitgliederzahlen (siehe dazu das Kapitel »Flucht aus der Kirche«).

Das mag mit aktuellen Skandalen zu tun haben (Missbrauchsskandalen, Finanzskandalen – siehe dazu die Texte in diesem Buch), sicher aber auch mit einem religiös-autoritären Gesellschafts- und Menschenbild, das keine Bindekraft mehr aktiviert. »Der strenge Gott des Christentums will nicht so recht ins 21. Jahrhundert passen«, konstatiert Niko Alm.[6] An tradierten Ritualen wie Taufe, Hochzeit und Begräbnissen wird trotz eigener Ungläubigkeit dennoch gerne festgehalten, doch Tradition und Überzeugung sind nicht mehr deckungsgleich. Der persönliche Abfall von den traditionellen Glaubensinhalten muss freilich nicht zwangsläufig in einer vollständigen Ablehnung des Übernatürlichen enden. Viele Menschen glauben zwar längst an keinen personalisierten Gott mehr, aber sie sind davon überzeugt, »dass es irgendwas gibt« und es gut ist, an »etwas Höheres« zu glauben.

Alternative Sinnstifter und Seelentröster stehen bereit und versprechen endlose Glückseligkeit. Im Sehnsuchtsbasar findet sich ein breites spirituelles und esoterisches Angebot, verlockend und zeitgemäß: statt religiöser Autorität spirituelle Kooperation. Hauptsache, man glaubt an etwas. An den Übervater, die liebe Mutter Gottes und die Engelsschar – sie alle haben Konkurrenz bekommen. Die Existenz einer homogenen Glaubens- und Kulturreligion schwindet. Glauben geht auch ohne Kirche. »Es reicht nun, an den Glauben und seine gesellschaftliche Tantieme zu glauben.«[7]

Nun wird im öffentlichen Streit um Bedeutung und Stellung der beiden großen Kirchen vor allem von Seiten konservativer Parteien oft und gerne auf »das christliche Abendland« verwiesen, gewissermaßen als Pauschallegitimation für die Dominanz der christlichen Kirchen im öffentlichen Raum, zumindest in Mitteleuropa. Niemand kann die Prägung unserer Kultur durch das Christliche ignorieren. Allerorten gibt es Kirchen, läuten die Glocken, das Jahr ist nach kirchlichen Feiertagen aufgeteilt – Weihnachten, Ostern, Fronleichnam, Mariä Empfängnis, Mariä Himmelfahrt, Pfingsten gelten als »stille Feiertage« und sind gesetzliche Feiertage (siehe dazu das Kapitel über »Stille Feiertage«). Das Kreuz – das Symbol des Christentums – ist allgegenwärtig.

Es begleitet die Menschen von der Taufe, vom Kindergarten bis zum Altenheim und Begräbnis. Seine Sichtbarkeit wird mitunter auch politisch durchgesetzt in Schulen und Amtsgebäuden. Niemand kann das Kreuz übersehen. Die christliche Glaubensreligion ist Kulturreligion.[8] Die Einheit von Gesellschaft, Staat und Kirche – über Traditionen religiös verwurzelt – hat nicht nur eine prägende Wirkung auf die persönliche Sozialisation, sondern auch – wer möchte das bestreiten – auf den gesellschaftlichen Zusammenhalt. Gemeinsamer Glaube verbindet. Weniger Gottes- und Kirchenvertrauen bedeutet also nicht automatisch das Verschwinden religiöser Glaubenssehnsucht.

Fest steht: Die integrationsbedingte Pluralisierung der religiösen Geographie und die Abkehr von der organisierten Religion haben die bewährte, traditionelle Arbeitsteilung zwischen Kirche und Staat in Schieflage gebracht. Der Staat ist gefordert, sich religionspolitisch neu zu orientieren. In seinem Buch *Staat ohne Gott* plädiert der Staatsrechtler Horst Dreier für ein verändertes Rollenverständnis. Seine zentrale These: In der modernen Demokratie darf sich der Staat mit keiner bestimmten Religion identifizieren, aber er darf auch nicht eine religiöse über eine nichtreligiöse Weltanschauung stellen. Denn nur dann können alle Bürger ihren Glauben ausüben und in Freiheit leben. Der Staat übernimmt eine religionspolitische Ordnungsfunktion, er versteht sich als Moderator und Mediator. Doch er »ist keine sinnstiftende Instanz, sondern ist Forum für Austausch, Debatte und einen befriedenden Konsens«.[9]

Der Staat hat also in Bezug auf Glaubensfragen nicht zu bewerten, was wahr ist oder nicht. Er ist dazu gar nicht in der Lage. Und: Ein säkularer Staat und Religiosität schließen einander keineswegs aus. Im Gegenteil: »Die verschiedenen religiösen Gruppen können sich überhaupt nur dann unbehindert als gleichberechtigte Freiheitsträger mit umfänglichen Betätigungsmöglichkeiten entfalten, wenn der Staat selbst sich weltanschaulich strikt neutral verhält und nicht Partei ergreift. … Der freiheitliche, säkulare Verfassungsstaat versteht sich nicht als Widerpart des Glaubens, sondern bietet diesem eine Plattform«, so Dreier.[10]

Doch so weit sind wir noch nicht. Noch immer reklamieren die beiden großen Kirchen für sich – oft mit dem Argument der Religionsfreiheit – einen Sonderstatus, sie möchten weiterhin besonders behandelt werden: rechtlich, fiskalisch, gesellschaftlich. Noch immer beanspruchen die Kirchen Gehör und Mitsprache bei zahlreichen Gesetzesvorhaben (etwa zu Fragen der Schwangerschaftsunterbrechung und Sterbehilfe), sie möchten sich als »moralische Instanz« wahrgenommen wissen, darüber mitreden, was erlaubt ist und was nicht. Noch immer üben sie Kontrolle über staatlich subventionierte Einrichtungen wie Schulen, Universitäten und Bildungsstätten aus – kurzum: Sie mischen mit im »weltlichen«, politischen Machtinstrumentarium. Aber als zivilgesellschaftliche Akteure können wir sie überhaupt nur ernst nehmen, wenn sie sich dieses Gehör erarbeiten – wie andere NGOs auch – und auf den Startvorteil der Privilegien verzichten.

Zu verwoben ist das klerikale Kartell, diese Einheit aus politischer Macht und organisiertem Glauben, als dass eine unabhängige Kontrolle hier wirksam werden kann. Ein System aus Subventionen, Steuernachlässen und Sonderzahlungen, beispielsweise Zuwendungen in Millionenhöhe für die jährlich stattfindenden Kirchentage (siehe hierzu das Kapitel »Herr Steinmeier, der Garten Eden und der Kirchentag«). Die klerikalen Veranstalter sind hier davon befreit, genaue Kostenabrechnungen und Ausgabenbelege vorzulegen. So bleibt intransparent, wofür das staatlich-bezuschusste Budget eigentlich eingesetzt wird. Transparenz sieht anders aus. Auch kein Landesrechnungshof schaltet sich ein, wenn es um milliardenschwere kirchliche Finanz- und Immobiliengeschäfte geht. Überforderte und überlastete Finanzämter kontrollieren allenfalls wohlgefällig und rudimentär.

Wann und wo immer es um Geld geht, verstehen es die Kleriker und ihre Finanzlobbyisten, mit allen ihnen zur Verfügung stehenden Einflussnahmen und Mitteln dafür zu sorgen, dass sich am Status quo wenig, besser aber nichts ändert. Wer verzichtet schon gerne auf ein lukratives Geschäftsmodell, das – inklusive stetig sprudelnder Einnahmen allein aus der Kirchensteuer und mehr als 600 Millionen jährlicher

Staatsleistungen – eine solide Einnahmebasis garantiert. Die katholische Kirche in Deutschland ist eine der reichsten der Welt (siehe dazu das Kapitel »Seid umschlungen, Milliarden!«). Sie verfügt über ein Milliardenvermögen.

Es drängt sich der Eindruck auf, Kirchen agierten in einem staatlich akzeptierten und geschützten Paralleluniversum. Nicht zuletzt im Zusammenhang mit den klerikalen Sexualverbrechen, wo eine irritierende, erschütternde Zurückhaltung staatlicher Verfolgungsbehörden offensichtlich ist. Bislang wurde kein einziger Täter zu einer Gefängnisstrafe verurteilt, kein Bischof, kein Kardinal als Mitwisser und Vertuscher zur Verantwortung gezogen (siehe dazu das Kapitel »Klerikale Vertuschung«). Ein skandalöser Kniefall des Rechtsstaats.

Evident ist: Die Verpartnerung von Staat und Gott ist vielfältig und umfassend – und sie wirkt bis heute. Noch immer gibt es eine Unzahl von rechtlichen oder faktischen Privilegien der beiden großen christlichen Kirchen, deren Legalität, gemessen am Maßstab der deutschen Verfassung und gemessen an der konfessionellen Vielfalt der Bevölkerung, fraglich ist. So gelten die Kirchen kraft Verfassung als Körperschaften des öffentlichen Rechts, und mit dieser Qualifikation ist ein umfangreiches Privilegienbündel verbunden. Wer deren Verfassungskonformität anzweifelt oder bestreitet, sieht sich rasch dem Vorwurf der Kirchen- oder gar Religionsfeindlichkeit ausgesetzt.

Während die beiden (bald ehemaligen) Volkskirchen für sich in Anspruch nehmen, über ihre zahlreichen Medien sowie in religiösen Formaten des öffentlich-rechtlichen Radio- und TV-Programms sich häufig und explizit zu gesellschaftlichen und politischen Themen zu äußern, reagieren sie abweisend und beleidigt auf Kritik und pochen auf ihre staatlich garantierte innerkirchliche Autonomie. Selbstverständlich müssen Religionen und Kirchen hinnehmen, dass sie von außen kritisiert, ihre Botschaften und ihr Wirken attackiert und verurteilt werden, ihnen Spott und Häme entgegenschlägt (siehe dazu das Kapitel über Blasphemie: »Ein imaginäres Verbrechen«). Wir leben in einer Demokratie. Über alles kann geredet, gestritten – und gelästert werden.

Niemandem steht es zu, einen allgemeingültigen Wahrheitsanspruch zu formulieren. Selbstredend ist es ebenso legitim, dass sich der Klerus und sonstige Gottesadvokaten zu allen gesellschaftlichen, politischen, »weltlichen« Themen äußern. Aber sie sind eine Stimme von vielen, deren Meinung leichter respektiert werden kann, wenn sie nicht aus einer privilegierten Position heraus geäußert wird. Auch muss der Staat von Kirchen – wie von anderen Weltanschauungsgemeinschaften – »innerweltliche« Kritik akzeptieren. Ebenso ist es das gute Recht von Politikern, ihre Standpunkte religiös zu begründen. Alle sind schließlich Teil eines demokratischen Gemeinwesens. Demokratie muss das aushalten. Die Spielregeln und roten Linien zieht allein die Verfassung.

Nun gibt es nicht wenige, die der Meinung sind, der Staat nehme es mit der gebotenen weltanschaulichen Neutralität nicht so ernst. Die roten Linien würden andauernd und weithin akzeptiert ignoriert, etwa in der Debatte um die Ablösung der Staatsleistungen (siehe dazu das Kapitel »Der permanente Verfassungsbruch«). Sie verweisen auf unser Grundgesetz, in dessen Präambel bekanntlich noch immer von Gott die Rede ist und das mit den Worten beginnt: »Im Bewusstsein seiner Verantwortung vor Gott und den Menschen …« Wenn sich der Gesetzgeber noch immer einem höheren Wesen verpflichtet fühlt, dann – so die Vermutung – kann es mit der Säkularität nicht so weit her sein. Spielt Gott also immer noch mit, trotz staatlich geforderter Neutralität? Einigkeit ist nicht herzustellen. Befürworter sehen in dem Gottesbezug – der sich auch in zahlreichen Landesverfassungen findet – keinerlei religiöse Überhöhung der Verfassung, allenfalls stelle sie eine »Demutsformel« dar. Die Frage bleibt: Warum braucht es in einem säkularen Staat eigentlich einen »Präambel-Gott«?[11]

Tatsache ist: Die an den Staat gerichtete Neutralitätsforderung wird weithin zwar anerkannt, »aber bei der Normsetzung und in der Rechtspraxis in großem Ausmaß ignoriert«, konstatiert der ehemalige Verfassungsrichter Gerhard Czermak. Sehr detailliert hat er »das rechtliche Verhältnis von Staat, Weltanschauung und Kirchen aus säkularer Sicht« und die daraus resultierenden notwendigen Verzichtsleistungen beschrieben.[12] Sein Fazit: »Im Ergebnis würden viele Kritikpunkte entfallen, wenn die Kirchen endlich einsehen würden, dass sie sowohl der Realität wie der Glaubwürdigkeit wegen auf das bisherige starke Dominanzstreben verzichten müssen.«[13]

Kurzum: Die veränderte gesellschaftliche Wirklichkeit erfordert eine beidseitige Verzichtsleistung – die der Kirchen und die des Staates. Der Rückzug von Religion im Staat ist verknüpft mit dem Rückzug des Staates aus der Religion, Horst Dreier zufolge mit »dem Verzicht auf Transzendenz als Begründungsressource, dem Verzicht auf Identifikation mit einer bestimmten Religion, dem Verzicht auf Einmischung in die inneren Angelegenheiten der verschiedenen Glaubensrichtungen, dem Verzicht auf ein Votum in religiösen oder weltanschaulichen Wahrheitsfragen«.[14]

Ob es sich dabei tatsächlich um einen Verzicht handelt, liegt im persönlichen Ermessen.

Religionen mögen sich durch Dogmen, Lehren und Heilsversprechen unterscheiden. Das mag für die Gläubigen relevant sein, für den Staat sollte es unerheblich sein. Mit für alle gleich gültigen verbindlichen Regeln und Gesetzen hat er allein Räume für divergierende Weltanschauungen zu schaffen und zu erhalten, die ein friedliches Zusammenleben möglich machen. Es geht darum, religiöse Besonderheiten wie alle anderen Weltanschauungsgemeinschaften auf eine gleiche, einheitliche gesetzliche Grundlage zu stellen, es geht um eine neue »Ausdifferenzierung der Religionen«, darauf weist Dreier hin. Diese muss keineswegs zwangsläufig zu einer Schwächung ihrer jeweiligen Glaubensmacht führen, ebenso ist damit mitnichten ein erster Schritt in die Religionslosigkeit getan. Denn: »Säkulare, moderne Staaten sind kein anti-religiöses Projekt.«[15] Im Gegenteil: Für die friedliche Koexistenz verschiedener Religions- und Weltanschauungsgemeinschaften setzt der Staat statt konkurrierender Religionsgesetze vor allem auf eines: die Gleichheit vor dem Gesetz. Als demokratisches Diktum könnte man anfügen: Konsens über Uneinigkeit und Unterschiedlichkeit ist ein Wesensmerkmal von Demokratie. Denn: Diversität ist ein Freiheitsgewinn – für alle Seiten.

Die italienische Philosophin und Journalistin Cinzia Sciuto hält es für notwendig, »gerade in komplexen Gesellschaften unbedingt einen Kern gemeinsamer substanzieller Werte zu identifizieren. Dieser Kern darf ruhig klein sein, wenn er nur stabil ist, und er muss … die Menschenrechte und Laizität enthalten.«[16]

Überfällig ist die Transformation von einem paternalistischen, parteiischen, ja komplizenhaften Staat zu einem konsequent säkularen, freiheitlichen Verfassungsstaat. Ein Staat, der bereit und in der Lage ist, die tradierten Wahrheitsansprüche divergierender religiöser Gruppen mit all den daraus resultierenden Verteidigungs- und Rechtfertigungskämpfen zu befrieden und zu überwinden. Ein Staat, der das Grundprinzip staatlicher Nichteinmischung in private Glaubensangelegenheiten auch auf den gesellschaftlichen, verfassungsrechtlichen Bereich überträgt und für die Beantwortung von Fragen der Richtigkeit, Wertigkeit oder Wahrhaftigkeit von Religionen keinerlei Kompetenz beansprucht. »Der freiheitliche pluralistische Staat kann und darf nicht entscheiden, er darf weder für eine bestimmte Religion (bzw. Konfession) noch für Religionslosigkeit Partei ergreifen.«[17]

Es braucht Laizität: die Akzeptanz von religiöser Glaubensvielfalt, verbunden mit strikter, staatlicher Neutralität. Religionen und Weltanschauungsgemeinschaften müssen keinerlei Repressalien, Einschränkungen oder gar Verdrängung fürchten, dürfen aber auch keinerlei Privilegien erwarten. Es gilt das Gleichheitsprinzip. Der säkulare Staat mischt sich nicht in religiöse oder weltanschauliche Fragen ein. Er ist »ein Staat ohne Bekenntnis«.[18]

Ohnehin kann gelebter Säkularismus oder Laizität nicht verordnet werden. Religionen steht es frei, ihren Platz im Leben der Menschen zu behaupten. Sie dürfen weiterhin im breit sortierten Sinnstiftungs- und Seelenheilbasar für Anhänger und Mitglieder werben, Botschaften verkünden, mögen Ungläubige und Andersgläubige diese auch für Hirngespinste oder Satire halten. Das religiöse Seelenheil seiner Bürger geht den Staat nichts an. Die Frage nach Gott und dem Sinn des Seins ist Sache der Glaubensanbieter und Glaubensverwalter. Sie haben sich an klare gesetzliche Vorgaben und Regeln zu halten – und keinerlei Privilegien oder Subventionen zu erwarten.

Das muss keineswegs bedeuten, dass der laizistische Staat nicht auch weiterhin Zuschüsse für Projekte gewähren kann. Doch es sollte dafür eine sachliche »weltliche« Grundlage geben und nicht qua religiöser Begründung erfolgen. Vor allem aber: Projektbezogene Kooperationen und Subventionen müssten über die eigene Glaubenscommunity hinaus für die Allgemeinheit zumutbar und sinnvoll sein.[19]

Laizität führt weder zum Untergang des »christlichen Abendlandes« noch zum Verschwinden von Religiosität. Es ist auch kein Herausdrängen oder gar Tilgen der Religion aus der Öffentlichkeit. Das wäre eine falsche Lesart von »Religion ist Privatsache«. Gleich, welche Göttlichkeit gläubige Menschen verehren und welchem Gott sie sich verpflichtet fühlen, sie müssen sich vor keinerlei Repressalien, Einschränkungen oder gar Verdrängung fürchten – allenfalls vor dem Verlust ihrer Privilegien. Im Gegenteil: Der säkulare, neutrale Staat ermöglicht Vielfalt und Gleichheit. Er ist ein Gewinn für alle.

Dennoch ist Laizität nicht sonderlich populär. Die Bequemlichkeit staatlicher Alimentierung, der direkte Zugriff auf weltliche Macht, die vielfältigen Privilegien und Sonderbehandlungen aus der tradierten Verpartnerung von Staat und Kirche – das alles möchte man nur ungern aufgeben. Und so kämpft das klerikale Kartell gegen jede grundlegende Änderung, verhindert und blockiert einen laizistischen Prozess – und stemmt sich mit allen zur Verfügung stehenden Mitteln gegen den eigenen Bedeutungs- und Machtverlust.

Noch einmal: es geht nicht um die Austreibung Gottes aus der Welt. Glaubens- und Religionsfreiheit ist Menschenrecht. Aber wir hätten keinerlei Einwände, wenn das Neutralitätsgebot endlich Anwendung fände und der Einfluss der Religionen – hierzulande vor allem der der beiden großen christlichen Konfessionen – eingeschränkt und zurückgedrängt würde, inklusive aller Privilegien.[20]

Und der Gottesbezug in der Präambel unseres Grundgesetzes? Auch der darf gerne gestrichen werden. Unser Grundgesetz sollte gottlos sein.

Ob muslimische Gottesfanatiker, christliche Fundamentalisten, ob Hardliner des Vatikans oder alttestamentarische Rabbiner – sie alle müssen zur Kenntnis nehmen: Wir leben in einem Verfassungsstaat, alle Bürger dürfen ihren Gott, auch ihre Götter haben, der Staat aber muss in einer modernen Grundrechtsdemokratie gottlos sein. Es geht darum, die Errungenschaften der Aufklärung zu verteidigen, damit Gott nicht in die Politik zurückkehrt. Als gottlos glücklicher Mensch möchte ich in einem Land leben, in dem Gläubige und Ungläubige sich auf eine verbindliche Formel einigen können: Erst der Bürger, dann der Gläubige.

NACHWORT

Staatskirche oder Rechtsstaat?

Zwanzig notwendige Korrekturen für einen weltanschaulich-religiös neutralen Staat.
Von Ingrid Matthäus-Maier

»Es besteht keine Staatskirche« – dieser entscheidende Satz in Artikel 137 Absatz 1 der Weimarer Reichsverfassung (WRV), in das Grundgesetz übernommen durch Artikel 140 GG, ist die Grundlage für das Verhältnis von Kirche und Staat in Deutschland. Das Bundesverfassungsgericht hat diesen Artikel dahingehend ausgelegt, dass das Grundgesetz »dem Staat als Heimstatt aller Bürger ohne Ansehen der Person weltanschaulich-religiöse Neutralität auferlegt. Es verwehrt die Einführung staatskirchlicher Rechtsformen und untersagt auch die Privilegierung bestimmter Bekenntnisse.«

In der Verfassungswirklichkeit haben wir wegen unzähliger Privilegien und Subventionen an die Kirchen längst zwei Staatskirchen, die mit enormem lobbyistischen Aufwand öffentlich, vor allem aber hinter den Kulissen, den Staat, die Politik, die Verwaltung und die Rechtsprechung massiv beeinflussen. Für die nicht kirchlich gebundenen Menschen, immerhin jetzt schon etwa 50 Prozent der Bevölkerung, stellt sich die »Kirchenrepublik Deutschland« (Carsten Frerk) durch die dauernden Verstöße gegen ihre in Artikel 4 GG garantierte Religions- und Weltanschauungsfreiheit jedenfalls unter diesem Gesichtspunkt nicht als »Heimstatt aller Bürger« dar. Um diese enorm enge Verquickung mit dem Staat zu festigen, bemühen die Kirchen sich auffällig oft darum, für die Muslime in Deutschland einen ähnlichen Status zu erreichen, um dann Arm in Arm zu dritt Reformen zu verhindern.

Dabei geht es nicht darum, die Kirchen aus dem gesellschaftlichen Leben zu verbannen. Ziel ist allein, die verfassungswidrige Verknüpfung mit dem Staat zu beseitigen, mit der die Kirchen sich Sondervorteile vor anderen Gruppen in der pluralistischen Konkurrenz um gesellschaftlichen und politischen Einfluss verschaffen. Das zeigt auch, dass – wenn sich überhaupt etwas ändern soll – dies nur gegen den erbitterten Widerstand der Kirchen mithilfe der Gerichte geschehen kann. Die Politik kann man in diesem Zusammenhang leider bisher vergessen.

1. Ermittlungsmaßnahmen wegen Kindesmissbrauchs

Von einem weltanschaulich-religiös neutralen Staat erwarte ich …, dass seine Strafverfolgungsorgane in Sachen Missbrauch in der katholischen Kirche von sich aus, und nicht erst nach der Anzeige von sechs renommierten Strafrechtsprofessoren im Oktober 2018, strafrechtliche Ermittlungen aufnehmen. Nachdem die sogenannte Missbrauchsstudie der katholischen Kirche von tausenden Fällen anonymisiert berichtet hatte, war dies ein zwingender Anlass für Ermittlungen von Polizei und Staatsanwaltschaft. Denn die vorliegenden tatsächlichen Anhaltspunkte überschreiten bei weitem die Schwelle für die Annahme eines Anfangsverdachts nach Paragraph 152 Absatz 2 StPO. Bei der Blockadehaltung der meisten Bischöfe, denen offensichtlich der Wille zur Aufklärung fehlt, weil Täter und Vertuscher bis weit hinein in die Spitze der katholischen Kirche vertreten sind, muss der Rechtsstaat der moralisch versagenden Institution zeigen, dass die persönliche Verantwortung der Täter und der untätig gebliebenen Bischöfe geklärt und geahndet wird, wie es zum Beispiel in den USA und Irland längst praktiziert wird. Nachdem die katholische Kirche sich über Jahre massiv gegen staatsanwaltliche Maßnahmen gewehrt hat, haben in 2023 die ersten Durchsuchungen, zum Beispiel beim Kölner Bischof Woelki, und Beschlagnahmen im Erzbistum München stattgefunden. Die lange Gegenwehr der Kirche hat allerdings bewirkt, dass oft die Beschuldigten verstorben oder die Taten verjährt sind. Auch die ersten staatlichen Urteile zur Entschädigung der Opfer, wie zum Beispiel die Summe von 300.000 Euro in Köln an einen als Jugendlicher über Jahre schwerst sexuell misshandelten Mann, zwingen die Kirche zum Einlenken. Dass trotz dieses offensichtlichen Versagens der katholischen Kirche und der Wahrscheinlichkeit, dass systembedingt auch in Zukunft eine erhöhte Gefahr der Wiederholung solcher Fälle besteht, die Politik sich immer noch weigert, an den Abbau oder wenigstens die Verringerung der vorhandenen Privilegien heranzugehen, halte ich für ein schweres Versagen der Politik.

2. Reichskonkordat, Länderkonkordate und Staatskirchenverträge

Von einem weltanschaulich-religiös neutralen Staat erwarte ich …, dass er das Reichskonkordat zwischen dem Vatikan und Hitlerdeutschland vom 12. September 1933 aufhebt, so wie es Italien, Spanien und Portugal mit ihren unter faschistischen Regierungen geschlossenen Konkordaten gemacht haben. Die katholische Kirche hat darin Privilegien erhalten, die ihr in der gesamten Weimarer Republik unter demokratischen Regierungen verweigert worden sind.

Die Kirche eröffnete umgekehrt den Nazis Befugnisse, die bis heute gelten: So wundern sich immer wieder Bürger, warum ein neuer Bischof vor dem Ministerpräsidenten eines Bundeslandes einen Eid ablegen muss: Das ergibt sich aus Artikel 16 des Reichskonkordats. Und die Institution der Militärpfarrer datiert auch aus dieser Zeit. Sie ist heute im Militärseelsorgevertrag von 1957 niedergelegt und kostet den Staat pro Jahr etwa 30 Millionen Euro. Darin enthalten sind beispielsweise vom Staat finanzierte Wallfahrten von Soldaten nach Lourdes zur Grotte von Fatima – im Jahr 2023(!). Seelsorge im Militär ist keine staatliche Aufgabe, sondern sollte allein den Religionsgesellschaften obliegen.

Zu überprüfen ist außerdem die unübersehbare Zahl von Kirchenverträgen und Konkordaten, die den beiden Kirchen erhebliche Privilegien einräumen. Sie werden zwar von den Länderparlamenten beschlossen, jedoch haben diese auf die inhaltliche Ausgestaltung kaum Einfluss, weil der Inhalt auf Ministerialebene formuliert wird und das Parlament nur Ja oder Nein sagen kann. Meist noch mit einer »Ewigkeitsgarantie« versehen, gehören sie nicht in einen demokratischen Staat. Der Eifer, mit dem in den neuen Bundesländern solche Verträge und Konkordate nach der Einheit installiert wurden, zeigt: Bei etwas mehr Zeit und öffentlicher Diskussion wären die dort enthaltenen Privilegien und Finanzzusagen angesichts von nur noch 20 Prozent Kirchenmitgliedern wohl so nicht abgenickt worden.

3. Ablösung der Staatsleistungen

Von einem weltanschaulich-religiös neutralen Staat erwarte ich …, dass er nach nunmehr 100 Jahren Artikel 138 Absatz 1 WRV umsetzt, damit der Staat und damit auch die Konfessionsfreien nicht mehr länger aus allgemeinen Steuermitteln die Gehälter von Bischöfen, Kanonikern, Domvikaren und anderem hohen Kirchenpersonal zahlen muss. Artikel 138: »Die auf Gesetz, Vertrag oder besonderen Rechtstiteln beruhenden Staatsleistungen an die Religionsgesellschaften werden durch die Landesgesetzgebung abgelöst. Die Grundsätze hierfür stellt das Reich auf.« Diesen sogenannten Ablösebefehl einfach zu negieren, ist skandalös. Die Länder, außer Hamburg und Bremen, zahlen bis heute jährlich etwa 600 Millionen Euro an die Kirchen zur Finanzierung des oberen Kirchenpersonals wie Erzbischöfe und Bischöfe. Die Leistungen sollen die Kirchen für die Enteignung unter Napoleon im Reichsdeputationsausschuss 1803 entschädigen. Allein seit 1949 haben die Staatsleistungen über 21 Milliarden Euro betragen, davon seit der deutschen Einheit über 2,5 Milliarden in den neuen Ländern. Die Kirchen behaupten, sie seien zur Ablösung bereit, verlangen aber dafür eine milliardenschwere Schlusszahlung, da mit dem Begriff »Ablösung« 1919 ein Ende mit einer Schlusszahlung gemeint war. Das ist zutreffend. Nachdem die Kirchen aber über ein Jahrhundert zu Unrecht ein Mehrfaches dessen kassiert haben, was realistischerweise als »Ablösung« infrage gekommen wäre, halte ich es für gerechtfertigt, die Zahlungen einfach zu beenden. Es kann keine Entschädigung mit Ewigkeitsgarantie geben. Der Bund muss endlich einen Vorschlag für ein »Ablösegesetz« machen.

Im 2021 geschlossenen Koalitionsvertrag der Dreierkoalition von SPD, Bündnis 90/Die Grünen und FDP heißt es: »Wir schaffen in einem Grundsätzegesetz im Dialog mit den Ländern und den Kirchen einen fairen Rahmen für die Ablösung der Staatsleistungen.« Es ist eine Kommission eingerichtet worden (übrigens ohne Beteiligung von Säkularen), die aufgrund milliardenschwerer Ablösungsforderungen der Kirchen bisher kein Ergebnis vorgelegt hat.

Und dass die Kirchen diese Staatsleistungen bei einem riesigen Grundvermögen und Kirchensteuereinnahmen von über 13 Milliarden Euro jährlich benötigen, ist auch nicht dargelegt. Die Kirchensteuer allein führt über ihre steuerliche Absetzbarkeit zu Steuerausfällen von über drei Milliarden Euro pro Jahr.

4. Kirchensteuer (Staatsinkasso) und Zwangsverpflichtung der Arbeitgeber zu deren Einziehung über die Lohnsteuer

Von einem weltanschaulich-religiös neutralen Staat erwarte ich …, dass nicht der Staat für die Kirchen die Kirchensteuer einzieht, sondern dass die Kirchen ihren Beitrag selber einziehen. Dass der Staat dafür ein Entgelt erhält, macht die Sache nicht besser. Berufen wird sich für die heutige Praxis auf Artikel 137 Absatz 6 WRV iVm Artikel 140 GG. Dieser lautet: »Die Religionsgesellschaften, welche Körperschaften des öffentlichen Rechtes sind, sind berechtigt, auf Grund der bürgerlichen Steuerlisten nach Maßgabe der landesrechtlichen Bestimmungen Steuern zu erheben.« In der Weimarer Zeit wurde das so gehandhabt, wie es dem Wortlaut entspricht. Das Finanzamt überreichte den Kirchen die Steuerlisten mit den Daten und den Angaben über die gezahlte Lohn- oder Einkommensteuer. Darauf erhoben dann die Kirchen die Kirchensteuer als Annexsteuer. So wird es übrigens noch heute in Bayern für die Einkommensteuerzahler gehandhabt. Das Staatsinkasso ergibt sich aus der Weimarer Reichsvefassung nicht.

Und von einem weltanschaulich-religiös neutralen Staat erwarte ich überdies, dass er nicht länger den Arbeitnehmer zwingt, auf der Lohnsteuerkarte seine Konfession anzugeben, und nicht länger den Arbeitgeber zwangsverpflichtet, die Lohnsteuer für die Kirchen aufgrund des Eintrags in der Lohnsteuerkarte einzuziehen. Bis 1933 war der Arbeitgeber an der Einziehung der Kirchensteuer nicht beteiligt. Erst im Zusammenhang mit dem Reichskonkordat wurde 1933 im *Reichssteuerblatt* für 1934 neu eingeführt, dass auf der Lohnsteuerkarte die Konfession vermerkt werden müsse. Das war von den Nazis als Entgegenkommen vorgesehen für die Zustimmung des Zentrums zum Ermächtigungsgesetz. Das Ergebnis war nicht nur, dass der Arbeitgeber von da an von seinem Arbeitnehmer die Konfession oder auch die Nichtmitgliedschaft in einer Kirche erfuhr. Auch viele Arbeitgeber wollten nicht Vollzugsgehilfe für die Kirchen sein. Nach 1945 hat es zu beiden Themenbereichen Verfassungsklagen gegeben. Zum einen klagte ein Arbeitnehmer dagegen, dass er trotz des eindeutigen Wortlauts in Artikel 136 Absatz 1 WRV – »Niemand ist verpflichtet, seine religiöse Überzeugung zu offenbaren« – seine Konfession angeben müsse. Das Bundesverfassungsgericht entschied 1978 allerdings, dass dies trotz des eindeutigen Wortlauts aus »Zweckmäßigkeitsgründen« erlaubt sei. Eine Grundrechtsverletzung beim Arbeitnehmer sei »noch nicht« anzunehmen. Aus meiner Sicht ein eindeutig verfassungswidriges Verfassungsgerichtsurteil! Dies führte zum Beispiel dazu, dass in dem berühmten »Buchhalterfall« die katholische Kirche der Steuerkarte des von ihr beschäftigten untadeligen Buchhalters entnehmen konnte, dass er aus der Kirche ausgetreten war. Sofort erhielt er die Kündigung. Natürlich erfuhren die Arbeitgeber ab 1934 dann auch, wenn ein Arbeitnehmer »jüdisch« ankreuzte.

Nicht anders erging es dem Arbeitgeber, der dagegen klagte, vom Staat für den Kirchensteuereinzug zwangsverpflichtet zu werden, auch wenn er selbst gar nicht Mitglied einer Kirche sei. Die Verpflichtung des

Arbeitgebers zum kostenlosen Einziehen der Kirchensteuer hielt das Bundesverfassungsgericht für so selbstverständlich, dass es die Verfassungsklage 1977 gar nicht erst zur Entscheidung annahm.

5. Steuer- und Gebührenvergünstigungen

Von einem weltanschaulich-religiös neutralen Staat erwarte ich …, dass er die Kirchen nicht länger mit unzähligen Steuer- und Gebührenbefreiungen subventioniert. Sie sind befreit von der Körperschaftssteuer, der Erbschaftssteuer und der Grundsteuer. Alles, was sie als öffentlich-rechtliche Körperschaft machen, gilt als gemeinnützig. Bei der Grunderwerbssteuer gelten Ermäßigungen. Allein durch die Befreiungen bei der Grundsteuer, die auch für die Wohnungen der Bischöfe und Priester gilt sowie für den riesigen Grundbesitz bis hin zu den verpachteten Gaststätten, entgehen dem Staat nach Schätzungen jährlich etwa 850 Millionen Euro. Die genauen Zahlen sind bisher nicht festzustellen, da Fragen in mehreren Kommunalparlamenten mit dem Hinweis auf das Steuergeheimnis nicht beantwortet wurden. Der wissenschaftliche Beirat beim Bundesfinanzministerium empfiehlt schon seit Jahren die Aufhebung der pauschalen Steuerbefreiung der Kirchen von der Grundsteuer.

Versucht die öffentliche Hand – selten genug – von bestimmten Leistungen loszukommen, wie zum Beispiel bei den oft auf jahrhundertealten Verträgen beruhenden Kirchenbaulasten, wehrt sich die Kirche dagegen mit einer Rigorosität, die man nur als Gier bezeichnen kann. Und wenn man liest, dass der Staat sich auch beim Bau von Autobahnkirchen finanziell beteiligt, kann man nur ungläubig den Kopf schütteln.

In mehreren Bundesländern gibt es Befreiungen von den Baugenehmigungsgebühren, den Notargebühren und von den Gerichtskosten (zum Beispiel in Hamburg, Schleswig-Holstein und im Saarland). Dass das die Prozessfreudigkeit der Kirchen, die gerade in Hamburg gerne gegen Presseorgane klagen, nicht gerade dämpft, ist offensichtlich. Dass es auch anders geht, zeigt Hessen, wo die Justizkostenfreiheit zum 1. Januar 2018 aufgehoben wurde.

6. Staatliche Finanzierung von Kirchentagen

Von einem weltanschaulich-religiös neutralen Staat erwarte ich …, dass er nicht Jahr für Jahr die evangelischen Kirchentage (EKT) beziehungsweise die katholischen (KT) bezuschusst. Regelmäßig gibt es vom Bund, von den Ländern und von den Städten Kostenzuschüsse. Einige Beispiele der letzten Jahre:

2009 Bremen (EKT)	7,9 Millionen Euro
2011 Dresden (EKT)	7,9 Millionen Euro
2012 Mannheim (KT)	3,5 Millionen Euro
2015 Stuttgart (EKT)	8,6 Millionen Euro
2016 Leipzig (KT)	4,5 Millionen Euro
2019 Dortmund (EKT)	8,6 Millionen Euro
2027 Düsseldorf (EKT)	5,8 Millionen Euro (geplant)

zuzüglich Landeszuschuss in Höhe von 7 Millionen Euro

Die jeweiligen Begründungen, die Städte würde durch die vielen Besucher mehr Einnahmen erwirtschaften, als sie als Zuschuss zahlen, ist längst widerlegt. Diese enorme Subventionierung eines kirchlichen Events verstößt eindeutig gegen die weltanschaulich-religiöse Neutralität des Staates, zumal wenn der Anteil der Christen an der Einwohnerzahl in einigen der genannten Städte bei deutlich unter 50 Prozent liegt. Die humanistische Kunstaktion mit einem überdimensionalen Moses, betitelt »Archäologische Sensation: 11. Gebot gefunden! Du sollst Deinen Kirchentag selbst bezahlen!«, spricht für sich.

7. Kirchenaustritt und Rasterfahndung

Von einem weltanschaulich-religiös neutralen Staat erwarte ich …, dass ich nicht mehr gezwungen bin, beim Gericht, beim Notar oder beim Standesamt persönlich auszutreten, sondern durch schriftliche Erklärung an die Kirchen. In der Regel wird sogar eine Gebühr erhoben, die nur bei nachgewiesener Armut erlassen werden kann. Dass das bestehende Verfahren den Austritt erschweren soll, wird gar nicht erst bestritten. Zum Beispiel beträgt die Wartefrist beim Gericht in Köln wegen der Masse der Austrittswilligen über vier Monate. So lange bleibt man natürlich Kirchenmitglied. Die Kirche verweist auf die Möglichkeit, beim Notar auszutreten. Der erhebt natürlich eine Gebühr.

Von einem weltanschaulich-religiös neutralen Staat erwarte ich ..., dass er mich davor schützt, in Berlin-Brandenburg noch Jahrzehnte nach dem Kirchenaustritt die Austrittserklärung aufzubewahren, wenn ich nicht Gefahr laufen will, zur Kirchensteuer veranlagt zu werden. Dort verschickt die Kirchensteuerstelle im jeweiligen Finanzamtsbezirk beim Zuzug nach Berlin-Brandenburg im Auftrag der evangelischen Kirche in einem amtlichen Schreiben einen Fragebogen, in welchem gefragt wird, ob man der Kirche angehört. Wenn man bejaht, dass man mal getauft worden sei, beginnt das Ungemach. Die Kirche prüft nach, ob es dort (ob Ost oder West) eine Austrittserklärung gibt (»Rasterfahndung« hat sich dafür eingebürgert). Falls sie keine findet, wird man aufgefordert, die Bescheinigung vorzulegen. Insbesondere viele Ostdeutsche konnten das nicht, obwohl sie jahrzehntelang nicht als Kirchenmitglied registriert waren und von den Eltern wussten, dass diese für die ganze Familie ausgetreten waren. Dann kam der Steuerbescheid mit zum Teil hohen Kirchensteuernachforderungen für die letzten drei Jahre. Dem zu entkommen, gab es natürlich die Möglichkeit, in die Kirche einzutreten. Die Unbarmherzigkeit, mit der die Kirche diese »Rasterfahndung« bis heute praktiziert, kann man nur noch mit dem Verhalten einer Drückerkolonne vergleichen.

8. Schutz von Grund- und Menschenrechten in kirchlichen Einrichtungen

Von einem weltanschaulich-religiös neutralen Staat erwarte ich ..., dass man nicht über sieben Instanzen und zehn Jahre lang klagen muss, um sich als Chefarzt in einem katholischen Krankenhaus erfolgreich gegen eine Kündigung wegen Verstoßes gegen die katholische Morallehre (Scheidung und Eingehen einer neuen Ehe) zur Wehr zu setzen. Obwohl die katholische Kirche schon 2010 eine Niederlage gegen eine entsprechende Kündigung eines Organisten vor dem Europäischen Gerichtshof für Menschenrechte in Straßburg erlitten hatte (Schüth-Urteil), ließ ihr das keine Ruhe. Nach Urteilen zugunsten des Chefarztes bei den Arbeitsgerichten erhob die Kirche Verfassungsklage. Das Bundesverfassungsgericht hob das Urteil auf und verwies die Sache an das Bundesarbeitsgericht zurück. Diese berüchtigte Chefarzt-Entscheidung vom 22. Oktober 2014 zeigt besonders eindrucksvoll die Verquickung von Staat und Kirche, liest sie sich doch seitenweise wie ein katholischer Katechismus. Das Bundesarbeitsgericht ersuchte nun im Rahmen eines Vorlageverfahrens den Europäischen Gerichtshof in Luxemburg um Auslegung der europäischen Gleichbehandlungsrichtlinie. Mit Urteil vom 11. September 2018 entschied dieser, die Anerkennung des katholischen Eheverständnisses durch den Arzt sei nicht wesentliche Voraussetzung für seine Tätigkeit. Die Kündigung sei als verbotene Diskriminierung nach Artikel 21 der Charta der Europäischen Union zu werten. Dem ist das Bundesarbeitsgericht am 20. Februar 2019 gefolgt. Bekannt ist, dass in der katholischen Kirche darüber gestritten wurde, dagegen erneut vor das Bundesverfassungsgericht zu ziehen. Aus Furcht, sich in der Öffentlichkeit lächerlich zu machen, unterließ sie es (»die Öffentlichkeit würde wohl nicht verstehen, dass angesichts der Tatsache, dass ein Bundeskanzler nach drei Scheidungen und Wiederverheiratung mit über 40 Prozent zum Kanzler gewählt wird, ein Chefarzt bei einmaliger Scheidung und Wiederverheiratung aus dem katholischen Krankenhaus rausgeworfen wird«, so ein hoher Kirchenvertreter im Radio!).

Das geradezu missionarische und unerbittliche Vorgehen der katholischen Kirche gegen Homosexuelle in katholischen Einrichtungen wie Krankenhäusern, Pflegeheimen, Schulen und Kindergärten war immer schon ein eindeutiger Verstoß gegen Artikel 3 des Grundgesetzes. Der Vatikan weiß, warum er die Europäische Menschenrechtskonvention (als Einziger zusammen mit Weißrussland) nicht unterschrieben hat und wegen der Diskriminierung der Frauen auch bis heute nicht unterschreiben kann. Erst in der Neufassung der »Grundordnung des kirchlichen Dienstes« vom 22. Dezember 2022 schreibt die katholische Kirche auf massiven Druck nicht mehr die Kündigung vor, wenn Menschen in gleichgeschlechtlicher Partnerschaft leben oder wenn sie eine zweite Ehe schließen.

9. Kirchliches Arbeitsrecht – Dritter Weg

Von einem weltanschaulich-religiös neutralen Staat erwarte ich …, dass er für gleiche Rechte aller Beschäftigten – auch der im kirchlichen Bereich – sorgt. Das Sonderrecht in kirchlichen Einrichtungen, der sogenannte Dritte Weg, ist abzuschaffen. Die Restriktionen der »Katholischen Grundordnung des kirchlichen Dienstes« und der »Evangelischen Loyalitätsrichtlinie« dürfen nur in verkündigungsnahen Positionen angewendet werden. Bei allen anderen ist die Voraussetzung der Kirchenmitgliedschaft für die Tätigkeit auf den 1,3 Millionen Arbeitsplätzen in Kirchen, Diakonie und Caritas abzuschaffen. Sie sind für alle, auch Konfessionsfreie, Muslime und Juden, zu öffnen. Die Kirchen sind in dieser Frage flexibler geworden, weil sie sonst ihre Arbeitsstellen, zum Beispiel in den Kliniken, im Sozial- und Bildungswesen, nicht besetzen können. Auch in den erneuerten Richtlinien beider Kirchen ist geregelt, dass bei Stellenbesetzungen zuallererst überzeugte Christinnen und Christen zu berücksichtigen sind, selbst wenn die Tätigkeiten religiös neutral zugeschnitten sind.

Bei beiden Kirchen bleibt der Kirchenaustritt unmittelbarer Kündigungsgrund, wie die Kündigung eines Kochs in der Kitaküche einer katholischen Einrichtung zeigt, die erst in der zweiten Instanz beim Landesarbeitsgericht in Stuttgart aufgehoben wurde.

Paragraph 118 Absatz 2 des Betriebsverfassungsgesetzes, der erst 1952 unter der Adenauer-Regierung eingeführt wurde und besagt, dass das Gesetz für Religionsgesellschaften und ihre karitativen und erzieherischen Einrichtungen nicht gelte, ist aufzuheben. Der nötige Tendenzschutz für verkündigungsnahe Tätigkeiten würde durch Paragraph 118 Absatz 1 ausreichend geschützt – so wie dies bei anderen Sozialeinrichtungen wie der Arbeiterwohlfahrt, dem Roten Kreuz und dem Paritätischen Wohlfahrtsverband der Fall ist. Dieser Grundrechtsschutz ist unabhängig von einer möglichen Finanzierung der Einrichtungen durch die Kirchen nötig, erst recht aber angesichts der Tatsache, dass die Kirchen nur zu etwa fünf Prozent zu den Kosten der Einrichtungen beitragen, was sie gerne verschweigen (»Caritaslegende«).

Eine Initiative der Pflegebranche, einen flächendeckenden Mindestlohn für Pflegekräfte über den staatlichen Mindestlohn hinaus zu etablieren, scheiterte 2021 an Caritas und Diakonie. Ihre Zustimmung wäre erforderlich gewesen, damit der Arbeitsminister den Tarifvertrag für allgemeinverbindlich hätte erklären können.

In beiden Kirchen ist Streik verboten. Zwar hat die Gewerkschaft ver.di 2012 ein Urteil des Bundesarbeitsgerichts erstritten, wonach Streik auch in kirchlichen Einrichtungen erlaubt ist. Die Bedingungen, unter denen ein Streik erlaubt sei, sind aber so restriktiv formuliert, dass man von einem »vergifteten Urteil« gesprochen hat. Die Verfassungsbeschwerde von ver.di war folgerichtig unzulässig. Die Gewerkschaft sieht es aber als Erfolg an, dass der große Senat das Streikrecht im Prinzip erneut bestätigt hat.

Alle drei Parteien der Ampelkoalition hatten vor der Wahl versprochen, das kirchliche Arbeitsrecht zu reformieren. In der Koalitionsvereinbarung heißt es dazu: »Gemeinsam mit den Kirchen prüfen wir, inwiefern das Kirchliche Arbeitsrecht dem staatlichen Arbeitsrecht angeglichen werden kann. Verkündigungsnahe Tätigkeiten bleiben ausgenommen.«

10. Streichung des Paragraphen 9 AGG

Von einem weltanschaulich-religiös neutralen Staat erwarte ich …, dass er in Paragraph 9 des Allgemeinen Gleichbehandlungsgesetzes (AGG) den dort genannten Begriff »Selbstbestimmungsrecht« der Religionsgesellschaften streicht. Denn dieser entspricht nicht Artikel 137 Absatz 1 WRV, der durch Art. 140 ins Grundgesetz übernommen worden ist. Dort heißt es: »Jede Religionsgesellschaft ordnet und verwaltet ihre Angelegenheiten selbständig innerhalb der Schranken des für alle geltenden Gesetzes.« Die von Jahr zu Jahr verstärkte Ausweitung des »Ordnungs- und Verwaltungsrechts« in ein kompetenzerweiterndes »Selbstbestimmungsrecht« der Kirchen, unterstützt durch eine geradezu skandalös kirchenfreundliche Rechtsprechung des Bundesverfassungsgerichts, das auch noch Artikel 4 GG zu einem korporativen Grundrecht der Kirchen erweitert hat, muss revidiert werden.

11. Ein ausreichendes neutrales Angebot sozialer Dienstleistungen

Von einem weltanschaulich-religiös neutralen Staat erwarte ich ..., dass er in Bund, Ländern und Gemeinden für ein weltanschaulich neutrales Angebot sozialer Dienstleistungen in erreichbarer Nähe sorgt. Dass es in bestimmten Gegenden des Landes, zum Beispiel in Nordrhein-Westfalen, Rheinland-Pfalz oder Bayern weit und breit nur kirchliche Kitas, Altenheime und Krankenhäuser gibt, ist unerträglich. Das sogenannte Subsidiaritätsprinzip besagt, dass, soweit geeignete Einrichtungen von untergeordneten Einheiten betrieben werden, die öffentliche oder staatliche übergeordnete Einheit von eigenen Maßnahmen absehen soll. Es besagt aber nicht, dass in einigen Regionen 70 Prozent der Krankenhäuser oder 60 Prozent der Kitas konfessionell zu betreiben sind. Mit der Folge, dass Konfessionsfreie mit ihren Steuern die enormen Zuschüsse an diese Institutionen mitfinanzieren, aber selbst keinen Platz in einer säkularen Kita finden.

12. Religionsunterricht

Von einem weltanschaulich-religiös neutralen Staat erwarte ich ..., dass er die Eingriffsmöglichkeiten der Kirchen bei der Ernennung von Religionslehrern abschafft. Dies ist leider kaum zu erwarten, da Artikel 7

Absatz 3 GG vorsieht, dass der »Religionsunterricht in Übereinstimmung mit den Grundsätzen der Religionsgemeinschaften erteilt wird«. Aus einem Bekenntnisfach müsste also erst durch eine Änderung des Grundgesetzes ein Kenntnisfach »Religionskunde« gemacht werden. Alternativ ist ein Ethikunterricht einzurichten wie in Berlin und Brandenburg. Zumindest ist zu fordern, dass die Eltern bei der Einschulung darauf aufmerksam gemacht werden müssen, dass die Teilnahme am Religionsunterricht freiwillig ist. Dies geschieht in der Regel nicht.

13. Theologische Fakultäten

Von einem weltanschaulich-religiös neutralen Staat erwarte ich …, dass die Einflussmöglichkeiten der Kirchen auf das Lehrpersonal in den theologischen Fakultäten beendet werden. Den Professoren muss uneingeschränkte Wissenschafts-, Meinungs- und Glaubensfreiheit eingeräumt werden. Am besten geschähe das durch die Umwandlung theologischer in religionswissenschaftliche Fakultäten. Immer wieder nutzt die Kirche ihre Eingriffsmöglichkeiten wie im Fall von Prof. Uta Ranke-Heinemann wegen ihres Zweifels an der Jungfrauengeburt von Maria, eines katholischen Dekans an der Universität Bonn wegen seiner Heirat oder Prof. Horst Herrmann wegen dessen Unterstützung der FDP-Thesen »Freie Kirche im freien Staat«. Die jeweiligen Kultusminister müssen solche Personen auf die Forderung der jeweiligen Bischöfe hin aufgrund alter Konkordate entlassen. Die Betroffenen verlieren ihre Professur in der theologischen Fakultät und werden auf Staatskosten an anderer Stelle, vor allem in der philosophischen Fakultät eingesetzt. In der Regel wird ihre frei gewordene Theologieprofessur wieder besetzt, so dass der Staat doppelt zahlt. Auch die Einflussnahme bei den sogenannten Konkordatslehrstühlen muss entfallen. Aufgrund der Klage einer betroffenen Professorin der Giordano Bruno Stiftung hat die katholische Kirche auf das Zustimmungserfordernis während der Verhandlungen verzichtet.

14. Blasphemieverbot – Paragraph 166 StGB

Von einem weltanschaulich-religiös neutralen Staat erwarte ich …, dass er endlich Paragraph 166 des Strafgesetzbuches (StGB) aufhebt. Seine Überschrift lautet: »Beschimpfung von Bekenntnissen, Religionsgesellschaften und Weltanschauungsvereinigungen«. Erscheint ein schlechter Film über Mohammed oder ein satirisches Gedicht oder eine Karikatur über Religionen, wird regelmäßig die Forderung erhoben, der Paragraph 166 StGB müsse verschärft werden. Zu unserer Demokratie gehören aber Presse-, Meinungs- und Kunstfreiheit – inklusive Religionskritik. Deutschland muss religiöse Zumutungen ertragen können. Die vorhandenen Gesetze gegen Volksverhetzung, Beleidigung oder Anleitung zu Straftaten reichen aus, falls es zu hasserfüllten Angriffen kommt.

15. Entrümpelung der Feiertagsgesetze von kirchlicher Bevormundung

Von einem weltanschaulich-religiös neutralen Staat erwarte ich …, dass man nicht erst gerichtlich über neun Jahre eine Erlaubnis erstreiten muss (so der Bund für Geistesfreiheit München beim Bundesverfassungsgericht), um am Karfreitag eine Veranstaltung in einer Gaststätte mit Musik und Tanz durchführen zu können. Unter die Verbotsvorgaben fallen auch Veranstaltungen wie »silent dancing«, Filmvorführungen wie die des Films *Das Leben des Brian* oder Sportveranstaltungen wie Schachturniere(!). Nach dem Motto »Ich lass dich beten, lass du mich tanzen!« sind die Feiertagsgesetze der Länder von diesen christlichen Vorgaben zu entrümpeln.

16. Verzicht auf sakrale Formen und Symbole im staatlichen Bereich

Von einem weltanschaulich-religiös neutralen Staat erwarte ich …, dass in staatlichen Institutionen wie Schulen, Gerichten, Universitäten,

Verwaltungsbehörden und Parlamenten auf die Verwendung sakraler Formeln und Symbole verzichtet wird. Regelmäßig sind in Zeitungs- oder Fernsehberichten über Prozesse an der Wand Kreuze zu erkennen. Im Vorraum und im Plenarsaal des saarländischen Landtags hängen Kreuze. Hierzu gehören auch Schulgebete, das Tragen von Kopftüchern durch Lehrerinnen oder religiöse Eide. Die Vorgaben, die das Bundesverfassungsgericht in der Kruzifixentscheidung 1995 gemacht hat, sind einzuhalten. Es kann nicht sein, dass dies erst immer wieder von betroffenen Eltern, Klägern und Besuchern eingeklagt werden muss.

17. Vertretung in den Rundfunkanstalten

Von einem weltanschaulich-religiös neutralen Staat erwarte ich …, dass den Rundfunkräten der öffentlich-rechtlichen Rundfunkanstalten auch säkulare Vertreter angehören. Dies ist bisher im WDR durch die Entsendung je eines Mitglieds dreier humanistischer Organisationen (Giordano Bruno Stiftung, Internationaler Bund der Konfessionslosen und Atheisten, Humanistischer Verband Deutschlands) der Fall gewesen und im Sender Bremen immer noch der Fall mit einem Vertreter der Humanistischen Union. Die Beteiligung im WDR ist entfallen, nachdem die CDU die Aufnahme der Säkularen im WDR-Gesetz gestrichen hat. Nachdem der Bevölkerungsanteil der Konfessionslosen mittlerweile auf 50 Prozent angestiegen ist, ist ihr Ausschluss aus den Aufsichtsgremien der Öffentlich-Rechtlichen wie zum Beispiel dem Rundfunkrat des ZDF, in dem sich immerhin je zwei Kirchenvertreter befinden, schnellstmöglich zu beenden.

In Paragraph 8 des WDR-Gesetzes sind den Kirchen angemessene Sendezeiten zur Übertragung gottesdienstlicher Handlungen und Feierlichkeiten einzuräumen. Ähnliches gilt für die anderen öffentlich-rechtlichen Sender. 2017 waren das im WDR insgesamt 1703(!) Verkündigungssendungen mit Kosten von über 790.000 Euro. Das mag noch verständlich gewesen sein, als nach 1945 noch 95 Prozent der Bevölkerung Mitglied in den beiden großen Kirchen waren.

Heute ist es nicht mehr angemessen und muss reduziert werden. Außerdem sind die Verkündigungssendungen für die Säkularen zu öffnen.

18. Sogenanntes Werbeverbot für Abtreibungen gemäß Paragraph 219a StGB

Von einem weltanschaulich-religiös neutralen Staat erwarte ich …, dass der Gesetzgeber nicht immer wieder versucht, die persönlichen, auf ihrem christlichen Weltbild beruhenden Vorstellungen von Abgeordneten gesetzlich für alle, also auch Konfessionsfreie, verbindlich zu machen. Beispiele dafür sind insbesondere die Einschränkungen bei der Präimplantationsdiagnostik, bei der Sterbehilfe und dem Abtreibungsparagraphen.

Ärztinnen und Ärzte müssen auf ihrer Homepage darauf hinweisen dürfen, dass sie legale Schwangerschaftsabbrüche durchführen, welche Methode sie anwenden und welche Kosten entstehen. Dies ist heute wegen des Paragraphen 219a StGB nicht möglich. Sogenannte Lebensschützer, die sich innerhalb und außerhalb des Parlaments auf ihr christliches Gewissen berufen, zeigen vermehrt Mediziner an, auch wenn diese auf ihrer Homepage nur darauf hinweisen, dass der Schwangerschaftsabbruch zu ihren Leistungen gehört. Nachdem 2017/18 die Frauenärztin Kristina Hänel in Gießen nach Paragraph 219a StGB verurteilt worden ist, ist die Unsicherheit in der Ärzteschaft und bei betroffenen Frauen groß. Diese haben große Schwierigkeiten, einen abtreibungsbereiten Arzt zu finden. Der von der Großen Koalition (CDU, CSU und SPD) vorgelegte Gesetzesentwurf schafft den Paragraphen 219a nicht ab, sondern ergänzt ihn nur. Die Bevormundung und das Misstrauen gegenüber den Frauen bleiben. Dabei gibt es nur eine klare Lösung: Der Naziparagraph 219a StGB aus dem Jahr 1933 muss ganz einfach abgeschafft werden.

Nachtrag: Als eine der ersten Amtshandlungen der Ampelkoalition wurde der Paragraph 219a StGB gestrichen.

19. Erlaubnis zum Erwerb von Natrium-Pentobarbital beim Bundesinstitut für Arzneimittel und Medizinprodukte

Von einem weltanschaulich-religiös neutralen Staat erwarte ich …, dass er sich an Gerichtsurteile hält und einem engen Kreis todkranker Menschen in extremen Notlagen die Erlaubnis zum Erwerb eines Betäubungsmittels (Natrium-Pentobarbital) zum Zwecke der Selbsttötung erteilt. Das Bundesverwaltungsgericht hatte am 2. März 2017 rechtskräftig geurteilt, dass die genannte Personengruppe ein solches Recht hat. Umgehend entschieden Bundesgesundheitsminister Gröhe und später Bundesgesundheitsminister Spahn per Anweisung, dass das BfArM das zu unterlassen habe. Ausnahmegenehmigungen seien nicht zu erteilen. Dieser Zustand ist für die Schwerstkranken unhaltbar. Von den über 100 Antragstellern sind bereits 20 verstorben. Das zum Stichwort »Barmherzigkeit«!

20. Sterbehilfe – Paragraph 217 StGB

Von einem weltanschaulich-religiös neutralen Staat erwarte ich …, dass Menschen bei schlimmen Schmerzen, unheilbarer Krankheit oder völliger Abhängigkeit von lebensverlängernden Maschinen die Möglichkeit haben müssen, ihr Leben in Würde mithilfe eines Arztes zu beenden, ohne dass dieser mit Strafverfolgung bedroht wird. Dies entspricht nicht nur der jahrhundertelangen Rechtstradition in Deutschland, sondern auch dem Artikel 1 Absatz 1 des Grundgesetzes: »Die Würde des Menschen ist unantastbar. Sie zu achten und zu schützen ist Verpflichtung aller staatlichen Gewalt.« Trotzdem verabschiedete der Bundestag 2015 in einem neuen Paragraphen 217 StGB die Strafbarkeit der »geschäftsmäßigen« Sterbehilfe, darunter waren viele Abgeordnete, die darauf hinwiesen: »Gott hat das Leben geschenkt, nur er kann es wieder nehmen.« Dabei wurde klargestellt, dass schon das zwei- oder dreimalige Helfen eines Arztes als geschäftsmäßig angesehen werden könne.

Im Vorfeld begann eine heftige Diskussion, an der sich die Öffentlichkeit engagiert beteiligte. Denn alle Umfragen ergaben, dass über 75 Prozent der Bevölkerung die Sterbehilfe befürworteten. Ein Bündnis von humanistischen Organisationen kämpfte unter dem Motto »Mein Ende gehört mir« gegen den drohenden Strafrechtsparagraphen. Über 140 renommierte Strafrechtsprofessoren warnten vor der Strafbarkeit.

Wie nahtlos Kirche und Staat trotz der eindeutigen Meinung der Öffentlichkeit in dieser Frage agierten, zeigt deutlich ein Vorgang wenige Tage vor der Abstimmung. Die EKD und das Kommissariat der Deutschen Bischöfe schrieben einen Brief an alle Abgeordneten, in welchem sie die Annahme des neuen Paragraphen 217 StGB empfahlen. Vier Tage später schrieben die drei Fraktionsvorsitzenden Kauder (CDU/CSU), Oppermann (SPD) und Göring-Eckardt (Bündnis 90/ Die Grünen) einen Brief an ihre Fraktionsmitglieder, in dem sie ebenfalls die Annahme des Paragraphen 217 StGB empfahlen. Abgesehen davon, dass es in meinen 22 Jahren Bundestagserfahrung undenkbar war, dass in einer Gewissensfrage Fraktionsvorsitzende eine gemeinsame Empfehlung zur Stimmabgabe machten, fällt schon auf, wie sich die Briefe der Kirchen und der Fraktionsvorsitzenden ähneln! Besser hätte man die Verquickung von Kirche und Staat kaum zeigen können.

Mittlerweile haben mehrere Organisationen und Einzelpersonen Verfassungsbeschwerde gegen den Paragraphen 217 StGB erhoben. Das Bundesverfassungsgericht hat am 26. Februar 2020 entschieden, dass er verfassungswidrig ist. Wie nicht anders zu erwarten war, haben die Befürworter des aufgehobenen Paragraphen 217 mit tatkräftiger Unterstützung der Kirchen vom Tag danach an begonnen, an einer neuen einschneidenden Verschärfung dieser freiheitlichen Regelung zu arbeiten. Das ist ihnen bisher nicht gelungen, aber sie lassen nicht locker.

Resumee

Die Erfahrung zeigt: Die Kirchen haben nie freiwillig auf ein Privileg verzichtet. Fast alle Fortschritte auf diesem Gebiet mussten gegen ihren erbitterten Widerstand erkämpft werden. Das ist zweifellos das

Verdienst säkularer Gruppen und Einzelpersonen. Zur Wahrhaftigkeit gehört es jedoch, zu erwähnen, dass es immer auch fortschrittliche Gruppen und Einzelpersonen in den Kirchen gab und gibt, die die Reformen mit erkämpft haben. Wie sagte Willy Brandt: »Nichts kommt von selbst und wenig ist von Dauer!«

Manifest für eine offene, demokratische, säkulare Gesellschaft

Für ein friedliches Zusammenleben braucht es verbindliche Vereinbarungen. Was aber hält eine offene, demokratische und säkulare Gesellschaft zusammen? Wie lässt sie sich gegen Feinde verteidigen? Im November 2023 hat das Hans-Albert-Institut ein Manifest publiziert, das **50 politische Leitlinien** formuliert. Es sollte an Schülerinnen und Schüler verteilt, allen Neubürgerinnen und -bürgern, zusammen mit der Urkunde der Staatsbürgerschaft, überreicht werden, in allen Rathäusern gratis ausliegen, ebenso in Kirchen, Moscheen und Synagogen.[1]

1. Alle Menschen sind frei und gleich an Würde und Rechten geboren – in Deutschland und überall.
2. Vorstellungen von einer »deutschen Leitkultur« sind von nationalistisch-religiösem Chauvinismus, identitätspolitischen Verirrungen und Abschottungsphantasien geprägt. An ihre Stelle sollte die universalistische Leitkultur von Humanismus und Aufklärung treten.
3. Moderne Demokratien basieren auf den Grundwerten der Liberalität, Egalität, Rechtsstaatlichkeit, Volkssouveränität und Säkularität. Wer diese bekämpft, ist ein Feind der Offenen Gesellschaft.
4. Gruppenbezogene Menschenfeindlichkeit und Diskriminierung dürfen unter keinen Umständen toleriert werden – egal, von wem sie ausgehen.
5. Religion ist Privatsache – und sollte konsequent vom Staat getrennt werden.
6. Gesetze werden nicht von Göttern, sondern von Menschen gemacht. Das Recht muss weltanschaulich neutral sein.
7. »Heilige« Schriften stehen nicht über dem Gesetz.

Religionsfreiheit darf kein Freibrief für Rechtsbruch und Hass gegen Andersdenkende sein.

8. Der Staat darf es nicht zulassen, dass Religionsgemeinschaften Gesetzesverstöße als »interne Angelegenheiten« regeln.
9. Jeder Mensch ist souveräner Herrscher über sich selbst und seinen eigenen Körper.
10. Frauen haben das Recht, eine ungewollte Schwangerschaft zu beenden. Sexuelle Selbstbestimmung darf nicht strafbar sein.
11. Kinder sind keine Besitztümer ihrer Eltern, sondern eigenständige Träger von Menschenrechten.
12. Die freie Entfaltung der Persönlichkeit des Kindes sollte vorrangiges Staatsziel sein. Kinderrechte gehören ins Grundgesetz.
13. Die Taufe unmündiger Säuglinge ist für eine staatliche Anerkennung von Kirchenmitgliedschaften unzulässig.
14. In Kitas und Kindergärten darf es keine frühkindliche Indoktrination geben.
15. Schulgesetze, welche die »Ehrfurcht vor Gott« zum Bildungsziel erklären, müssen revidiert werden.
16. Es gibt keine religiösen Kinder, sondern nur Kinder religiöser Eltern. Der separierende Religionsunterricht muss durch einen allgemeinverbindlichen Philosophieunterricht ersetzt werden.
17. Schwimmunterricht, Sexualaufklärung und Klassenfahrten sind verpflichtender Teil des schulischen Bildungsauftrages.
18. Die Evolutionstheorie ist Grundlage des modernen Weltbildes und sollte bereits in der Grundschule gelehrt werden.
19. Universitäten sind Orte der Erkenntnisse, nicht der Bekenntnisse. Konfessionsgebundene Gebetsräume sollten durch überkonfessionelle Räume der Stille ersetzt werden.
20. Jedes Studium sollte eine Pflichtveranstaltung enthalten, in der wissenschaftstheoretische Grundlagen vermittelt werden.
21. Überzeugungen verdienen nicht unbedingt Respekt, Menschen hingegen schon.

22. Offene Debattenräume sind Stützpfeiler der liberalen Demokratie und müssen gegen eine zunehmende Empörungskultur verteidigt werden.
23. Meinungsfreiheit bedeutet nicht Freiheit von Kritik. Widerspruch ist keine »Cancel Culture«.
24. Blasphemiegesetze wie Paragraph 166 StGB gefährden den öffentlichen Frieden und müssen gestrichen werden.
25. Wer Menschen aufgrund ihrer Glaubenszugehörigkeit die Diskurs- und Humorfähigkeit abspricht, verhält sich respektlos und paternalistisch.
26. Keine religiöse Diskriminierung am Arbeitsplatz: In öffentlich finanzierten Sozialeinrichtungen müssen die Grundrechte, insbesondere Religions- und Weltanschauungsfreiheit, gewährleistet sein.
27. Weltanschauungsfreiheit bedeutet auch, sich gegen eine Religions- bzw. Konfessionszugehörigkeit entscheiden zu können. Der Austritt aus einer Glaubensgemeinschaft darf nicht mit bürokratischen und finanziellen Hürden erschwert werden.
28. Die weltanschauliche Neutralität des Staates muss sich im Auftreten seiner Repräsentanten widerspiegeln. Das Berliner Neutralitätsgesetz sollte bundesweit übernommen werden.
29. Öffentliche Gremien müssen die weltanschauliche Pluralität der Gesellschaft abbilden. Die überproportionale Vertretung religiöser Positionen im Deutschen Ethikrat und in Rundfunkräten muss korrigiert werden.
30. Wahrheit ist nicht relativ. Eine Offene Gesellschaft kann nur bestehen, wenn sie sich von Fakten statt von Fiktionen leiten lässt.
31. Demokratieförderung muss evidenzbasiert sein. Staatlich geförderte Projekte zur Extremismus- und Radikalisierungsprävention müssen wissenschaftlich begleitet und evaluiert werden.
32. Nie wieder ist jetzt! Das Existenzrecht Israels darf nicht geleugnet werden.

33. Antisemitismus ist nicht nur ein Problem an den Rändern der Gesellschaft, sondern gedeiht auch in ihrer Mitte. Er muss auf allen Ebenen bekämpft werden.
34. Wer mit Islamisten Geschäfte macht, fördert Terrorismus.
35. Notwendige Sanktionen gegen das Mullah-Regime im Iran dürfen nicht durch komplizierte Abstimmungsprozesse auf europäischer Ebene verlangsamt werden.
36. Die iranische Revolutionsgarde gehört auf die EU-Terrorliste.
37. Es braucht ein striktes Vorgehen gegen islamistische Organisationen. Das Islamische Zentrum Hamburg (IZH) muss geschlossen und die Kooperation mit der Türkisch-Islamischen Union der Anstalt für Religion (DITIB) beendet werden.
38. Reaktionäre Islamverbände repräsentieren nur einen Bruchteil der Muslime in Deutschland. Sie sind keine geeigneten Ansprechpartner für die Politik.
39. Rechtspopulisten und -extremisten sind keine Verbündeten im Kampf gegen den Islamismus. Im Gegenteil: Islamisten und Rechtsextremisten eint ideologisch mehr, als sie trennt.
40. Kritik am Islam darf nicht den Rechten überlassen werden. Eine humanistische Islamkritik kann durchaus hart gegenüber religiösen Überzeugungen sein, ohne damit Menschen abzuwerten.
41. Vielfalt ist eine Bereicherung – wenn sie aus der Verwirklichung individueller Selbstbestimmungsrechte hervorgeht.
42. Identitäre Ideologien spalten. Das Wort »Wir« ist allzu oft Ausdruck kollektivistischer Anmaßung, die zu Polarisierung und Ausgrenzung führt.
43. Eine liberale Rechtsordnung orientiert sich an realen Individuen – nicht an imaginierten Gemeinschaften. Integrationspolitik sollte daher vornehmlich als Emanzipationspolitik verstanden werden.
44. Apostaten, Religionskritiker und religionsfreie Flüchtlinge müssen besser vor Verfolgung geschützt werden – auch im Ausland.
45. Seenotrettung ist eine humanitäre Verpflichtung.
46. Soziale Sicherheit ist ein Menschenrecht. Die Schwächsten der

Gesellschaft gegeneinander auszuspielen, ist perfide.

47. Die derzeitige Drogenpolitik ist illiberal, irrational und sozial schädlich. Konsumenten müssen entkriminalisiert werden.
48. Wer über industrielle Massentierhaltung nicht reden will, sollte zu Tierrechten, Umweltschutz und Nachhaltigkeit schweigen.
49. Aus dem Recht auf Leben folgt keine Pflicht zum Leben. Professionelle Sterbehilfe darf in einer Offenen Gesellschaft nicht verboten werden.
50. Manifeste ersetzen weder eine differenzierte Auseinandersetzung noch politisches Engagement – auch dieses nicht!

Anmerkungen und Quellen

PROLOG – Götterglaube, Seelenheil und unsere Verfassung

1 Die römische Zensurkongregation sorgte seit Jahrhunderten dafür, dass unerwünschte Meinungen und abweichende Weltanschauungen zensiert wurden oder am besten gar nicht an die Öffentlichkeit kamen. Wer ein Buch las, das auf der »schwarzen Liste« stand, verfiel der Strafe der Exkommunikation und riskierte sein Seelenheil. Wer ein solches Buch druckte, verkaufte oder erwarb (ohne auch nur eine Zeile zu lesen), den traf dieselbe Sanktion. Der Bannstrahl der römischen Zensur überdauerte die Inquisition. Giordano Bruno, Gustave Flaubert, Victor Hugo, Heinrich Heine, Immanuel Kant, Voltaire, Thomas Hobbes, Simone de Beauvoir und Jean-Paul Sartre, sie alle fanden sich auf dem Index. Eine Auswahl »verbotener Bücher« findet sich bei Hubert Wolf, der die Entstehung, Geschichte und Arbeitsweise der Indexkongregation ausführlich dokumentiert und exemplarische Prozesse und Urteile beschreibt: Wolf, Hubert, *Index – Der Vatikan und die verbotenen Bücher,* München 2006

2 Kahl, Joachim, *Das Elend des Christentums*, Hamburg 1968 sowie Bertrand Russells Textsammlung *Warum ich kein Christ bin,* Hamburg 1968. Ebenfalls das lesenswerte Buch mit gleichem Titel: Flasch, Kurt, *Warum ich kein Christ bin*, München 2013

3 Hitchens, Christopher, *Der Herr ist kein Hirte – Wie Religion die Welt vergiftet*, München 2007

4 Ungerer, Klaus, *Gott go home! Friede auf Erden gibt es nur ohne Religion*, Berlin 2020, S. 57

5 Die Welt der Götter, deren irdische Advokaten und Verwalter, aber auch das Denken und Wirken atheistischer Aufklärer wie Baron d'Holbach, David Hume, Jean Paul, Karl Marx, Andre Malraux, Arno Schmidt u.a. beschreibt Wolfgang Sofsky in seinem Buch *Ohne Götter*, Bovensen 2023. Ebenso: Dawkins, Richard, Der Gotteswahn, Berlin 2007.

6 Onfray, Michel, *Wir brauchen keinen Gott – Warum man jetzt als Atheist leben muss*, München 2006

7 Ebd., S. 52

8 Sofsky über Jean Meslier und dessen Vorwurf des Religionsbetrugs, a.a.O., S. 42

9 Ebd., S. 44

10 Bakunin, Michail, *Gott und der Staat*, zitiert nach Alm, Niko, *Ohne Bekenntnis – Wie mit Religion Politik gemacht wird*, Salzburg 2019, S. 21

11 Sofsky, a.a.O., S. 9

12 Deschner, Karlheinz, *Kriminalgeschichte des Christentums*, 10 Bände, Hamburg 1986-1993. Übersetzungen der Bände 1 bis 8 sind als CD-ROM erschienen bei Directmedia, Berlin 2005. Die zehnbändige Kriminalgeschichte des Christentums ist das Hauptwerk des Kirchenkritikers Karlheinz Deschner. Es beschreibt von der Frühzeit (Band 1) bis zum 18. Jahrhundert (Band 10) detailliert Verfehlungen, die

verschiedenen christlichen Kirchen, Konfessionen, Sekten, Sonderbünden und ihren Repräsentanten sowie christlichen Herrschern im Verlauf der Geschichte des Christentums angelastet werden. Der erste Band erschien 1986, der abschließende im Jahr 2013, allesamt im Rowohlt Verlag. »Es gibt Sätze in diesem Buch, die möchte man auswendig lernen, um niemals zu vergessen, welches die Grundlagen der Welt sind, in der wir leben«, schrieb Arno Widmann in einer Rezension zur *Kriminalgeschichte des Christentums*, in: Frankfurter Rundschau, 12.8.2008

13 Abdel-Samad, Hamed, *Islam – Eine kritische Geschichte*, München 2023
Darin wendet sich der Autor auch gegen haltlose »Islamophobie«-Vorwürfe, die gerne bei jeglicher Kritik an der islamischen Religion vorgetragen werden.

14 Dazu auch: Binder, Alfred, *Jahwe, Jesus und Allah – Eine kurze Kritik der monotheistischen Götter*, Aschaffenburg 2013

15 Assheuer, Thomas, Was ist heute konservativ?, Frankfurter Allgemeine Quarterly, 4-2023, S. 97

16 Altmann, Andreas, Hochheilige Narreteien, in: Ortner, Helmut, *EXIT – Warum wir weniger Religion brauchen*, Frankfurt 2020, S. 269 ff.

17 Alm, Niko, *Ohne Bekenntnis – Wie mit Religion Politik gemacht wird*, Wien 2019

18 Ebenfalls Czermak, Gerhard, *Problemfall Religion*, Baden-Baden 2014

19 Zahlen und Daten der Forschungsgruppe Weltanschauungen in Deutschland (fowid), Humanistischer Pressedienst, 25.8.2023
https://hpd.de/artikel/erosion-des-glaubens-schreitet-voran-21544

20 Thomas Schüller beschreibt diese zweifelhafte Kooperation faktenreich in seinem gleichnamigen Buch *Unheilige Allianz – Warum sich Staat und Kirche trennen müssen*, München 2023

21 Kahl, a.a.O.

22 Hitchens, a.a.O., S. 25

23 Schüller, Thomas, a.a.O.

24 Blaise Pascal wird zitiert nach Hitchens, a.a.O., S. 17

Erst der Bürger, dann der Gläubige

1 Vgl. dazu: Dreier, Horst, *Staat ohne Gott – Religion in der säkularen Moderne*, München 2018

2 https://de.statista.com/statistik/daten/studie/4052/umfrage/kirchenaustritte-in-deutschland-nach-konfessionen/

3 Siehe dazu: Neumann, Jacqueline / Czermak, Gerhard, *Aktuelle Entwicklungen im Weltanschauungsrecht*, Baden-Baden 2019

4 Zitiert nach Evangelischer Pressedienst (epd) 21.1.2024
https://rundfunk.evangelisch.de/node/6957

5 Zum Urteil des Kölner Landgerichts: Beschneidung gilt als Körperverletzung, *die tageszeitung*, 28.6.2016,
https://taz.de/Urteil-am-Koelner Landgericht /!5090484/
Ebenso:
https://www.spiegel.de/panorama/gesellschaft/koelner-beschneidungsurteil-loest-debatte-aus-a-841550.html;
https://www.spiegel.de/panorama/justiz/religioes-motivierte-beschneidung-von-jungen-ist-laut-gericht-strafbar-a-841084.html

6 Hüsgen, Inge, Niederlande verbietet religiöse Symbole bei der Polizei, Humanistischer Pressedienst, 31.6.2023
https://hpd.de/artikel/niederlande-verbietet-religioese-symbole-polizei-21481

7 Mansour, Ahmad, *Klartext zur Integration – Gegen falsche Toleranz und Panikmache*, Frankfurt 2018

8 Koch, Werner, Die Kirche als Brückenbauer für den Islam, Humanistischer Pressedienst, 11.8.2023
https://hpd.de/artikel/kirche-brueckenbauer-fuer-den-islam-21514

9 Der Zentralrat der Konfessionsfreien ist ein Dachverband säkularer Organisationen in Deutschland, der die Interessen von Konfessionslosen in Deutschland vertritt. Er besteht in der Rechtsform eines eingetragenen Vereins mit Sitz in Berlin.

10 Vgl. dazu: https://konfessionsfrei.de

11 https://fowid.de/meldung/kirchenaustritte-prognose-2023, 31.10.2023

Herr Steinmeier, der Garten Eden und der Kirchentag

1 Der Bundespräsident (Hrsg.), Eröffnung der Bundesgartenschau, 14.4.2023
https://www.bundespraesident.de/SharedDocs/Reden/DE/Frank-Walter-Steinmeier/Reden/2023/04/230414-BUGA-Mannheim.html;
https://www.bundespraesident.de/SharedDocs/Reden/DE/Frank-Walter-Steinmeier/Reden/2023/06/230607-Evangelischer-Kirchentag-Nuernberg.html

2 Vgl. dazu: Martin Luther reist zum Tatort, Humanistischer Pressedienst, 6.6.2023
https://www.giordano-bruno-stiftung.de/meldung/martin-luther-reist-zum-tatort

3 Prominente Politiker auf Kirchentagen u.a. : Steinmeier, Scholz, Söder, Baerbock, Habeck sowie diverse Ministerinnen und Minister aller Parteien.
Siehe dazu:
https://www.t-online.de/region/nuernberg/id_100170866/ausnahmezustand-in-nuernberg-olaf-scholz-und-robert-habeck-auf-dem-podium.html;
https://www.br.de/nachrichten/bayern/kirchentag-mit-bundespraesident-kanzler-und-aussenministerin,Tfw19Ah

4 CDU-Parteivorsitzender Friedrich Merz auf dem Deutschen Evangelischen Kirchentag 2023 in Nürnberg: »Gottes Reich ist bereits hier …«.
Vgl. dazu:
https://www.pro-medienmagazin.de/merz-politik-kann-das-heil-gottes-nicht-erbringen/.

Flucht aus der Kirche

1 Wakonigg, Daniela, Neues Rekordjahr für Austritte aus katholischer Kirche, Humanistischer Pressedienst, 29.6.2023 https://hpd.de/artikel/2022-rekordjahr-fuer-austritte-katholischer-kirche-21397

2 Zur Studie *Religionsmonitor* der Bertelsmann-Stiftung vgl. Beck, Adrian, Jedes fünfte Kirchenmitglied äußert feste Austrittsabsicht, Humanistischer Pressedienst, 21.12.2023 https://hpd.de/artikel/jedes-fuenfte-kirchenmitglied-aeussert-feste austrittsabsicht -20935.
Ebenso: Herz, Felix, Rekord in Bayern: So viele Menschen wie noch nie sind im Jahr 2022 aus der katholischen Kirche ausgetreten, Merkur, 30.6.2023 https://www.merkur.de/bayern/kirche-ausgetreten-rekord-in-bayern-so-viele-menschen-wie-noch-nie-sind-im-jahr-2022-aus-der-katholischen-92369692.html

3 Deutsche Bischofskonferenz, Kirchenstatistik 2022, 28.5.2023, https://www.dbk.de/presse/aktuelles/meldung/kirchenstatistik-2022

4 https://www.tagesschau.de/inland/kirche-austritte-100.html

5 Wakonigg, a.a.O.

6 Statista, Statistiken zur Evangelischen Kirche, 24.7.2023 https://de.statista.com/themen/763/evangelische-kirche/

7 Alle aktuellen Zahlen und Auswertungen zu Gottesdienstbesuchen, Religionszugehörigkeit, Kirchenmitgliedszahlen und Kirchenaustritten finden sich auf dem Portal der Forschungsgruppe Weltanschauungen in Deutschland (fowid): https://fowid.de

8 Vgl. Prantl, Heribert, Gottvergessen, Süddeutsche Zeitung, 9.4.2023

9 Ebd.

10 Ebd.

Seid umschlungen, Milliarden!

1 Siehe dazu: So viel Geld überweisen die deutschen Katholiken an den Vatikan, Frankfurter Allgemeine Zeitung, 3.7.2022 https://www.faz.net/aktuell/politik/inland/so-viel-geld-ueberweisen-die-deutschen-katholiken-an-den-vatikan-18143733.html
Ebenfalls: https://www.spiegel.de/wirtschaft/soziales/katholische-kirche-das-versteckte-vermoegen-der-bistuemer-a-1269846
https://www.welt.de/wirtschaft/article156376890/So-reich-ist-die-katholische-Kirche-wirklich.html

2 Zu den zweifelhaften Finanzgeschäften des Kardinals siehe auch: https://www.spiegel.de/panorama/vatikan-kardinal-angelo-becciu-tritt-offenbar-wegen-finanzskandal-zurueck-a-6172c5d0-3a1f-452c-a4c1-f6f1a82b0afc.
Ebenso: https://www.faz.net/aktuell/politik/ausland/vatikan-angelo-becciu-gibt-nach-finanzskandal-kardinalsrechte-ab-16970362.html.

3 Carsten Frerk, Seid umschlungen, Millionen!, in: Ortner, Helmut, *EXIT – Warum wir weniger Religion brauchen*, Frankfurt 2020, S. 49 f.

4 Ders., *Violettbuch Kirchenfinanzen – Wie der Staat die Kirchen finanziert*, Aschaffenburg 2010.
Ebenso:
Tagungsbericht Über Geld spricht man nicht – Für Kirche und ihre Finanzen, hrsg. von Redaktion Herder Korrespondenz, Freiburg 2023,
https://fowid.de/meldung/glaube-und-geld

5 Hüsgen, Inge, Rekordeinnahmen bei Kirchensteuer, Humanistischer Pressedienst, 29.9.2023
https://hpd.de/artikel/rekordeinnahmen-kirchensteuer-21622

6 Siehe dazu: Katholische Bischofskonferenz, Katholische Kirche – Zahlen und Fakten 2022/234
https://www.dbk-shop.de/media/files_public/2da768e87065fe6d472f43de8d4b734c/DBK_5339.pdf

7 Hülsen, Inge, Überwältigende Mehrheit in Deutschland gegen Kirchensteuer, Humanistischer Pressedienst, 18.7.2023
https://hpd.de/artikel/ueberwaeltigende-mehrheit-deutschland-gegen-kirchensteuer-21451

8 Lesenswert dazu die Kolumne von Hank, Rainer, Die Caritas-Legende, Frankfurter Allgemeine Sonntagszeitung, 10.7.2023, S. 18.

9 Vgl. Bárány, Balázs, Die Mär vom sozialen Kahlschlag durch Kirchenaustritte, Humanistischer Pressedienst, 2.8.2023

10 Die Forschungsgruppe Weltanschauungen in Deutschland (fowid) liefert dazu umfangreiches Zahlenmaterial und Statistiken:
https://fowid.de/meldung/subventionierung-kirchensteuer-1966-2022

11 Bárány, a.a.O.

12 Vgl. dazu: Ex-Chef der Vatikan-Bank muss acht Jahre in Haft, Spiegel Online, 21.1.2021
https://www.spiegel.de/wirtschaft/unternehmen/katholische-kirche-ex-chef-der-vatikan-bank-muss-acht-jahre-in-haft-a-e2f3e51e-e23b-49ea-af4a-cf2f9ba0400c

13 Nach den zahllosen Finanzskandalen hat Papst Franziskus Neuerungen für die Vatikanbank IOR angeordnet. So werden die Leitungsstruktur des Istituto per le Opere di Religione »verschlankt« und die Rollen der einzelnen Gremien klarer definiert. Auch setzt der Vatikan auf »die Mitwirkung und Verantwortung kompetenter katholischer Laien«.
https://www.vaticannews.va/de/papst/news/2023-03/papst-ior-vatikanbank-reform-praedicate-evangelium-statuten-neu.html

Der permanente Verfassungsbruch

1 Deutschlandfunk, Warum bekommt die Kirche Millionen vom Staat?, 18.4.2023
https://www.deutschlandfunkkultur.de/kirche-finanzierung-staatsleistungen-100.html

2 Kommentar von Prantl, Heribert, Geld und Segen, in: Süddeutsche Zeitung, 9.9.2023

3 Janisch, Wolfgang / Zoch, Annette, 600 Millionen im Jahr: Wie der Staat den Kirchen sein Geld entziehen kann, Süddeutsche Zeitung, 12.4.2023 https://www.sueddeutsche.de/politik/ampelregierung-kirchen-staatsleistungen-rechtslage-zahlungen-1.5794813?reduced=true

4 Institut für Weltanschauungsrecht, Keine 10 Milliarden Euro für die Kirchen zur Ablösung der Staatsleistungen, Humanistischer Pressedienst, 15.12.2020

5 Ebd., https://hpd.de/artikel/keine-10-milliarden-euro-fuer-kirchen-zur-abloesung-staatsleistungen-18800

6 Haupt, Johann-Albrecht, Ablösung der Staatsleistungen: Was bisher erreicht wurde, Humanistischer Pressedienst, 13.9.2023 https://hpd.de/artikel/abloesung-staatsleistungen-bisher-erreicht-wurde-21574

7 Bundestagsdrucksache 19/19273 vom 15.5.2021 https://dserver.bundestag.de/btd/19/192/1919273.pdf

8 Zahlen, Statistiken und Fakten: https://fowid.de/meldung/staatsleistungen-2023

9 Frerk, Carsten, Zur Ablösung der Staatsleistungen, fowid, 27.6.2023, https://fowid.de/meldung/staatsleistungen-2023

10 Ebd.

11 Vgl. dazu: BASTA – Bündnis altrechtliche Staatsleistungen abschaffen, Offener Brief an die Abgeordneten des 20. Deutschen Bundestags, 15.10.2023, https://staatsleistungen-beenden.de/wp-content/uploads/2023-10-15_offener-Brief-BASTA-fordert-Bundestagsabgeordnete-zum-Handeln-auf.pdf.

Klerikale Vertuschung

1 Bätzing spricht von neuer Qualität im Missbrauchsfall Hengsbach, Deutschlandfunk, 27.9.2023 https://www.deutschlandfunk.de/baetzing-spricht-von-neuer-qualitaet-im-missbrauchsskandal-hengsbach-100.html

2 Kleinjung, Tilmann, Katholische Missbrauchsstudie: ›Spitze des Eisbergs‹, tagesschau, 25.9.2023 https://www.tagesschau.de/inland/gesellschaft/missbrauchsstudie-104.html Ebenso: Experte Lüdecke: Kirche droht wegen Schmerzensgeld keine Insolvenz, Kirche + Leben, 14.7.2023 https://www.kirche-und-leben.de/artikel/experte-luedecke-kirche-droht-wegen-schmerzensgeld-keine-insolvenz

3 Vgl. Dreßing fordert Wahrheitskommission zur Missbrauchsaufarbeitung, katholisch.de, 26.8.2019 https://www.katholisch.de/artikel/22735-dressing-fordert-wahrheitskommission-zur-missbrauchsaufarbeitung

4 Vgl. Kölner Urteil zu Schmerzensgeld für Missbrauchsopfer rechtskräftig – Kläger

und Erzbistum Köln verzichten auf Berufung, Kölner Stadtanzeiger, 26.7.2023
https://www.presseportal.de/pm/66749/5567611

5 Vgl. Frankfurter Allgemeine Zeitung, 25.9.2023
https://www.faz.net/aktuell/politik/inland/bischoefe-offenbar-gegen-pauschalen-fuer-missbrauchsopfer-19199872.html
Zu den Anerkennungsverfahren der Evangelischen Kirche in Deutschland (EKD) vgl. Evangelische Kirche kann einiges von der katholischen Kirche lernen, Frankfurter Allgemeine Zeitung, 1.8.2023
https://www.faz.net/aktuell/politik/evangelische-kirche-missbrauchsbeauftragte-der-regierung-sieht-defizite-19073091.html

6 Zum Missbrauchsbericht im Erzbistum Freiburg siehe: www.spiegel.de, 18.4.2023
https://www.spiegel.de/panorama/gesellschaft/missbrauch-im-erzbistum-freiburg-bericht-belastet-alt-erzbischof-robert-zollitsch-a-19c2451b-c0da-4742-18.4.2023; Südwestfunk, swr.de, 9.4.2023
https://www.swr.de/swraktuell/baden-wuerttemberg/suedbaden/missbrauchsbericht-freiburg-vorwuerfe-gegen-alt-erzbischof

7 Ebd.

8 Katsch, Matthias, Missbrauchsskandale in der Katholischen Kirche: Sie wussten, was sie taten, Der Spiegel, 30.4.2023
https://www.spiegel.de/panorama/matthias-katsch-ueber-die-katholische-kirche-und-sie-luegen-weiter-a-5002624f-bb91-4355-bd4a-b0a749e7a1eb

9 Ebd.

10 Bodenstein, Gisela, Wer erwartet noch etwas von den deutschen Bischöfen?, Humanistischer Pressedienst, 29.9.2023
https://hpd.de/artikel/erwartet-noch-etwas-den-deutschen-bischoefen-2162

11 Ebd.

12 Sexueller Missbrauch: Bistum Aachen veröffentlicht Liste mit 53 mutmaßlichen Tätern, WDR, 18.10.2023
https://www1.wdr.de/nachrichten/rheinland/aufarbeitung-sexueller-missbrauch-bistum-aachen-100.html

Lautes Schweigen

1 Zur australischen Pressezensur im Fall Pell: »Die größte Geschichte Australiens«, in: *Süddeutsche Zeitung*, 14.12.2018, sowie: »Unter Verschluss«, in: *Süddeutsche Zeitung*, 16.12.2018.

2 Zur Entlassung von Kardial McCarrick: Matthias Rüb, »Das Ende des Schreckens«, in: *Frankfurter Allgemeine Zeitung*, 18.2.2019.

3 Eine Chronik des Missbrauchs von Boston und die Rolle des Bischofs Bernhard Francis Law, die ein Reporterteam des Boston Globe 2002 aufdeckte, beschreibt Walter Robinson, damals Leiter des Spotlight-Teams, in: »Der Schaden ist unermesslich«, in: *Die Zeit*, 21.2.2019.

4 Zur Missbrauchsstudie der Deutschen Bischofskonferenz vgl. Wakonigg, Daniela,

»Missbrauchsskandal in der katholischen Kirche – Systemisches Versagen von Kirche und Justiz«, hpd-telegramm, 10.12.2018

5 Interview mit Matthias Katsch: Die Bischöfe fahren diese Kirche an die Wand tagesspiegel, 15.10.2018

6 Zitate von Kardinal Brandmüller finden sich in: https://web.de/magazine/panorama/kardinal-brandmueller-empoerung-missbrauchsskandal-kirche-heuchelei-33495506

7 Vgl. dazu: Deutschlandweite Strafanzeigen gegen Sexualstraftäter der katholischen Kirche, Humanistischer Pressedienst, 29.10.2018
https://hpd.de/artikel/deutschlandweite-strafanzeigen-gegen-sexualstraftaeter-katholischen-kirche

8 Norbert Lüdecke, Empörung reicht nicht
http://theosalon.blogspot.com/2018/11/emporung-reicht-nicht.html.9
Der Autor gab das Statement ab bei der Veranstaltung »Wir empören uns! – Erfahrungsberichte und offene Fragen nach der Missbrauchsstudie der Deutschen Bischofskonferenz. Informationen und Diskussion«, Trier, 29.10.2018
Ebenfalls:
Amann, Melanie, u.a., Kirchliches Geheimnis, Der Spiegel, 27.10.2018
sowie: Du sollst nicht lügen – Der Papst und die katholische Kirche in ihrer größten Krise, Der Spiegel, 22.9.2018

9 Deininger, Bernd, Wie die Kirche ihre Macht missbraucht – Ein Theologe und Therapeut berichtet, Frankfurt 2014

10 Lüdecke. a.a.O.

11 Zu den offenen Briefen an den Vorsitzenden der Deutschen Bischofskonferenz, Kardinal Reinhard Marx, vgl. Gutschker, Thomas, Katholiken fordern Wende in der Kirche, Frankfurter Allgemeine Sonntagszeitung, 3.2.2019

12 Ebenfalls der Brief von Wolfgang Thierse, Die Zeit, 7.2.2019
Lesenswert zur Geschichte der Verteufelung und Verdrängung der Sexualität durch die Kirchen: Deininger, Bernd, Schuldgefühle, Die Zeit, 7.2.2019

13 Die Zitate des Kurienkardinals Gerhard Ludwig Müller finden sich im Interview Als hätte Gott selbst gesprochen, Der Spiegel, 16.2.2019

14 TV-Dokumentationen zum Missbrauch und den zögerlichen innerkirchlichen und strafrechtlichen Konsequenzen: Botros, Mona / Schneider, Thomas, Schuld ohne Sühne?, ARD, 18.2.2019

15 Wakonigg, Daniela, Generalstaatsanwaltschaft Koblenz lehnt Ermittlungen nach kirchlicher Missbrauchsstudie ab, hpd-telegramm, 18.2.2020

16 Vgl. dazu die Reportage von Nicolai Piechota und Andrea Schreiber: Abschottung oder Aufbruch? – Die Katholische Kirche und die Missbrauchskrise, ZDF-zoom, 20.2.2019
Zu der Chronik der Skandale, dem Missbrauchsgipfel in Rom und der zweifelhaften Rolle des deutschen Papstes Benedikt alias Kardinal Ratzinger vgl. Finger, Evelyn / Kempkens, Sebastian / Müller, Daniel, Schuld und Sühne, in: Die Zeit, 21.2.2019

17 Lintschinger, Clemens, Katholische Bistümer flüchten in die Insolvenz, um Entschädigungszahlungen an Missbrauchsopfer zu umgehen, Humanistischer Pressedienst, 11.9.2023
https://hpd.de/artikel/katholische-bistuemer-fluechten-insolvenz-um-entschaedigungszahlungen-an-missbrauchsopfer-umgehen-21578

18 Zitiert nach Lintschinger, ebd.

Kniefall des Rechtstaats

1 Zoch, Annette, Kardinal Marx gründet Stiftung für Missbrauchsopfer, Süddeutsche Zeitung, 4.12.2020
https://www.sueddeutsche.de/muenchen/kardinal-marx-stiftung-missbrauch-1.5137411
Ebenso:
Das Videostatement von Kardinal Reinhard Marx zur Gründung der Stiftung »Spes et Salus«, https://www.youtube.com/watch?v=hlGlovZ_fVY

2 Interview mit Matthias Katsch: Missbrauch in der Kirche, Süddeutsche Zeitung, 28.6.2020
https://www.sueddeutsche.de/muenchen/katholische-kirche-missbrauch-joseph-ratzinger-kardinal-marx-matthias-katsch-1.4949088?reduced=true

3 Zur umfangreichen Berichterstattung über die Causa Woelki vgl. u.a. (Stand: August 2023):
https://www.berliner-zeitung.de/politik-gesellschaft/kardinal-woelki-im-freien-fall-li.139972; https://www.n-tv.de/panorama/Koeln-stockt-Termine-fuer-Kirchenaustritte-auf-article22365163.html
https://www.zeit.de/2021/07/katholische-kirche-missbrauchsfaeelle-kardinal-woelki-staat; https://www.tagesschau.de/inland/bischofskonferenz-kritik-woelki-101.html
https://www.spiegel.de/panorama/gesellschaft/rainer-maria-woelki-wegen-umgang-mit-missbrauchsfall-unter-druck-kirchenrechtler-kritisiert-vatikan-a-d09ff910-425d-419b-a11a-565780c73736
https://www.spiegel.de/panorama/gesellschaft/missbrauchsstudie-der-katholischen-kirche-kriminologe-sieht-grosse-schwachstellen-a-1228153.html
https://www.tagesspiegel.de/politik/kardinal-marx-sollte-zuruecktreten-missbrauchsstudie-der-katholischen-kirche-bleibt-ohne-folgen/25448858.html
Ebenso:
Wernicke, Christian / Zoch, Annette, Als es beim Kardinal klingelte, Süddeutsche Zeitung, 28.6.2023
Sowie:
Razzia in der Causa Woelki, Frankfurter Allgemeine Zeitung, 27.6.2023, https://www.faz.net/aktuell/politik/meineidverdacht-razzia-in-der-causa-woelki-18994261.html
Zum ersten Mal in Deutschland: Opfer von sexualisierter Gewalt der Kirche erhält 300 000 Euro Schmerzensgeld, FAZ.net, 1.8.2023
https://www.faz.net/aktuell/politik/inland/erzbistum-koeln-muss-opfer-schmerzensgeld-zahlen-19074012.html

4 Vgl. dazu: Augsberg, Ingo / Ladeur, Karl-Heinz, *Toleranz – Religion – Recht*, Tübingen 2007.

5 Dass die Missbrauchsverbrechen bis in die Gegenwart nicht zur Anzeige gebracht werden, Täter geschützt werden und weiterhin Vertuschung und Verharmlosung statt Aufklärung von Seiten der Kirchen stattfindet, belegen die immer wieder aufgedeckten Skandale aus deutschen Diözesen. Der Skandal hält bis heute an – er weitet sich aus. Ermittlungen finden – auch von Seiten der Justiz – nur zögerlich statt.
Prof. Christian Peiffer, ehemaliger niedersächsischer Justizminister, der bereits 2011 eine erste Studie über kirchlichen Missbrauch erarbeitet hatte, kritisiert, dass die deutsche Justiz bis heute mit den Kirchen so umgehe, »wie man eine Kirche betritt – leise, respektvoll, auf Zehenspitzen«. Diese »Leisetreterei« müsse aufhören.
Christian Pfeiffer, Justiz klärt in der Kirche nicht auf, NDR, 12.1.2022
https://www.ndr.de/nachrichten/niedersachsen/hannover_weser-leinegebiet/Pfeiffer-Justiz-klaert-Missbrauch-in-der-Kirche-nicht-auf,kirche1830.html
Eine unvollständige Chronologie des permanenten Skandals findet sich u.a. auf folgenden Seiten (Stand: Oktober 2023):

Bistum TRIER:
https://hpd.de/artikel/nur-spitze-des-eisbergs-21766; https://hpd.de/artikel/staatsanwaltschaft-raeumt-voreilige-vernichtung-beweismitteln-21454
https://www.spiegel.de/panorama/justiz/trier-katholischer-bischof-wegen-missbrauchsvorwuerfen-beurlaubt-a-e864703e-73ec-4661-b44a-8ad2c8b86aeb–
Bistum MAINZ:
https://www.tagesspiegel.de/gesellschaft/200-missbrauchsopfer-in-den-60ern-und-70ern-ehemaliger-bischof-von-trier-soll-falle-vertuscht-haben-9048868.html
https://www.zdf.de/nachrichten/panorama/missbrauch-studie-mainz-katholische-kirche-100.html
https://www.swr.de/swraktuell/rheinland-pfalz/mainz/kohlgraf-pk-missbrauch-bistum-mainz-100.html
https://www.tagesschau.de/inland/gesellschaft/missbrauch-kirche-mainz-103.html. –
Bistum KÖLN:
https://hpd.de/artikel/830-000-euro-schmerzensgeld-fuer-missbrauchsopfer-gefordert-21439
https://de.wikipedia.org/wiki/Sexueller_Missbrauch_im_Erzbistum_Köln;
https://www.tagesschau.de/inland/regional/nordrheinwestfalen/wdr-story-54889 html.
Sechs renommierte Juraprofessoren haben am 26.10.2018 in Verbindung mit dem Institut für Weltanschauungsrecht (ifw) Strafanzeigen bei jenen Staatsanwaltschaften eingereicht, die für die 27 Diözesen in Deutschland zuständig sind. Anlass war die Studie »Sexueller Missbrauch an Minderjährigen durch katholische Priester, Diakone und männliche Ordensangehörige im Bereich der Deutschen Bischofskonferenz«, https://weltanschauungsrecht.de/strafanzeigenmissbrauch-katholische-kirche

6 Institut für Weltanschauungsrecht, *Deutschlandweite Strafanzeigen gegen Sexualstraftäter der katholischen Kirche*, 28.10.2028
https://weltanschauungsrecht.de/strafanzeigen-missbrauch-katholische-kirche

7 Ebd.

8 Vgl. Hüsgen, Inge, Die EKD und der Missbrauchs-Sumpf, Humanistischer Pressedienst, 21.11.2023
https://hpd.de/artikel/ekd-und-missbrauchs-sumpf-21753

9 Ebd.

Ratzingers Wahrheit

1 Reisinger, Doris / Röhl, Christoph, *Nur die Wahrheit rettet – Der Missbrauch in der katholischen Kirche und das System Ratzinger*, München 2021

2 In dem Dokumentarfilm Verteidiger des Glaubens erzählt der deutsch-britische Autor und Filmregisseur Christoph Röhl die Geschichte Joseph Ratzingers und beleuchtet dessen Rolle in dem traditionsreichen Glaubens- und Machtsystem in der Weltzentrale der katholischen Kirche im Vatikan sowie dessen Wirken im Kontext der Umbrüche der katholischen Kirche im 20. Jahrhundert. Die Premiere fand am 14.5.2019 in München statt. Danach lief der Film in den Kinos und im Fernsehen, u.a. im Programm von ZDF, 3sat und ORF.
https://www.fernsehserien.de/filme/verteidiger-des-glaubens

3 Auch der Wiener Kardinal Christoph Schönborn wandte sich gegen den Film. Wer behaupte, der frühere Kurienkardinal Joseph Ratzinger habe sich dem Thema nicht gestellt, erkenne die Fakten nicht an. Vielmehr sei dieser seit den 1990er Jahren schon entschieden gegen sexuellen Missbrauch vorgegangen.
https://www.katholisch.de/artikel/23425-schoenborn-ratzinger-ging-entschieden-gegen-missbrauchstaeter-vor.
Auch die Deutsche Bischofskonferenz kritisierte den Film. Deren Sprecher Matthias Kopp wies u.a. darauf hin, dass Benedikt XVI. sich als erster Papst überhaupt mit Missbrauchsopfern getroffen habe, was jedoch verschwiegen werde und den Film unseriös mache.
https://www.welt.de/print/wams/nrw/article11720203/Wir-lassen-uns-nicht-beirren.html; https://www.kirche-und-leben.de/artikel/bischofskonferenz-kritisiert-film-ueber-papst-benedikt-xvi-als-unserioes/print.html

4 Vgl. https://www.benedictusxvi.org/aufklaerung-muenchner-gutachten/interview-praelat-markus-graulich

5 Ebd.

6 Vgl dazu: Augsberg, Ino, *Vom Staatskirchenrecht zum Religionsverfassungsrecht – Ein Beitrag zur Begriffsdiskussion*, Braunschweig 2013

7 Kriminologisches Forschungsinstitut Niedersachen (KFN), »Repräsentativbefragung sexueller Missbrauch 2011«, Hannover 2012
https://nbn-resolving.de/urn:nbn:de:kobv:109-opus-201978
Ebenso:
Pfeiffer, Christian, u.a., *Opferbefragung 2011*, Hannover 2012,
https://kfn.de/forschungsprojekte/opferbefragung-2011/

8 Vgl. Institut für Weltanschauungsrecht, *Deutschlandweite Strafanzeigen gegen Sexualstraftäter der katholischen Kirche,* Oberwesel, 28.10.2018
https://weltanschauungsrecht.de/strafanzeigen-missbrauch-katholische-kirche

Sechs renommierte Juraprofessoren hatten am 26.10.2018 in Verbindung mit dem Institut für Weltanschauungsrecht (ifw) Strafanzeigen bei jenen Staatsanwaltschaften eingereicht, die für die 27 Diözesen in Deutschland zuständig sind. Den Mustertext der 27 Strafanzeigen gegen die bislang noch unbekannten Täter der Diözesen Aachen, Augsburg, Bamberg, Berlin, Dresden-Meißen, Eichstätt, Erfurt, Essen, Fulda, Freiburg, Görlitz, Hamburg, Hildesheim, Köln, Limburg, Magdeburg, Mainz, München und Freising, Münster, Osnabrück, Paderborn, Passau, Regensburg,

Rottenburg-Stuttgart, Speyer, Trier und Würzburg hat das ifw unter dem oben angegebenenLink veröffentlicht.

9 Vgl. Das Landgericht Traunstein sieht eine Mitschuld von Kardinal Joseph Ratzinger an einem Missbrauchsfall in Garching an der Alz, Passauer Neue Presse, 26.6.2023 https://www.pnp.de/lokales/landkreis-traunstein/traunsteiner-gericht-sieht-mitschuld-von-benedikt-xvi-an-missbrauchsfall-12152772
Ebenso:
https://www.br.de/nachrichten/deutschland-welt/missbrauchsprozess-in-traunstein-kein-schnelles-urteil-erwartet,ThieNy9#

Karfreitag – nicht mit Heidi

1 https://fowid.de/meldung/religionszugehoerigkeiten-2022 und
6. Kirchenmitgliedschaftsuntersuchung der EKD 2023, https://kmu.ekd.de/

2 https://fowid.de/meldung/gottesdienstbesuch-1953-2023

3 https://fowid.de/meldung/kirchgang-und-moscheebesuch

4 https://hpd.de/sites/hpd.de/files/field/file/fsk-keine-feiertagsfreigabe-1980-2015-b.pdf.

5 https://www.spio-fsk.de/media_content/422.pdf

6 https://hpd.de/artikel/kein-schach-fuer-jesus-12904

7 https://www.bundesverfassungsgericht.de/SharedDocs/Entscheidungen/DE/2016/10/rs20161027_1bvr045810.html

8 https://fowid.de/meldung/religionszugehoerigkeiten-2022

Ethik statt Religionsunterricht – ohne Kruzifix und Kopftuch

1 Atheisten Österreich Wiki:
https://wiki.avoesterreich.at/index.php/Konfessionen_und_Konfessionsfreie_in_Österreich (abgerufen am 26. Oktober 2023)

2 Forschungsgruppe Weltanschauungen in Deutschland,
https://fowid.de/meldung/religionszugehoerigkeiten-2022 (abgerufen: 26.10.2023)

3 IGGÖ Presse-Aussendung:
https://www.derislam.at/2023/10/08/iggoe-appelliert-an-ein-ende-der-gewalt-im-nahen-osten/ (abgerufen am 26.10.2023)

4 Pos. 150 in: Schmidt-Salomon, Michael, *Die Grenzen der Toleranz*, München 2016 (E-Book)

5 Bucher, Anton A., *Der Ethikunterricht in Österreich – Politisch verschleppt, pädagogisch überfällig*, Innsbruck 2014

6 Vgl. Humanistischer Pressedienst, 1.9.2023
https://weltanschauungsrecht.de/meldung/ende-des-berliner-kopftuchverbots-schlechter-tag-fuer-den-weltanschaulich-neutralen-staat

Der »Dritte Weg« ins Abseits

1 Vgl. dazu:
https://www.ndr.de/nachrichten/niedersachsen/lueneburg_heide_unterelbe/Evangelische-Kita-kuendigt-Erzieherin-nach-Kirchenaustritt,aktuellueneburg9056.html

2 https://www.kreiszeitung-wochenblatt.de/buxtehude/c-panorama/kirche-knallhart-nach-dem-austritt-kam-die-kuendigung_a285307

3 Matthäus-Maier, Ingrid, Staatskirche oder Rechtsstaat?, in: Ortner, EXIT, a.a.O., S. 240. Siehe dazu auch das erhellende und faktenreiche Buch von:
Müller, Eva, *Richter Gottes – Die geheimen Prozesse der Kirche*, Köln 2016
Die Autorin konnte vertrauliche Akten von 22 Kirchengerichten einsehen, die es in Deutschland gibt. Dort wird über das Privatleben von Hunderttausenden von Angestellten der katholischen Kirche befunden, z.B. darüber, ob sie ihr Leben so gestalten, wie es die katholische Kirche von ihnen erwartet.
Siehe auch:
https://www.fr.de/kultur/kirche-missbrauch-deutsche-bischoefe-katholische-laien-entschaedigung-opfern-hintertreiben-13284905.html

Der Amtsrichter, die Verfassung und das Kreuz mit dem Kreuz

1 Alle Zitate und längeren Ausführungen erscheinen hier – teilweise stark gekürzt – in Absprache zwischen Ralf Feldmann und dem Autor. Vgl. dazu: Humanistischer Pressedienst, 23.10.2023
https://hpd.de/artikel/kreuze-und-personalpolitik-weltanschaulich-neutrale-justiz-nrw-21676. Ebenfalls: Humanistischer Pressedienst, 18.12.2020
https://hpd.de/artikel/10-jahre-verfassungsbruch-im-verwaltungsgericht-duesseldorf-18806
Zum Nachtrag vgl. Humanistischer Pressedienst, 6.10.2023, https://hpd.de/artikel/soll-ex-cheflobbyistin-katholischen-kirche-soll-ovg-praesidentin-muenster-werden-21638
Weitere Beiträge und Aufsätze von Ralf Feldmann:
https://hpd.de/search/node/Ralf%20Feldmann
https://www.humanistische-union.de/publikationen/mitteilungen/200/publikation/religiöse-symbole-in-gerichten-und -gerichtsverfahren/

2 Vgl. zum »Kruzifixurteil«, zum Beschluss des Bundesverfassungsgerichts sowie der politischen, juristischen und gesellschaftlichen Debatte:
Czermak, Gerhard, *Siebzig Jahre Bundesverfassungsgericht in weltanschaulicher Schieflage – Fälle, Strukturen, Korrekturmöglichkeiten* (Schriften zum Weltanschauungsrecht 2), Kindle Edition, Baden-Baden 2021
Ebenso:
Deutscher Bundestag, Das ›Kruzifix-Urteil‹ des EGMR und die Rechtslage in Deutschland, Berlin 12.4.2011
https://www.bundestag.de/resource/blob/418376/596580b63314703843676093f0504904/WD-3-105-11-pdf-data.pdf
Kirchner, Thomas, Streit ums Kreuz: Wie entscheidet Straßburg?, Süddeutsche Zeitung, 18.3.2011
https://www.sueddeutsche.de/politik/urteil-ueber-kruzifix-in-schulen-das-kreuz-mit-dem-kreuz-1.1073749
Kreuze in Klassenzimmern verletzen Menschenrechte, zeit-online, 3.11.2009
https://www.zeit.de/gesellschaft/2009-11/urteil-kreuze-eugh

3 Vgl., SPIEGEL online., Bayern: Bundesverwaltungsgericht weist Klagen gegen Kreuzerlass ab, 19.12.2023

https://www.spiegel.de/politik/deutschland/bundesverwaltungsgericht-weist-klagen-gegen-bayerischen-kreuzerlass-ab

Im Täuschungslabyrinth

1 Lüdecke, Norbert, *Die Täuschung – Haben Katholiken die Kirche, die sie verdienen?*, Darmstadt 2021

2 Ders., Empörung reicht nicht! 1.11.2018
http://theosalon.blogspot.com/2018/11/emporung-reicht-nicht.html.

3 Ebd.

4 Vgl zur Debatte auch: Frank, Joachim, Missbrauchsskandal: Bonner Theologe Norbert Lüdecke rechnet mit dem ›System Kirche‹ ab, Kölner Stadtanzeiger, 6.12.2018
https://www.ksta.de/politik/missbrauchsskandal-bonner-theologe-norbert-luedecke-rechnet-mit-dem-system-kirche-ab-196963
Ebenso:
Lüdecke, Norbert, Missbrauchsaufarbeitung in Deutschland nur ›Ablenkungs-PR‹, 4.10.2022
https://www.katholisch.de/artikel/41330-luedecke-missbrauchsaufarbeitung-in-deutschland-nur-ablenkungs-pr
In einem Interview mit dem Queermagazin *Fresh* stellte Lüdecke fest, dass die Bischöfe »von Anfang an das Heft in der Hand behalten« hätten: »Bis heute lässt man ihnen durchgehen, dass sie Aufklärung und Aufarbeitung einfach zu ihrer ureigenen Aufgabe erklären.« Die Aufarbeitung durch von den Bischöfen selbst gewählte Anwaltskanzleien mit je eigenen Fragestellungen führe dazu, dass die amtierenden Bischöfe im Vergleich zu ihren Amtsvorgängern relativ gut bewertet würden. »Und dann stellen sie sich hin und nennen das ›unabhängige‹ Aufarbeitung«.
https://www.fresh-magazin.de/die-krise-kann-kaum-groesser-sein
Zur Debatte um den Synodalen Weg, die innerkirchlichen Machtkämpfe und Verhinderungsstrategien von Reformen vgl. auch:
Bilanz nach drei Jahren: Was vom Synodalen Weg bleibt, Deutschlandfunk, 12.3.2023
https://www.deutschlandfunkkultur.de/katholische-kirche-synodaler-weg-bilanz-100.html
Zoch, Annette, Vatikan veröffentlicht Kritik am Synodalen Weg, Süddeutsche Zeitung, 25.11.2022
https://www.sueddeutsche.de/politik/vatikan-katholische-kirche-1.5703634

Lob des Laizismus

1 Vgl. dazu: Dreier, Horst, *Staat ohne Gott – Religionen in der säkularen Moderne*, München 2018
Ebenso:
Czermak, Gerhard, *Religions- und Weltanschauungsrecht*, Berlin 2008

2 Vgl. Böckenförde, Ernst-Wolfgang, *Staat, Gesellschaft, Freiheit – Studien zur Staatstheorie und zum Verfassungsrecht*, Frankfurt 1976

3 Zur Pluralisierung der religiösen Geographie: Die römisch-katholische Kirche hatte Ende 2022 rund 20,9 Millionen Mitglieder (24,8 Prozent der Gesamtbevölkerung), die evangelischen Kirchen der EKD hatten rund 19,1 Millionen Mitglieder (22,6 Prozent). Der Anteil der größten Einzelgruppe, der Konfessionslosen, lag bei 43,8 Prozent. Zum Jahresende 2021 schätzte die Forschungsgruppe fowid den Anteil der Konfessionsfreien in Deutschland auf 42 Prozent. Alle anderen Religionsgemeinschaften zusammen stellten knapp ein Prozent der Bevölkerung in Deutschland. Nach Schätzung des fowid handelt es sich um: 2,9 Millionen (3,5 Prozent der Bevölkerung) konfessionsgebundene Muslime, 270.000 Buddhisten, 200.000 Juden, 100.000 Hindus, 200.000 Jesiden, 90.000 Heiden, 10.000 bis 20.000 Sikhs[und 6.000 bis 12.000 Bahai.

https://fowid.de/meldung/religionszugehoerigkeiten-2022

4 https://www.elysee.fr/de/franzoesisches-praesidialamt/die-prinzipien-der-republik

5 Zitiert in: Lecherbonnier, Sylvie, Le port de l'abaya interdit à l'école: Gabriel Attal clarifie la situation, Le Monde, 28.8.2023

6 Vgl dazu:
https://www.bpb.de/themen/europa/frankreich/152521/das-ideal-einer-neutralen-oeffentlichkeit-die-trennung-zwischen-staat-und-religion-in-frankreich/

7 Ebd.

8 Ebd.

9 Vgl. dazu: Lintschinger, Clemens, Frankreichs Laizität und die Debatte um das neue Abaya-Verbot in öffentlichen Schulen, Humanistischer Pressedienst, 6.9.2023 https://hpd.de/artikel/frankreichs-laizitaet-und-debatte-um-neue-abaya-verbot-oeffentlichen-schulen-21568

10 Zitiert nach Lintschinger, a.a.O.

11 Ebd.

12 Die Sozialdemokratische Partei Deutschlands (SPD) galt bis in die 1950er Jahre als laizistische Partei. Beginnend mit der verstärkten Orientierung an katholischen Wählerschichten und insbesondere mit Verabschiedung des Godesberger Programmes 1959 relativierte die SPD ihre laizistische Grundhaltung und öffnete sich für religiöse Gruppierungen, die nachfolgend die innerparteiliche Haltung des Parteivorstands prägten. Während Christen, Muslime oder jüdische Genossen in der Partei eigene, offiziell anerkannte Arbeitskreise bilden durften, scheiterten Versuche, einen laizistischen Arbeitskreis zu etablieren, über mehrere Jahre am Widerstand der Parteiführung. Im Jahr 2022 wurde der Arbeitskreis Säkularität und Humanismus in der SPD (AKSH) offiziell anerkannt.
Siehe dazu:
https://www.saekulare-sozis.de.
Auch: https://saekulare-gruene.de

13 Fourest, Caroline, *Lob des Laizismus*, Berlin 2022

14 Ebd., S. 211

15 Ebd., S.45

Ein imaginäres Verbrechen

1 In seiner Streitschrift, die Chefredakteur Charb erst zwei Tage vor seiner Ermordung beendet hatte, wandte er sich gegen den Vorwurf, Charlie Hebdo würde Angst und Aggression »gegen den Islam« entfesseln. Ein unerschrockenes, beeindruckendes Plädoyer für Meinungsfreiheit und gegen jegliche Zensur. Charb (Stéphane Charbonnier), *Brief an die Heuchler – und wie sie den Rassisten in die Hände spielen*, Stuttgart 2015

2 Siehe dazu: Malka, Richard *Das Recht, Gott lächerlich zu mache*n, Aschaffenburg 2023 Dazu: Nach den Attentaten in Paris im November 2015 wurde in Frankreich der Ausnahmezustand ausgerufen – er blieb zwei Jahre lang bestehen und das gesellschaftliche Leben veränderte sich nachhaltig. Am Freitag, den 13. November 2015, erschütterten trotz besonderer Schutz- und Polizeimaßnahmen erneut mehrere Terroranschläge in Paris. 130 Menschen wurden dabei getötet: in der Konzerthalle Bataclan, auf den Caféterrassen im Osten der Stadt und vor dem Stade de France, wo gerade das Länderspiel Frankreich–Deutschland ausgetragen wurde. In seinem erschütternden Buch *V13* (so lautete der Codename für den Prozess gegen die Täter und deren Unterstützer) schildert Emmanuel Carrère den über zehn Monate dauernden Prozess *(V13: Die Terroranschläge in Paris*, Berlin 2023). Darin beschreibt er die Täter, das Grauen, das Trauma der Überlebenden und fragt: Wer waren die Täter und Opfer? Wie entstehen Hass, Fanatismus und Terror? Warum ist passiert, was passiert ist? Eine vielstimmige literarisch-eindringliche Gerichtsreportage – und ein eindrucksvolles Plädoyer für den Rechtsstaat und seine Rechtsprinzipien.

3 Vgl. Schmidt-Salomon, Michael, Interview: Skandalöse Umkehrung des Täter-Opfer-Prinzips, Cicero, 2006 https://www.cicero.de/kultur/skandaloese-umkehrung-des-taeter-opfer-prinzips/51908

4 Vgl. dazu die Kolumne von Alexander Neubacher zum Blasphemiegesetz in Deutschland: Der Mohammed-Paragraf, Der Spiegel, 7.11.2020

5 Ebd.

6 Schmidt-Salomon, Michael, Wer gefährdet den öffentlichen Frieden?, bruno – Jahresmagazin der Giordano Bruno Stiftung, 2023, S. 47

7 Ebd.

8 Schwerhoff, Gerd, *Verfluchte Götter – Die Geschichte der Blasphemie*, Frankfurt 2021

9 Siehe hierzu: De Saint-Victor, Jacques, *Blasphemie – Geschichte eines »imaginären Verbrechens*, Hamburg 2027

10 Vgl. dazu: GBS, Stuttgart, Kritik an religiösen Bekenntnissen ist in Deutschland strafbar, Humanistischer Pressedienst, 7.7. 2022 https://hpd.de/artikel/kritik-an-religioesen-bekenntnissen-deutschland-strafbar-20516

11 Schmidt-Salomon, a.a.O.

12 Vgl. Dieter Nuhr, Zeit Magazin, Nr. 46, 2.11.2023

13 Vgl. Carmago, Hella, In Pakistan wird Blasphemie als Terrorismus bestraft, Humanistischer Pressedienst, 17.7.2023

https://hpd.de/artikel/pakistan-wird-blasphemie-terrorismus-bestraft-21446

14 Vgl. Wakonnig, Daniela, Warum ein Verbot von Koranverbrennungen falsch ist, Humanistischer Pressedienst, 22.8.2023

Allah, der Staat, die Linke und die Aufklärung

1 Meyer, Frank A., Denken, nicht beten, Cicero, 12-2020

2 Wakonigg, Daniela / Pfahl-Traughber, Armin, Islamismus ist innerhalb der Linken meist ein Nicht-Thema, Humanistischer Pressedienst, 16.11.2020

3 Charb (Stéphane Charbonnier), *Brief an die Heuchler*, Stuttgart 2015
Vgl. dazu auch: Malka, Richard, *Es gibt eine Linke, die sich leider immer irrt, sie hat sich bei Stalin geirrt, bei Pol Pot, und sie irrt sich auch jetzt*, Interview, NZZ, 11.9.2023
https://www.nzz.ch/feuilleton/richard-malka-anwalt-charlie-hebdo-terror-paris-karikaturen-ld.1754543

4 Die Zitate und Äußerungen von Alain Badiou und Michel Onfray finden sich bei Bruckner, Pascal, *Die Islam-Linke oder: Die Vereinigung des Zorns*, Blätter für deutsche und internationale Politik, Heft 12-20, S. 85 f.
Ebenso: ders., *Ein nahezu perfekter Täter*, Berlin 2021

5 Weigel, Michaela, Zwei Professoren müssen um ihr Leben fürchten, www.faz.net, 8.3.2012

6 Ebd. Ebenso: Dawkins, Richard, Über den Vorwurf der Islamophobie, Richard Dawkins Foundation, 15.8.2023: »›Islamophobie‹ ist ein zutiefst absurder und bösartiger Missbrauch der Sprache. Und es ist nicht das einzige Modewort mit der Endung ›phobie‹, das sich als letzte Zuflucht gegen eine rationale Diskussion selbst disqualifiziert.«
https://de.richarddawkins.net/articles/ueber.den-vorwurf-der-islamophobie

7 Sciuto, Cinzia, Stehen wir auf: gegen die Deutungsmacht der Islamisten, Blätter für deutsche und internationale Politik, Heft 12-20. Ebenso: dies., *Die Fallen des Multikulturalismus – Laizität und Menschenrechte in einer vielfältigen Gesellschaft*, Zürich 2020

8 Sofsky, Wolfgang, *Ohne Götter*, Bovensen 2023, S. 178

9 Koopmans, Ruud, *Das verfallene Haus des Islam – Die religiösen Ursachen von Unfreiheit*, Stagnation und Gewalt, München 2020

10 Ebd., S. 44

11 Zur Finanzierung von DITIB und anderen Islamverbänden vgl. Neumann, Lutz, Die staatlicher Finanzierung des politischen Islam, Humanistischer Pressedienst, 11.1.2021
https://hpd.de/artikel/staatliche-finanzierung-des-politischen-islam-18855/

12 Vgl. dazu: Halm, Dirk / Söylemez, Seçkin, Positionen von Migrantenorganisationen in grenzüberschreitenden politischen Debatten – Das Beispiel der ›Armenien-Resolution‹ des Deutschen Bundestags, Leviathan, Bd. 45, Nr. 2-2017
https://www.jstor.org/stable/26426524

13 Vgl. Hamed Abdel-Samad zieht sich aus deutscher Islamkonferenz zurück, Humanistischer Pressedienst, 11.11.2020

14 Ebd.

15 Vgl. Kelek, Necla, *Chaos der Kulturen – Die Debatte um Islam und Integration*, Köln 2016

16 Vgl. Khorchide, Mouhanad, *Gottes falsche Anwälte*, Freiburg 2020
Ebenso:
Mansour, Ahmad, *Klartext zur Integration – Gegen falsche Toleranz und Panikmache*, Frankfurt 2018, sowie Schröter, Susanne, *Im Namen des Islam – Wie radikalislamische Gruppierungen unsere Gesellschaft bedrohen*, München 2021

17 Schirmbeck, Samuel, *Gefährliche Toleranz*, Zürich 2018, S. 25

18 Kühnert, Kevin, Die politische Linke sollte ihr Schweigen beenden, Spiegel Online, 21.10.2020
https://www.spiegel.de/politik/deutschland/kevin-kuehnert-ueber-islamismus-die-politische-linke-sollte-ihr-schweigen-beenden-a-5133948b-bac7-490a-a56a-a42d87a62532

19 Bartsch, Dietmar, Die Linke sollte ihre falsche Scham ablegen, Spiegel Online, 23.10.2020

20 Vgl. Deutscher Bundestag – Fraktion Die Linke, Antimuslimischer Rassismus und Diskriminierung von Muslimen in Deutschland, Große Anfrage der Abgeordneten Fraktion Die Linke, Deutscher Bundestag, Drucksachen 19/11240, 19/17069, 2.1.2021
https://dserver.bundestag.de/btd/19/257/1925778.pdf

21 Vgl. Jakob Augstein über die Anschläge in Paris und unser Verhältnis zum Terror, Spiegel Online, 15.1.2015

22 Vgl. von Bullion, Constanze, Robert Habeck will Islamismus konsequent bekämpfen, Süddeutsche Zeitung, 30.10.2020

23 Vgl. auch https://www.eurotopics.net/de/304686/koranverbrennungen-wo-ist-die-grenze-der-freiheit
Sowie: Dänische Opposition gegen Verbot von Koranverbrennungen, lz.de, 3.8.2023
https://www.lz.de/ueberregional/nachrichten/23628769_Daenische-Opposition-gegen-Verbot-von-Koranverbrennungen.html

24 Ebenfalls: Gerster, Livia, Hetze ist keine Religionskritik, Frankfurter Allgemeine Zeitung, 6.8.2023
https://www.faz.net/aktuell/politik/ausland/koranverbrennung-hetze-ist-keine-religionskritik-19081199.html

25 Hamed Abdel-Samad, Mit der Einwanderung und dem radikalen Islam kommt das Mittelalter nach Europa zurück, Neue Zürcher Zeitung, 25.1.2023
https://www.nzz.ch/feuilleton/islam-und-freiheit-widersprechen-sich-sagt-hamed-abdel-samad-ld.1722622
Ebenfalls:
https://www.nzz.ch/feuilleton/koran-verbrennung-in-schweden-die-probleme-zwischen-muslimen-und-dem-westen-ld.1749779?reduced=true

26 Sofsky, a.a.O., S. 181

27 https://www.spiegel.de/politik/deutschland/pro-palaestina-demo-in-essen-

innenministerin-faeser-sieht-rote-linie-ueberschritten-a-db87eab3-8b2f-496c-970b-6ec1d0c3c552

28 Vgl. dazu: Interview Wakonigg, Daniela / Pfahl-Traughber, Armin, Man muss sich immer wieder im Klaren darüber sein, dass zur DNA der Hamas die beabsichtigte Vernichtung von Israel gehört, Humanistischer Pressedienst, 3.11.2023 https://hpd.de/artikel/man-muss-sich-immer-wieder-im-klaren-darueber-sein-dass-zur-dna-hamas-beabsichtigte-vernichtung-21703

29 Ebd.

30 Ebd.

31 Vgl. Jens Spahn, Deutschland soll Moschee selbst finanzieren, Frankfurter Allgemeine Zeitung 5.11.2023
https://www.faz.net/aktuell/politik/jens-spahn-deutschland-soll-moscheen-selbst-finanzieren-19291714.html
https://www.zdf.de/nachrichten/politik/spahn-imame-moscheen-finanzierung-100.html

32 Ebd.

33 Vgl. https://www.zdf.de/nachrichten/politik/merz-union-interview-migration-100.html

34 Vgl. Hamed Abdel-Samad zieht sich aus deutscher Islamkonferenz zurück, Humanistischer Pressedienst, 11.11.2020

35 Ebd.

36 Vgl. Zentralrat der Konfessionsfreien, Säkulare Kultur statt religiöser Konflikte!, Humanistischer Pressedienst, 24.10.2023
https://hpd.de/artikel/saekulare-kultur-statt-religioese-konflikte-21681

37 Vgl. https://hpd.de/autor/moritz-pieczewski-freimuth-21589

38 Vgl.https://www.bpb.de/themen/islamismus/dossier-islamismus/290422/die-muslimbruderschaft-in-deutschland/

39 Vgl., Imam-Entsendung aus der Türkei wird schrittweise beendet, tagesschau.de, 14.12.2023
https://www.tagesschau.de/inland/gesellschaft/imam-entsendung-tuerkei-100.html

Das klerikale Kartell und der gottlose Staat

1 Dreier, Horst, a.a.O., 2018, S. 15.
Ebenso: https://fowid.de/meldung/religionszugehoerigkeiten-2022

2 Graf, Friedrich Wilhelm, Einleitung, Graf, Friedrich Wilhelm / Meier, Heinrich (Hrsg.), *Politik und Religion. Zur Diagnose der Gegenwart*, München 2013, S. 18

3 Vgl. Lammert, Norbert, Eröffnungsrede Politik und Religion. Über Reformation, Restauration und Innovation bei den Wormser Religionsgesprächen, *Dulden oder Verstehen – Wormser Religionsgespräche* 2013
https://www.bundestag.de/parlament/praesidium/reden/2013/005a-260814

4 Vgl. Comte-Sponville, André, *Woran glaubt ein Atheist?*, Zürich 2008

5 Vgl. Durkheim, Émile, *Die elementaren Formen des religiösen Lebens*, Frankfurt 2007 Der Soziologe und Religionstheoretiker Émile Durkheim (1858-1917) begreift Religion weder als Offenbarung Gottes oder als Mysterium noch als Phantasma; vielmehr ist sie für ihn eine eminent diesseitige Angelegenheit und drückt eine historische und soziale Wirklichkeit aus.

6 Vgl. Alm, Niko, *Ohne Bekenntnis – Wie mit Religion Politik gemacht wird*, Wien 2019. Das Buch beschreibt profund die lange gemeinsame Geschichte von Religion, Staat und Politik. Der Autor belegt eindrucksvoll, wie unser Staatswesen noch immer von Religion geprägt und durchwirkt ist.

7 Ebd., S. 46

8 Ebd., S. 44

9 Vgl. Dreier, a.a.O., S. 11

10 Ebd., S. 12

11 Das verfassungsrechtliche Ringen um die »Gottes-Präambel« beschreibt ausführlich Dreier, a.a.O., S. 192

12 Vgl. Czermak, Gerhard, Das rechtliche Verhältnis von Staat, Weltanschauung und Kirchen aus säkularer Sicht, Ley, Isabelle / Stein, Tine / Essen, Georg (Hrsg.), *Semper Reformanda – Das Verhältnis von Staat und Religionsgemeinschaften auf dem Prüfstand*, Freiburg, Basel, Wien, S. 61-81

13 Eine Zusammenfassung des Beitrags in: Humanistischer Pressedienst, 16.8.2023
Ebenso:
https://weltanschauungsrecht.de/meldung/zusammenfassung-des-beitrags-gerhard-czermak-rechtliche-verhaeltnis-staat-weltanschauung-und-kirchen.

14 Dreier, a.a.O., S. 59

15 Ebd., S.13

16 Sciuto, Cinzia, *Die Fallen des Multikulturalismus – Laizität und Menschenrechte in einer vielfältigen Gesellschaft*, Zürich 2020, Kindle Edition, S. 8

17 Ebd., S. 60

18 So der Titel des Buches von Niko Alm, a.a.O.

19 Ebd., S. 212

20 Vgl. Schüller, Thomas, *Unheilige Allianz*, München 2023.
Ein lesenswertes Plädoyer für die Trennung von Staat und Kirche von einem Mann, der als katholischer Theologe und Kirchenrechtler das kooperative Modell aus Staat und Religion zwar für überholt hält, gleichwohl an der Reformkraft und gesellschaftlichen Relevanz der Kirche festhält.
Ebenso:
https://www.deutschlandfunk.de/einfluss-der-kirchen-auf-die-politik-demokratisch-skandaloes.886.de.html?dram:article_id=437178
https://weltanschauungsrecht.de/Lobbyismus-kirchlicher
https://www.tagesspiegel.de/themen/agenda/seelsorger-und-lobbyisten-im-bundestag-die-einfluesterer-von-der-gottesfraktion/10289978.html
https://www.cicero.de/kultur/religion-hat-der-politik-nichts-verloren/52926

Staatskirche oder Rechtsstaat?

Erstveröffentlichung in: Ortner, Helmut: *EXIT – Warum wir weniger Religion brauchen*, Frankfurt 2020, überarbeitete, erweiterte und aktualisierte Fassung.

Manifest für eine offene, demokratische, säkulare Gesellschaft

1 Vgl. Hans -Albert-Institut, *Manifest der offenen Gesellschaft*, 21.11.2023

https://hans-albert-institut.de/manifest-der-offenen-gesellschaft

Finis

1 Vgl. https://de.richarddawkins.net/articles/offener-brief

Abdruckhinweise

Götterglaube und Seelenheil oder: Der Glaube, die Kirche und der Staat
Pressenza Press, 7. September 2023 sowie unter dem Titel *Ich bin gottlos glücklich!*, The European 26.9.2023

Erst der Bürger, dann der Gläubige
Erstveröffentlicht unter dem Titel *Staat. Macht. Gott.* in: Ortner, Widerstreit, Frankfurt, 2021. Erweitert und aktualisiert: MATERIE, Wien, August 2022

Das klerikale Kartell oder: Herr Steinmeier und der Garten Eden
bruchstücke, 8. Juni 2023 sowie unter dem Titel *Wer muss Kirchentag bezahlen?* Novo Argumente, 12. April 2023

Flucht aus der Kirche
Faustkultur, 9. August 2022 sowie Unsere Zeit Wien, 2. Juli 2022

Der permanente Verfassungsbruch
Unter dem Titel *Ein teures Versprechen*, Frankfurter Rundschau, 30. November 2020

Seid umschlungen, Milliarden!
FOCUS, Heft 1-2021 sowie FaustKultur, 10. November 2020

Klerikale Vertuschung
Unter dem Titel *Vertuschen und Verzögern*, Richard Dawkins Foundation, 12. Oktober 2023 sowie unter dem Titel *Der Schutz der Kirche geht vor, nicht das Leid der Opfer*, bruchstücke, 17. Oktober 2023

Lautes Schweigen
Erstveröffentlichung in: Ortner, *EXIT – Warum wir weniger Religion brauchen*, Frankfurt 2019 sowie Richard Dawkins Foundation, 29. Dezember 2020

Kniefall des Rechtsstaats
Frankfurter Rundschau, 30. Januar 2021 sowie Ossietzky, Heft 3-2021

Ratzingers Wahrheit
Humanistischer Pressedienst, 2. Dezember 2021 sowie Salonkolumnisten, 3. Dezember 2021

Karfreitag – nicht ohne Heidi
Originalbeitrag

Ethik statt Religionsunterricht – ohne Kruzifix und Kopftuch
MATERIE Wien, 10. November 2023 sowie Richard Dawkins Foundation, 23. November 2023

Der Amtsrichter, die Verfassung und das Kreuz mit dem Kreuz
Unter dem Titel *Sperrzone für religiöse Symbole*, Richard Dawkins Foundation, 7. November 2023 sowie unter dem Titel *Das Kreuz mit dem Kruzifix*, Novo argumente, 27.11.2023

Der »Dritte Weg« ins Abseits
The European, 2. August 2023 sowie unter dem Titel: *Kein guter Zustand im Rechtsstaat*, bruchstücke, 26. September 2023

Das Täuschungslabyrinth
Tabula Rasa Magazin, 18. Juni 2022 sowie unter dem Titel *Der synodale Weg: Verdrängungskunst und Demütigungsbereitschaft*, Berliner Gazette, 15. September 2022

Lob des Laizismus
Glanz & Elend, 14. Oktober 2022 sowie The European, 26. Oktober 2022

Ein imaginäres Verbrechen
Faustkultur, 10. Mai 2021 sowie Salonkolumnisten, 28. Mai 2021

Der Staat, Allah und die Aufklärung
Richard Dawkins Foundation, 21.3.2021 sowie unter dem Titel *Auf dem islamischen Auge blind*, Novo argumente, 25.2. 2021 und 4.3. 2021

Das klerikale Kartell oder Staat ohne Gott
Unter dem Titel *Alle können ihre Götter haben, der Staat selbst aber muss gottlos sein*, Berliner Gazette, 27.9.2023

Epilog: Staatskirche oder Rechtsstaat?
Überarbeitete und aktualisierte Fassung.Erstveröffentlichung in: Ortner, *EXIT – Warum wir weniger Religion brauchen*, Frankfurt 2019

Literatur

Abdel-Samad, Hamed, *Islam – Eine kritische Geschichte*, München 2023

Albert, Hans, *Religion – Eine kurze Kritik*, Aschaffenburg 2017

Allen, John L., *Opus Dei – Mythos und Realität*, Gütersloh 2015

Alm, Niko, *Ohne Bekenntnis – Wie mit Religion Politik gemacht wird*, Wien 2019

Binder, Alfred, *Jahwe, Jesus und Allah – Eine kurze Kritik der monotheistischen Götter*, Aschaffenburg 2013

Comte-Sponville, André, *Woran glaubt ein Atheist?*, Zürich 2008

Czermak, Gerhard, *Problemfall Religion*, Baden-Baden 2014

Czermak, Gerhard, *Weltanschauung in Grundgesetz und Verfassungswirklichkeit*, Aschaffenburg 2016

Dawkins, Richard, *Der Gotteswahn*, Berlin 2007

Dawkins, Richard, *Die Schöpfungslüge*, Berlin 2009

De Saint Victor, Jacques, *Blasphemie – Geschichte eines »imaginären Verbrechens«*, Hamburg 2027

Deiniger, Bernd, *Wie die Kirche ihre Macht missbraucht*, Frankfurt 2014

Deschner, Karlheinz, *Kriminalgeschichte des Christentums*, 10 Bände, Hamburg 2026

Dreier, Horst, *Staat ohne Gott – Religion in der säkularen Moderne*

Dworkin, Ronald, *Religion ohne Gott*, Berlin 2014, München 2018

Flasch, Kurt, *Warum ich kein Christ bin*, München 2013

Fourest, Caroline, *Lob des Laizismus*, Berlin 2022

Frerk, Carsten, *Finanzen und Vermögen der Kirchen in Deutschland*, Aschaffenburg 2002

Frerk, Carsten, *Violettbuch Kirchenfinanzen – Wie der Staat die Kirchen finanziert*, Aschaffenburg 2010

Ghadban, Ralph, *Allahs mutige Kritiker*, Freiburg 2017

Graf, Friedrich Wilhelm / Meier, Heinrich (Hrsg.), *Politik und Religion*, München 2013

Graf, Friedrich Wilhelm, *Götter Global – Wie die Welt zum Supermarkt der Religionen wird*, München 2014

Grill, Bartholomäus, *Gott, Aids, Afrika*, Köln 2007

Harris, Sam, *Das Ende des Glaubens – Religion, Terror und das Licht der Vernunft*, Winterthur 2007

Hitchens, Christopher, *Der Herr ist kein Hirte – Wie Religion die Welt vergiftet*, München 2007

Kahl, Joachim, *Das Elend des Christentums*, Hamburg 1968

Kallscheuer, Otto, *Papst und Zeit – Heilsgeschichte und Weltpolitik*, Berlin 2023

Kertzer, David I., *Der erste Stellvertreter – Papst Pius XI. und der geheime Pakt mit dem Faschismus*, Darmstadt 2016

Koopmans, Ruud, *Das verfallene Haus des Islam – Die religiösen Ursachen von Unfreiheit, Stagnation und Gewalt*, München 2021

Kubitza, Heinz-Werner, *Jesuswahn, Dogmenwahn, Glaubenswahn*, Baden-Baden 2019

Lüdecke, Norbert, *Die Täuschung – Haben Katholiken die Kirche, die sie verdienen?*, Darmstadt 2021

Malka, Richard, *Das Recht, Gott lächerlich zu machen*, Aschaffenburg 2023

Mansour, Ahmad, *Generation Allah – Warum wir im Kampf gegen den religiösen Extremismus umdenken müssen*, Frankfurt 2017

Merten, Hans-Lothar, *Scheinheilig – Das Billionen-Vermögen der katholischen Kirche*, München 2018

Möller, Philipp, *Gottlos glücklich*, Frankfurt 2017

Müller, Eva, *Richter Gottes – Die geheimen Prozesse der Kirche*, Köln 2016

Neumann, Jacqueline / Czermak, Gerhard, *Aktuelle Entwicklungen im Weltanschauungsrecht*, Baden-Baden 2019

Nietzsche, Friedrich, *Der Antichrist – Versuch einer Kritik am Christentum*, Hamburg 2008

Onfray, Michel, *Wir brauchen keinen Gott*, München 2006

Ortner, Helmut (Hrsg.), *EXIT – Warum wir weniger Religion brauchen*, Frankfurt 2020

Ortner, Helmut / Sabin, Stefana (Hrsg.), *Politik ohne Gott – Wie viel Religion verträgt Demokratie?*, Springe 2014

Preuß, Ulrich K., *Krieg, Verbrechen, Blasphemie – Zum Wandel bewaffneter Gewalt*, Berlin 2002

Reisinger, Doris / Röhl, Christoph, *Nur die Wahrheit rettet – Der Missbrauch in der katholischen Kirche und das System Ratzinger*, München 2021

Rorty, Richard / Vattimo, Richard, *Die Zukunft der Religion*, Frankfurt 2006

Roy, Olivier, *Heilige Einfalt – Über die politischen Gefahren entwurzelter Religionen*, Bonn 2011

Rüb, Matthias, *Gott regiert Amerika – Religion und Politik in den USA*, Bonn 2008

Russell, Bertrand, *Warum ich kein Christ bin*, Berlin 2017

Sachslehner, Johannes, *Hitlers Mann im Vatikan – Bischof Alois Hudal. Ein dunkles Kapitel in der Geschichte der Kirche*, Wien 2019

Schirmbeck, Samuel, *Gefährliche Toleranz – Der fatale Umgang der Linken mit dem Islam*, Zürich 2018

Sciuto, Cinzia, *Die Fallen des Multikulturalismus. Chancen und Risiken von Laizität und Menschenrechten in einer vielfältigen Gesellschaft*, Zürich 2020

Schmidt-Salomon, Michael, *Manifest des evolutionären Humanismus*, München 2006

Schnabel, Ulrich, *Die Vermessung des Glaubens*, München 2010

Schüller, Thomas, *Unheilige Allianz – Warum sich Staat und Kirche trennen müssen*, München 2023

Schwarz, Friedhelm, *Wirtschaftsimperium Kirche – Der mächtigste Konzern Deutschlands*, Frankfurt, New York 2005

Schwerhoff, Gerd, *Verfluchte Götter – Die Geschichte der Blasphemie*, Frankfurt 2021

Sofsky, Wolfgang, *Ohne Götter – Zur Kritik der Religion*, Bovenden 2023

Ungerer, Klaus, *Gott go home!*, Berlin 2020

Victor, Barbara, *Beten im Oval Office – Christlicher Fundamentalismus in den USA und die internationale Politik*, Zürich 2005

Wils, Jean-Pierre, *Gotteslästerung*, Frankfurt 2007

Wolf, Hubert, *Index – Der Vatikan und die verbotenen Bücher*, München 2006

Wolf, Hubert, *Papst & Teufel – Die Archive des Vatikans*, München 2008

Mitarbeit und Textbeiträge

Niko Alm, Jahrgang, Publizist, Parlamentarier (a.D.), Unternehmer und Autor. Er war Herausgeber von *VOCE* in Österreich und ging danach freiwillig in die Politik (NEOS-Abgeordneter im Bundesparlament), die er nach knapp fünf Jahren ebenso freiwillig wieder verließ. Er lebt als freier Autor in Wien. Zusammen mit Helmut Ortner hat er den Text »Ethik statt Religionsunterricht – ohne Kruzifix« geschrieben.

Ingrid Matthäus-Maier, ehemalige Verwaltungsrichterin, 22 Jahre lang FDP und später SPD-Bundestagsabgeordnete, ehemalige Sprecherin der Kreditanstalt für Wiederaufbau, Vorsitzende des Kuratoriums der Friedrich-Ebert-Stiftung, Mitautorin des FDP-Papiers »Freie Kirche im freien Staat« 1974, Beirat Giordano Bruno Stiftung, Beirat Institut für Weltanschauungsrecht, Mitglied im *WDR*-Rundfunkrat.

Für dieses Buch hat sie das Nachwort verfasst.

Moritz Pieczewski-Freimuth ist Erziehungswissenschaftler und Sozialarbeiter in Köln. Seine Themenschwerpunkte: Antisemitismus, politischer Islam, patriarchale Strukturen und Migration. Ehemalige Mitarbeit u.a. im Frankfurter Forschungszentrum Globaler Islam (FFGI), sowie der Ahmad Mansour-Initiative für Demokratieförderung und Extremismusprävention, Berlin. Von ihm ist der Nachtrag-Text zu »Allah, die Linke, der Staat und die Aufklärung«.

Daniela Wakonigg, Studium der Philosophie, Kath. Theologie und Germanistik. Freie Autorin, Journalistin und Regisseurin in den Bereichen: Hörspiel - Hörbuch - Hörspiel- und Hörbuchbearbeitung für den *WDR*, Stellvertretende Chefredakteurin des Humanistischen Pressedienstes, Berlin. Mitglied im Verband Deutscher Schriftsteller. Den Betrag über »Stille Feiertage« hat sie für dieses Buch geschrieben.

DANK

Die in diesem Buch versammelten Aufsätze, Essays und Kommentare sind über einen Zeitraum von drei Jahren verstreut in verschiedenen Tageszeitungen, Zeitschriften und Online-Magazinen erschienen. Dass sie dort gedruckt und veröffentlicht wurden – dafür danke ich den Menschen, die mit ihren analogen und digitalen Formaten und Blogs dafür sorgen, dass die Meinungsvielfalt breit, kontrovers und divers bleibt, wie es für eine lebendige Demokratie unabdingbar ist. Für alle gilt: Demokratie bedeutet immer auch Akzeptanz von Uneinigkeit.

Für ihre Bereitschaft, sich auf diese lebendige Uneinigkeit eingelassen zu haben, danke ich: Boris Halva, *Frankfurter Rundschau* / Robert Schneider, *Focus* / dem Redaktionsteam von *Materie,* Wien / Reto Thuminger, *Pressenza Press* / Moritz Ettlinger, *Unsere Zeit*, Wien / Hans Jürgen Arlt und Wolfgang Storz, *bruchstücke* / Krystian Woznicki , *Berliner Gazette* / Elke Westermeier und Oliver Stock, *The European* / Daniela Wakonigg und Frank Nicolai, *Humanistischer Pressedienst* / Stefan Groß, *Tabula Rasa Magazin* / Cinzia Sciuto, *MigroMega* sowie Ulla Bayerl und Bernd Leukert, *Faustkultur*.

Sie alle haben dafür gesorgt, dass die Beiträge gelesen, diskutiert und kritisiert wurden; kurzum: dass die Texte in der »Öffentlichkeit« wahrgenommen wurden. Dass über sie geredet und gestritten wurde. Kann einem Autor Besseres widerfahren?

Mit Anregungen und Hinweisen, Korrekturen und Verbesserungen haben mich dabei viele unterstützt. Hier sind einige, denen ich aus ganz unterschiedlichen Gründen zu Dank verpflichtet bin. Sie alle wissen warum: Carsten Frerk, Michael Schmidt-Salomon, Eva Witten, David Farago, Werner Koch.

Immer ansprechbar und unterstützend waren Niko Alm vom *Institut für Laizität* in Wien, Ricarda Hinz vom *Düsseldorfer Aufklärungsdienst e.V.*, Philipp Möller und Ulla Bohnekoh vom *Zentralrat der Konfessionsfreien* und Jörg Elbe von der *Richard Dawkins Foundation*. Auch auf Luisa Lenneper und Elke Held von der *Giordano Bruno Stiftung* war immer Verlass. Mein besonderer Dank gilt Ingrid Matthäus-Maier für ihr in jeder Hinsicht wegweisendes Nachwort, das sich als komprimierter Leitfaden für eine säkulare, humanistische und rationale Alternative zu traditionellen religiösen und politischen Ideologien anbietet. Ebenso Moritz Pieczewski-Freimuth für seine erhellenden Recherchen zum »Islamkolleg Deutschland«, sowie Daniela Wakonigg für ihren Beitrag über die »Stillen Feiertage« – und last but not least: Niko Alm, nicht nur für seinen kreativen Part als Co-Autor des Beitrags über Ethikunterricht, ebenso für vielfältige Hinweise und Vorschläge zum Thema Säkularität und Laizismus, besonders aber für sein wohlwollend-kritisches Vorab-Lektorat meines Epilog-Textes.

Die Lektüre eines noch ungedruckten Manuskripts ist selten eine erbauliche Angelegenheit, vor allem dann nicht, wenn es sich um kein homogenes Werk, sondern um eine Vielzahl von Aufsätzen, Beiträgen und Text-Fragmenten handelt, die nun in eine halbwegs homogene Form »transferiert« werden sollen. Regine Luise Strotbek hat sich die Mühe gemacht, das Manuskript von Fehlern, Missgriffen, Redundanzen und Ungenauigkeiten zu »befreien« – und mit freundlicher Bestimmtheit notwendige Korrekturen eingefügt. Leserinnen und Leser werden ihr dafür danken. Ich im Besonderen.

Und weil ein Buch, bevor es gelesen wird, erst einmal wahrgenommen werden muss, braucht es vielfache professionelle Zuwendung: typografisch, visuell, haptisch. Rodolfo Blazek danke ich für die gekonnte Umsetzung der Innenseiten, Stefanie Kuttig für die originäre Cover-Gestaltung. Andreas Hacker für den professionellen digitalen »Support«. Schließlich möchte ich meinem Verleger Joachim Schäfer für seine Hartnäckigkeit und seine Bereitschaft danken, in diesen Zeiten Bücher wie das vorliegende zu publizieren.

Zu guter Letzt: Renate und Jürgen für das »offene« Schreib-Habitat und Ulla – wie immer ganz besonders – für ALLES.

Finis

Am 11. November 2023 veröffentlichte die Schriftstellerin Ayaan Hirsi Ali, gebürtige Somalierin, niederländisch-amerikanische Frauenrechtlerin und Islamkritikerin, eine Erklärung mit dem Titel *Warum ich jetzt Christ bin.* Richard Dawkins, britischer Evolutionsbiologe, bis 2008 Professor an der University of Oxford, Autor der Weltbestseller *Der Gotteswahn* (2006) und *Die Schöpfungslüge* (2009), sowie zahlreicher weiterer kritischer Bücher zu Religion und Kreationismus, der als einer der bekanntesten Vertreter des »Neuen Atheismus« weltweit als einer der wichtigsten Denker gilt, antwortete Ayaan Hirsi Ali dazu in einem offenen Brief.

»Liebe Ayaan, … Du brauchst also eine Art von Religion, und das Christentum scheint die am wenigsten schlechte Alternative zu sein?… Selbst wenn du ein unstillbares Bedürfnis nach mehr verspürst, was in aller Welt hat das mit den Wahrheitsbehauptungen des Christentums oder einer anderen Religion zu tun?« Richard Dawkins erinnerte Ayaan Hirsi Ali daran:

> *»Das Christentum stellt Tatsachenbehauptungen auf, Wahrheitsansprüche, die Christen glauben, Wahrheitsansprüche, die sie als Christen definieren. Christen sind Theisten. Sie glauben an eine göttliche Vaterfigur, die das Universum erschaffen hat, die unsere Gebete erhört und die in jeden unserer Gedanken eingeweiht ist. Du glaubst das sicher nicht? Glaubst du, dass Jesus drei Tage, nachdem er in das Grab gelegt wurde, wieder auferstanden ist? Nein, natürlich nicht. Glaubst du, dass Jesus von einer Jungfrau geboren wurde? Sicherlich nicht.*
>
> *Jemand mit deiner Intelligenz glaubt nicht, dass du eine unsterbliche Seele hast, die den Zerfall deines Gehirns überleben wird. Christen glauben an einen schrecklichen Ort namens Hölle, wo die Seelen der Bösen nach ihrem Tod hinkommen. Glaubst du das auch?*
>
> *Auf keinen Fall! Christen glauben, dass jedes Baby ›in Sünde geboren‹ wird und nur durch die uns erlösende Hinrichtung Jesu (präventiv im Falle aller nach Christus Geborenen) vor der Hölle bewahrt wird.*
>
> *Glaubst du auch nur annähernd an diese widerliche Sündenbocktheorie? Nein, natürlich nicht.«*